首阳教育书系

U0690133

高中物理教学理论与方法研究

曹丕显 李 易 主编

陕西师范大学出版总社 西安

图书代号 JY24N1507

图书在版编目（CIP）数据

高中物理教学理论与方法研究 / 曹丕显，李易主编．
西安：陕西师范大学出版总社有限公司，2024. 9.
ISBN 978-7-5695-4601-9

Ⅰ . G633.72

中国国家版本馆 CIP 数据核字第 2024VW6498 号

高中物理教学理论与方法研究
GAOZHONG WULI JIAOXUE LILUN YU FANGFA YANJIU

曹丕显　李　易　主编

出 版 人	刘东风
出版统筹	杨　沁
特约编辑	李密密
责任编辑	李少莹　宫梦迪
责任校对	赵　倩
封面设计	知更壹点
出版发行	陕西师范大学出版总社有限公司
	（西安市长安南路 199 号　邮编　710062）
网　　址	http://www.snupg.com
印　　刷	河北赛文印刷有限公司
开　　本	787 mm×1092 mm　　1/16
印　　张	13.75
字　　数	275 千
版　　次	2024 年 9 月第 1 版
印　　次	2024 年 9 月第 1 次印刷
书　　号	ISBN 978-7-5695-4601-9
定　　价	90.00 元

作
者
简
介

曹丕显，男，现任职于深圳高级中学（集团），中学物理正高级教师，广东省南粤优秀教育工作者。毕业于天津大学，硕士研究生，先后出版《高中科技创新发明探索》和《高中物理创新实践应用实例》两部专著，在《中国新技术新产品》《科学中国人》《科技创新导报》《数理天地》等刊物上发表论文多篇。

李易，女，现任职于深圳市高级中学有为高中，物理高级教师。毕业于深圳大学物理教育专业。曾获全国中学物理教学改革创新大赛一等奖、广东省物理优质课大赛一等奖、深圳市青年教师教学能力大赛特等奖，曾被评为深圳市十佳青年教师、深圳市优秀教师、深圳市五一巾帼标兵，是深圳市基础教育系统"名师工程"教坛新秀。曾在《基础教育参考》《中学物理教学参考》等刊物上发表论文多篇。

前　　言

  高中物理是中学课程中具有一定难度的科目，其涉及面广、知识点多、概念抽象，因此学生在学习高中物理知识的过程中会遇到各种困难。在高中物理教学中，理论与方法的研究至关重要。理论的研究能够帮助教师更深入地了解物理学科的知识结构、知识难点、知识联系等，进而为教学提供依据和指导；方法的研究则能够帮助教师解决如何在教学中选用合适的教学策略、教学手段和教学资源等问题，以提高学生的学习效率，激发学生的学习兴趣。

  本书主要从高中物理教学的理论与方法入手，从高中物理教学的教学目标、教学内容、教学方法、教学手段与教学评价等方面进行深入探讨，以期能够为高中物理教学的改进提供一些有益的参考和建议。

  全书共八章。第一章为绪论，主要阐述了高中物理新课程标准的解读、高中物理教学的特征分析、高中物理教学的目标和任务、高中物理教学的指导思想、高中物理教学的重要性等内容；第二章为高中物理教学现状，主要阐述了高中物理概念教学现状、高中物理规律教学现状、高中物理实验教学现状、高中物理习题教学现状等内容；第三章为高中物理教学理论，主要阐述了高中物理教学原则、高中物理教学模式、高中物理教学手段、高中物理教学技能等内容；第四章为高中物理概念教学，主要介绍了高中物理概念概述、高中物理概念教学的过程、高中物理概念教学的方法、高中物理概念教学的案例等内容；第五章为高中物理规律教学，主要研究了高中物理规律概述、高中物理规律教学的程序、高中物理规律教学的方法、高中物理规律教学的案例等内容；第六章为高中物理实验教学，主要探讨了高中物理实验概述、高中物理实验教学的内容、高中物理实验教学的方法、高中物理实验教学的案例等内容；第七章为高中物理习题教学，主要研究了高中物理习题概述、高中物理习题教学的要求、高中物理习题教学的方法、高中物理习题教学的案例等内容；第八章为高中物理教学评价，主要阐述了高中物理教学评价理念、高中物理教学评价指标体系、高中物理教学评价实施策略等内容。

  在编写本书的过程中，编者借鉴了国内外不少学者的研究成果，在此对相关作者表示诚挚的感谢。

  由于编者水平有限，书中有一些内容还有待进一步深入研究和论证，在此恳切地希望各位读者朋友予以斧正。

编者
2023 年 2 月

目　　录

第一章 绪论

随着教育改革的不断深化和开展，高中物理教学也在逐步改革与优化。本章分为高中物理新课程标准的解读、高中物理教学的特征分析、高中物理教学的目标和任务、高中物理教学的指导思想和高中物理教学的重要性五部分。

第一节 高中物理新课程标准的解读

一、新课程标准带给高中物理教学的变化

（一）物理教学内容的变化

《普通高中物理课程标准（2017 年版）》（以下简称"新课程标准"）[①] 在充分整理和总结分析上一轮课改情况的基础上，以《普通高中课程方案（2017 年版）》为依据，根据学生认知发展的特点，以及物理学科的特性，对高中物理课程进行螺旋渐进式分层分类设计。

新课程标准在教学内容上具有三个明显变化。

1. 增加了必修内容

在原来的知识框架上，增加了静电场、电路等内容，确保在物理课程实施过程中让所有学生都能获得相对完整的物理知识结构，得到基本的物理学科核心素养的培养，进一步提升自身的综合素质。

2. 优化了课程结构

课程结构划分为必修课程、选择性必修课程和选修课程三个层次，对不同课程的目标要求有所不同。主题划分更合理，内容要求更加细化，满足学生个性化的学习需要。

3. 课程设计与新高考制度改革相衔接

在我国开始高考综合改革后，教育部于 2018 年 1 月发布了新课程标准，为新高考模式下课程的具体实施提供了参考标准。根据新课程标准的规定，学生要想拿到高中毕业证书，就必须在学完必修课程后参加高中学业水平合格性考试且成绩合格；要想进入大学继

[①] 为落实立德树人根本任务，进一步完善中小学课程体系，教育部于 2020 年组织专家对 2017 年版的普通高中各学科课程标准进行了修订。其中，《普通高中物理课程标准（2017 年版）》的修订主要涉及的是前言部分，因此本书中"新课程标准"在未注明的情况下皆指《普通高中物理课程标准（2017 年版）》。

续学习，就必须在学完选择性必修课程后参加高中学业水平等级性考试且成绩合格。课程的设计与高校招生考试制度相统一。

（二）物理课堂教学实施的重点

教师要为学生的终身发展搭建平台，物理课堂教学的实施应以物理学科核心素养为主导，以继承优秀课例、改善存在问题为主要思路，注重落实物理课堂教学的育人价值，构建以生活自然为基础、以学科知识为支撑的高中物理课堂。

在实施物理课堂教学的过程中，要重点培养学生对物理课程的兴趣，为学生打下扎实的基础，激发学生的学习潜能，满足学生今后的升学或就业需求。物理课堂教学要取得一定的成效，就需要物理教师长期不懈的努力。在生活中常会形成一些观念，如"力是维持物体运动的原因""速度为零就是静止"等。这些错误观念的形成往往缺乏科学的思维过程。物理观念的形成，是建立在对物理现象的细心观察、认真分析和归纳，对物理规律的科学探究和总结的基础上的。因此，为落实物理学科核心素养的培养，教师要构建既注重物理概论又可以培养学生学习兴趣的物理课堂。

课堂是学生获取知识和能力的主要阵地，教师在课堂教学中要注重培养学生自主学习的能力，加强课堂教学与生活、科技发展和社会进步的联系，展示最新科学技术发展的优秀成果。通过创设轻松愉快的探究性学习课堂情境，进一步强化学生自主学习的能力。学会思考比获得知识更重要。教师在物理课堂中对于学生能自己学会的知识可以不讲，对于重要的知识概念可以让学生自己标记，对于学生能通过思考独立完成的内容可以只做引导，一定让学生的大脑跟着课堂动起来，促进学生养成科学思维。

知识目标是比较容易实现的，可以点对点地完成。但素养目标的实现与学生的学习环境、学习组织形式等有关。例如，对于一条物理定律，教师采用直接讲授的方法，学生只是单纯地认识定律的内容，但如果教师让学生进行合理探究、分析论证和总结归纳，学生就可以获得科学探究和科学思维方面的素养。学生能在真实情境中提出物理问题，形成猜想与假设，利用科学方法获取和处理信息，形成结论。

（三）物理学习的评价

为落实党中央探索基于统一高考和高中学业水平考试成绩、参考综合素质评价的多元录取机制的精神，今后一个阶段新高考政策改革的主要工作之一就是开展普通高中合格性考试、等级性考试和综合素质评价。在高中物理课程实施的每一个环节势必体现核心素养和关键能力的评价理念。

未来一段时间内，中西部各省市基本上仍将沿用现行高考方式，对高考复习备考策略和物理试题的研究仍是必不可少的工作。就目前对学生的评价方式而言，部分教育工作者试图通过学生的综合表现去评判他们的学习能力、科学思维及科学态度与责任，但仍然有以前的评价模式的影子，即通过学生课上回答问题的情况或完成作业的情况、试卷答题情况等判断学生对知识的掌握程度，忽视了物理课堂教学中内隐性的思维要素。

新高考模式下，高校招生录取要依据学生高中合格性考试和等级性考试的成绩，考生必须参加并通过所有科目的合格性考试。对学生的评价应注重体现评价的反馈调控功能和激励功能，使学生达到新课程标准提出的学业质量水平，使学生的各方面能力得到提升。新高考模式下的物理课不再是单纯地讲授物理概念，相关人员应共同探索研究新高考模式下基于新课程标准理念的评价体系，促进学生全面发展。

二、高中物理新课程标准的理念

（一）注重体现物理学科本质，培养学生物理学科核心素养

高中物理课程注重体现物理学科的本质，从物理观念、科学思维、科学探究、科学态度与责任等方面提炼学科育人价值，充分体现物理学科对提高学生核心素养的独特作用，为学生终身发展、应对现代和未来社会发展的挑战打下基础。

（二）注重课程的基础性和选择性，满足学生终身发展的需求

高中物理课程在结构上注重为全体学生打好共同基础，精选学生终身发展必备的核心概念和科学实践作为必修模块内容，同时针对学生的兴趣、发展潜能和今后的升学或就业需求，设计多样化的课程模块，促进学生自主地、富有个性地学习。

（三）注重课程的时代性，关注科技进步和社会发展需求

高中物理课程在内容上注重与生产生活、现代社会及科技发展的联系，反映当代科学技术发展的重要成果和科学思想，同时关注物理学的技术应用带来的社会问题，培养学生的社会参与意识和社会责任感。

（四）引导学生自主学习，提倡教学方式多样化

高中物理课程通过创设学生积极参与、乐于探究、善于实验、勤于思考的学习情境，培养和发展学生的自主学习能力。通过多样化的教学方式，利用现代信息技术，引导学生理解物理学的本质，整体认识自然界，形成科学思维习惯，增强科学探究能力和解决实际问题的能力。

（五）注重过程评价，促进学生核心素养的发展

高中物理课程重视以评价促进学生的学习与发展，重视评价的诊断功能和激励功能，致力于创建一个目标明确、主体多元、方法多样、既重视结果亦重视过程的物理课程评价体系。提倡评价应关注学生的个体差异，帮助学生认识自我、建立自信，改进学习方式，发展核心素养。

三、高中物理新课程标准的学科核心素养与课程目标

（一）学科核心素养

学科核心素养是学科育人价值的集中体现，是学生通过学科学习而逐步形成的正确价值观念、必备品格和关键能力。物理学科核心素养主要包括"物理观念""科学思维""科学探究""科学态度与责任"四个方面。

1. 物理观念

"物理观念"是从物理学视角形成的关于物质、运动与相互作用、能量等的基本认识；

是物理概念和规律等在头脑中的提炼与升华；是从物理学视角解释自然现象和解决实际问题的基础。

"物理观念"主要包括物质观念、运动与相互作用观念、能量观念等要素。

2. 科学思维

"科学思维"是从物理学视角对客观事物的本质属性、内在规律及相互关系的认识方式；是基于经验事实建构物理模型的抽象概括过程；是分析综合、推理论证等方法在科学领域的具体运用；是基于事实证据和科学推理对不同观点和结论提出质疑和批判，进行检验和修正，进而提出创造性见解的能力与品格。

"科学思维"主要包括模型建构、科学推理、科学论证、质疑创新等要素。

3. 科学探究

"科学探究"是指基于观察和实验提出物理问题、形成猜想和假设、设计实验与制订方案、获取和处理信息、基于证据得出结论并作出解释，以及对科学探究过程和结果进行交流、评估、反思的能力。

"科学探究"主要包括问题、证据、解释、交流等要素。

4. 科学态度与责任

"科学态度与责任"是指在认识科学本质、认识科学·技术·社会·环境（STSE）关系的基础上，逐渐形成的探索自然的内在动力，严谨认真、实事求是和持之以恒的科学态度，以及遵守道德规范，保护环境并推动可持续发展的责任感。

"科学态度与责任"主要包括科学本质、科学态度、社会责任等要素。

（二）课程目标

高中物理课程应在义务教育的基础上，进一步促进学生物理学科核心素养的养成和发展。通过高中物理课程的学习，学生应达到如下目标。

①形成物质观念、运动与相互作用观念、能量观念等，能用其解释自然现象和解决实际问题。

②具有建构模型的意识和能力；能运用科学思维方法，从定性和定量两个方面对相关问题进行科学推理、找出规律、形成结论；具有使用科学证据的意识和评估科学证据的能力，能运用证据对研究的问题进行描述、解释和预测；具有批判性思维的意识，能基于证据大胆质疑，从不同角度思考问题，追求科技创新。

③具有科学探究意识，能在观察和实验中发现问题、提出合理猜想与假设；具有设计探究方案和获取证据的能力，能正确实施探究方案，使用不同方法和手段分析、处理信息，描述并解释探究结果和变化趋势；具有交流的意愿与能力，能准确表述、评估和反思探究过程与结果。

④能正确认识科学的本质；具有学习和研究物理的好奇心与求知欲，能主动与他人合作，尊重他人，能基于证据和逻辑发表自己的见解，实事求是，不迷信权威；关心国内外科技发展现状与趋势，了解物理研究和物理成果的应用应遵循道德规范，认识科学·技术·社会·环境的关系，具有保护环境、节约资源、促进可持续发展的责任感。

四、高中物理新旧课程标准的对比

为进一步深化基础教育课程改革，2013年2月，在全面总结前10年普通高中课程改革实践的基础上，教育部启动了普通高中课程修订工作，组织专家对普通高中课程方案和各学科课程标准进行了修订。2018年1月，《普通高中物理课程标准（2017年版）》（以下简称"'2017年版'课标"）正式颁布。为更好地学习理解"2017年版"课标的精神实质，在此，从文本分析的角度对比分析"2017年版"课标和《普通高中物理课程标准（实验）》（以下简称"'实验版'课标"），并在此基础上对今后教学实践中如何贯彻落实"2017年版"课标精神提出一些看法。

（一）"2017年版"课标的总体印象

"2017年版"课标充分总结和吸收了多年来我国普通高中课程改革的实践经验，学习借鉴了国际优秀的课程改革成果，强调把立德树人作为教育的根本任务，着力提升课程的思想性、科学性、时代性、系统性、指导性，以此推动人才培养模式的改革创新，从而培养出德智体美全面发展的社会主义建设者和接班人。充分针对国际竞争日趋激烈的现实，以高水准的国际视野，从解决现实问题需要和迎接未来挑战需要的角度出发，力求构建符合教育规律、体现时代特征、具有中国特色的普通高中课程体系和综合协调、充满活力的育人体制机制。

从修订的内容上看，在课程方案方面，进一步明确了普通高中教育的定位，优化了课程结构，强化了课程有效实施的制度建设；在课程标准内容方面，凝练出"物理观念""科学思维""科学探究""科学态度与责任"四大体现物理学科本质的学科核心素养，注重体现课程的基础性、选择性和时代性，倡导学生自主学习，提倡教学方式多样化，关注对学生学习过程的评价，研制了学业质量标准，突出了课程标准的可操作性，加强了对教材编写、教学实施、考试评价的指导性和可操作性。"2017年版"课标对于全面提高育人水平，让每个学生都能成为有用之才具有积极的现实意义。

（二）"2017年版"课标和"实验版"课标的对比分析

1. 课程标准的框架结构对比

两版课标在结构上保持了基本的一致性，都包含了课程性质与基本理念、课程目标、课程内容、实施建议和附录等内容，但"2017年版"课标内容更为丰富。

"2017年版"课标突出的特点有三个：一是突出课程、教学和评价的一致性，明确学业质量标准及学业水平考试的相关要求，尤为重视对物理学科核心素养的评价，建构了评价的指标体系；二是对课程标准中使用的学科核心素养下了规范性定义，明确了词语表述的含义；三是课标内容更加具体，既表述了设计依据，又给出了具体的实践案例，增强了课程标准的可操作性。

2. 课程性质与课程理念对比

在课程性质上，"2017年版"课标指出，高中物理课程是普通高中自然科学领域的一门基础课程，旨在落实立德树人的根本任务，进一步提升学生的物理学科核心素养，为学生的终身发展奠定基础，促进人类科学事业的传承与社会的发展。"实验版"课标指出，高中物理是普通高中科学学习领域的一门基础课程，与九年义务教育物理或科学课程相衔接，旨在进一步提高学生的科学素养。由此可见，两版课标对课程性质的认识是基本一致的，也是一脉相承的，体现了人们对物理课程价值的认同。"2017年版"课标更是凝练了物理学科核心素养，指出学科核心素养是学科育人价值的集中体现，是学生通过学科学习而逐步形成的正确价值观念、必备品格和关键能力。

课程理念也体现了一定的继承性。相比而言，"2017年版"课标对课程基本理念的表述更趋合理，从课程的目标、结构、内容、教学和评价等方面进行了规定，将物理课程的基础性、选择性和时代性作为设计课程的基本要求，把发展学生的能力和素养作为核心目标，并且首次提到体现物理学科本质，顺应了现代科学教育的发展方向。

第二节　高中物理教学的特征分析

一、物理学的特征

（一）实验科学

物理学是一门实验科学，这主要表现在人类的物理知识主要来源于对自然的观察，特别是来源于物理实验。物理学中的重大发现及任何学说和理论的建立都离不开实验这一基石，通过物理实验人们可以提出课题，借助实验人们能及时发现事实、建立假说。同时，实验也是检验物理知识真理性的标准，也就是说，人们总是利用实验来验证建立在理性推理基础上的假说是否正确。

物理学的发展充分表明，实验不仅是一种研究物理问题的科学方法或手段，更是一种科学的思想，它为人们从更深层次上把握物理思维的方式和揭示客观世界的规律奠定了基础。

（二）理论科学

物理学的学科知识体系是由一系列的物理概念和物理规律按照一定的逻辑秩序组合而成的。物理概念是构成学科知识体系的基石，物理规律则是构成学科知识体系的主干。物理学是一门严密的理论科学，它以物理概念为基石，以物理规律为主干，建立了经典物理学与现代物理学及其各分支的严密的逻辑体系。

（三）精密科学

物理学是一门精密科学，与教学有着密切的关系。物理概念既有其质的规定性，又是可以计量的物理量。从物理概念到物理量的转变，实际就是利用种种数学表达手段为理论与实践（实验）开辟道路，使物理学的结论可以得到检验的过程。物理规律都是通过数学语言来精确表达的。物理概念和物理规律的定性表述与精确的定量表述的结合，构成了物理学区别于其他学科的又一显著特点——精密性。

（四）基础科学

物理学的研究对象是自然界中最普遍、最基本的物质运动形态和物质的基本结构，而物质的这种运动形态和基本结构存在于一切高级运动形态之中，因而物理学所揭示出的客观规律就具有很大的普适性，它是其他自然科学和各种工程技术、国民经济各生产部门特别是现代新技术革命的基础。物理学是自然科学的基础学科，拥有广泛的应用领域。

自然科学的发展充分表明，每项物理学的基础理论研究的重大发展或重大突破都会极大地推动科学技术的发展，引起重大的技术革命和技术创新。近年来，随着科学技术的迅猛发展，学科间的相互渗透日趋加强，在这方面作为自然科学基础学科的物理学表现得尤为突出。

以物理学为理论基础或手段的边缘学科不断涌现，物理学在生物学、化学、电子计算机等领域中的学科价值被越来越多的人看到并认可。

（五）方法论科学

物理学从它的早期萌芽到近代的发展，都以它丰富的方法论和世界观等充满哲理的物理思想影响着人们的思想、观点和方法，影响着社会思潮和社会生活，因此物理学曾被称为"自然哲学""科学方法论的典范""辩证唯物主义哲学的科学基础""现代科学哲学的支柱"等。

物理学所揭示出的许多基本规律（如统计性规律、能量守恒和转化定律等），特别是物理学中的一系列重大发现（如电子的发现和相对论理论的建立等），为阐述辩证唯物主义哲学的一般规律和原理提供了重要的科学事实，使辩证唯物主义的基本原理更加丰富，并不断向前发展。物理学中丰富的辩证唯物主义观点，既为物理学的研究指明了方向，同时也深刻影响着人们的物理思维方式。

二、高中物理教学的特征

（一）物理教学思想的科学性

在高中物理教学的全过程中，学生都应当是学习的主体。实际经验表明，要使物理课程的教学成为学生全面发展的基本途径，除充分尊重学生的人格、尊严和权利之外，还要调动学生自身的学习积极性，让学生主动参加物理学习和探究。

也就是说，高中物理教学过程中，教师与学生的一切努力，归根结底，就是为了实现学生在心理行为上发生自我调节和知识的正迁移，从而培养学生的能力，提高学生的物理科学素养。

另外，高中物理教学应当体现物理学科独特的基本观点。

①实验的观点。靠观察和研究物理对象一般不确切，难以发现内在规律和本质性的东西，只有实验，才能对被观察的客体做出较正确的判断。

②量的观点。物理学总是喜欢运用数学的研究方法来分析简化问题，总是力求能够定量分析，尽可能在数量的关系下去把握物理意义，去挖掘其内涵和开拓其外延，从而更深刻地认识其本质规律。

③统计的观点。物理学认为物质的宏观特点是大量微观粒子行为的集体表现，宏观物理量是相应微观物理量的统计平均值。物理学研究物质客观现象的本质时，一般采用统计方法分析和解决问题。

④守恒的、对称的观点。物理学认为，自然界的运动形式及其转化的守恒性具有两个不可分割的含义：一方面，自然界各种物质运动形式的转化，在质上也是守恒的；另一方面，改变空间地点、方向或改变时间，物理规律不变，而把物理规律做"平面镜成像"式的空间反演或者"时光倒流"式的时间反演，有些情况规律不变，有些情况规律发生了变化，前者称为"对称"，后者称为"破缺"（不对称）。

研究表明，每一种时间变换的对称性都对应一条守恒定律。当物理理论同实验发生冲突或物理理论内部出现悖论时，往往会发生一些对称性的破坏，即破缺，这时会从更高的层次上建立更加普遍的对称性。

（二）物理教学方法的科学性

高中物理教学不仅要注重对学生的启发教育，还要符合学生的认知规律，做到这两点的教学方法才是科学的。

教师在高中物理教学的过程中，设计的一切有利于学生主体发挥能动性的活动是否能调动学生和启发学生，这一点很重要。只有具备启发性的东西，才可能引起学生学习的注意、思考的兴趣，进而主动地去领悟，去理解，去应用。

学生要经历科学探究的过程，认识科学探究的意义，尝试应用科学探索的方法研究物理问题和验证物理规律。在这个过程中，教师需要合理地诱导、精心地组织安排，比如问题的设计、实验仪器的安排、物理情境的创设等，从而启发学生积极主动地进行探究式学习。

凡是符合学生认知规律的教学方法都有存在的价值。就科学性而言，"循序渐进"是不应当被忽视的。高中物理教材的编写是按问题从易到难、从简单到复杂的顺序步步深入的。经常进行复习巩固，着重引导学生及时发现和弥补自己在知识与技能上的缺陷，使教学连贯进行下去，使高中生学习物理从不懂到懂，从懂到熟练掌握，从学会到会学……这就是循序渐进。

总之，不论是教师教物理还是学生学物理，只有符合学生认知规律的方法，才是科学的。

（三）物理教学内容的科学性

教学内容既包括教材内容，也包括师生在课堂上进行双向交流的内容。

教材所体现的知识结构体系是科学的，即教材中所阐述的物理概念和物理规律是有充分事实依据的，物理定理、结论的推导具有正确的逻辑推理。教材内容的科学性表现在以下几方面：物理教材要讲清楚学生在各学习阶段应知应会的物理概念、物理规律、物理思想及物理实验的一些基本技能；简要说明物理学的发展历程，使学生能够关注物理学对经济、社会发展的影响以及物理学与其他学科之间的联系；教材内容的选择、知识结构的编排要符合学生智能发展的规律，要符合学生的心理认知规律。

在初中要"改变学科本位"，有意淡化物理学科知识体系的特有逻辑结构；而在普通高中的物理教学内容中这种"淡化"应当减弱；到了大学阶段，为了能科学地给物理专业的学生提供完整的物理知识结构体系，则必须强调教学内容的逻辑结构。这是因为当教材的逻辑与学生的心理逻辑一致时，学生就会对这种"心理化的教材"产生浓厚的兴趣，从而主动积极地学习。

师生在课堂上进行双向交流的内容也必须是科学的，主要表现在以下两方面：一是表述的物理知识内容要准确无误；另一方面，阐述物理规律要具备逻辑思维的严密性，要正确解释每一个物理现象、物理概念、物理规律，并能准确地用物理术语或物理图像表达出来。

（四）物理教学过程的规律性

研究高中物理教学过程的目的是认识物理教学过程的规律性，从而为确定物理教学目标、选择物理教学内容、编写物理教材、制订物理教学计划等诸多方面的工作提供理论依据。

例如，教师必须对现行教材非常熟悉，掌握知识之间的衔接关系，并把它们很好地体现在教学计划中。要根据教材的特点，学生的认识水平、学习程度及教学的物质基础条件，选择和确定讲课的最优顺序，合理安排教学过程。

高中物理教学过程涉及多个因素，如教师、学生、物理教学内容、教学媒体、教学环境等。但是，影响高中物理教学过程最基本、最主要的因素是学生、教师和物理教学内容。在教学过程中，物理世界是师生认识的对象，学生、教师都要和物理世界发生作用，同时学生与学生、学生与教师之间也存在相互作用，此时相互作用的各方都是有主观能动性的人。教学规律就是指教学过程的规律性，即教师、学生、教学内容三者之间的关系。

高中物理教学过程是指以物理知识为载体，通过师生、生生之间的多方互动形成的教师教物理和学生学物理的过程。在教学场景中，参与教学活动的师生，每个人在某一时间都会形成一定的角色。

要使课堂焕发出生命的活力，师生交流时应该遵循相互平等、相互理解、相互融通的基本原则与要求，要充分理解学生是成长中的人，具有认识物理世界的巨大潜力，学生参与物理教学的目的是认识物理世界，学习前人创造和积累的物理知识和间接经验，促进学生个体的素质提高和全面发展。

在实施教学前，学生对将要学习的物理内容还处在未知状态，而教师先于学生接受教育，不仅掌握一门或几门专业知识，而且懂得教育科学，了解学生的心理特点。在实施教学过程中，作为"先知"的教师，要充分发挥"引路人"的角色，通过课堂教学或个别讲授等形式指导学生经过学习和探索，以最快的速度、最有效的方法获得新知，得到发展；而学生要理解教师，勤奋学习，主动参与物理教学过程，变"要我学"为"我要学"。学生在学习物理知识的过程中，要勇于实践、探索、认真观察自然界中的物理现象，动手、动脑做相关的物理实验。此外，学生还要勤于思考，认真分析物理现象，总结规律，善于交流，经常与教师交流对物理内容的理解，在交流中表达学习感受。

例如，人类对机械运动的认识，从古希腊亚里士多德（Aristotle）的观点起，到牛顿的三大定律和万有引力理论的建立，经历了 2 000 多年漫长的岁月。但是现在，只要通过几十个学时的教学，学生就可以掌握牛顿力学。学校的教学工作，不仅是迅速传授知识的活动，也是再生产科学的活动。再生产科学所需要的劳动时间，同最初生产科学的时间，是无法相比的。例如，学生在一小时内就能学会惯性定律。这里所说的再生产科学所需要的劳动时间，就是教师总结、传递人类间接经验的时间。

总之，高中物理教学过程中的规律性，是其固有的客观属性。它是在实施教学时必然表现出来的现象，只要有高中物理教学，这一现象就必然会出现，它不以人的主观意志而转移。

第三节　高中物理教学的目标和任务

一、使学生系统掌握物理基础知识

自然科学既是人类认识自然、改造自然实践的产物，又是人类征服自然的重要武器。因此，掌握自然科学知识对学生来说是十分必要的。

物理学是自然科学中的一门基础学科，它是研究物质运动最一般的规律和物质的基本结构及其应用的科学。物理学已广泛地应用于许多自然科学领域和生产、技术领域，对于科学技术的发展起着重要的作用。高中物理课要求学生掌握的物理基础知识一般有以下三个特点。

①物理基础知识是指能把物理科学知识概念化、系统化和结构化的知识，这些知识常常可以启发学生去领会新知识。

②学习知识是一种复杂的心智活动，对知识的理解、记忆和保持，有其心理和生理上的规律，因此，物理基础知识在教材中的结构应该有利于这种复杂的心智活动顺利进行，应有助于知识的学习过程。

③物理基础知识应是那些有助于技能形成的材料。

总之，物理基础知识指的是物理学中最初步的、最基本的知识，它是今后进一步学习科学技术、参加生产劳动和有关实际工作所必备的知识。

二、培养学生的能力

由于受传统教育思想的影响，长期以来，我国的学校教育普遍存在着重知识传授、轻能力培养的倾向。因此，加强对学生能力的培养具有重要的现实意义和深远的历史意义。

（一）培养能力的重要性

1. 培养能力是现代科学技术发展的需要

科学发展史表明，现代科学技术发展越来越迅速，知识的总量在急剧增长。例如，世界上的科技杂志已由 1750 年的 50 种猛增到 1976 年的 10 万种，而 2000 年更是达到 100 万种。目前，每年公开发表的科技论文资料已超过 500 万篇。有人估计人类知识总量大约每 10 年增加 1 倍。

此外，科技应用于生产的周期越来越短。例如，蒸汽机从发明到应用用了 80 年，电动机从发明到应用用了 65 年，飞机从发明到应用用了 20～30 年，而晶体管从发明到应用仅用了 3 年，激光技术从发明到生产出第一台激光器仅仅用了几个月。这样就出现了科学知识增长速度和学生在校学习时间之间的矛盾、知识老化和学生学习内容更新之间的矛盾。为了解决这些矛盾，单纯依靠传授知识已不适应科技发展的需要，必须把着眼点放到培养能力上。

2. 培养能力是现代化建设的需要

实现现代化的关键是科学技术现代化。这就不仅需要掌握前人总结出来的知识，更重要的是要善于运用已有知识解决实际问题，并且根据工作需要，能迅速获取新知识、新技能。这是必须依靠培养能力才能实现的。

3. 培养能力是学生顺利进行学习的需要

只有学会了学习的人，有了自学能力的人，才能在学校有限的时间内，尽量多地学会、学懂前人的知识，尽快把它运用于实践中，并且适应迈入社会之后动态变化的需要。

（二）高中物理教学中主要培养的几种能力

1. 观察、实验能力

观察是人们在不受任何外界影响的情况下仔细观看客观事物发展变化的过程，是有目的、有计划、比较持久的知觉过程，是人们研究物理学的最古老、最基本的方法。观察能力就是感知周围发生的各种现象，从而区别它们的特征的一种能力。

实验是在尽可能地排除干扰，突出主要因素，并且能够细微地观察到各种物理现象之间的相互关系的条件下，使得某一事物（或过程）发生或重演的认知活动。这是使学生获得感性认识的基础，是认识问题的出发点。实验可以激发学生学习物理的兴趣，启发诱导学生的积极思维，调动学生的主观能动性。因此，必须重视对学生实验能力的培养。

2. 分析、概括能力

分析、概括能力是思维能力的一部分。思维是人脑的一种高级神经活动过程。思维的形式有概念、判断、推理。推理的形式又可分为归纳推理、演绎推理和类比推理。思维的过程主要有分析、综合、比较、分类、抽象、概括等。思维的品质有广阔性、深刻性、敏捷性、灵活性、独立性、批判性等。思维能力是发展智力的核心问题，是培养其他能力的基础。

恩格斯说："一个民族要想站在科学的最高峰，就一刻也不能没有理论思维。"[1] 爱因斯坦说："学习知识要善于思考、思考、再思考。我就是靠这个方法成为科学家的。"[2]

因此，培养学生的思维能力是至关重要的事情。然而，思维能力的培养却是一项十分艰巨和复杂的任务。任何一门学科的教学，都应该利用一切可能的条件来培养学生的思维能力。

3. 运用物理知识解决简单问题的能力

运用物理知识解决简单问题的能力主要是会运用物理知识解释简单的现象，会运用物理公式进行简单的计算，会分析解决简单的实际问题。

---

[1] 马克思，恩格斯.马克思恩格斯文集：第9卷［M］.中共中央马克思恩格斯列宁斯大林著作编译局，译.北京：人民出版社，2009.
[2] 郭彩霞.注重培养思考方法有效提升教学实效［J］.陕西教育（教学版），2013（增刊2）：55.

三、培养学生学习物理的兴趣

兴趣是人们积极认识某种事物或关心某种活动的心理倾向，是一种带有情绪色彩的活动。学生的学习兴趣，是引起学习动机、推动学习的重要心理因素。《全日制普通高级中学物理教学大纲（试验修订版）》（以下简称"物理教学大纲"）把培养学生学习物理的兴趣，列为物理教学的目的之一，这是符合高中生心理发展水平和特点的。高中生对了解和探索物理现象的直接兴趣鼓舞着他们愉快地学习物理知识。

当然，教师在教学过程中，不能仅仅让学生的兴趣停留在直接兴趣上，还应该进一步激起他们强烈的求知欲，使直接兴趣转变或发展为间接兴趣。这样，学习物理科学知识的兴趣就会长期保持，具有稳定性，甚至成为不怕困难和挫折的执着追求。因此，高中生对物理课的兴趣，不仅是影响物理课教学质量的重要因素，而且可能对他们今后所走的道路产生深远影响。

（一）选取能引起学生兴趣的教学材料

首先，根据学生喜欢生动形象材料的特点，注意选取能被学生直接感知的材料作为教学内容。其次，根据学生好奇的心理特点，注意选取物理世界中具有趣味性的材料作为教学内容。最后，根据学生喜欢动手的特点，注意选取能让学生亲自动手实验的材料作为教学内容。

（二）运用多种教学方法和手段

课堂教学是提高教学质量的中心环节，培养学生的学习兴趣是实现有效课堂教学的关键。根据高中生的年龄特征，运用多种教学方法和教学手段，展示教学内容的新颖性，可以培养学生广泛的学习兴趣。

（三）努力联系实际，注重培养间接兴趣

教学中，广泛联系学生生活实际中的物理问题，是培养学生间接兴趣的重要途径之一。学生在生活中经常会遇到许多物理问题，例如，"汽车急刹车后，乘客为什么会倒向车行驶的方向""为什么用细管一吸，汽水就可以进到口里"，等等。

在教学中，教师启发学生努力运用已学的知识去解答这些日常生活中遇到的问题，学生就会感到"科学"不是距离他们很遥远的东西，从而产生对学习"科学"的兴趣。只要教师引导得法，让学生学会搜集自己生活中遇到的有关物理问题，并和物理课学习联系起来，就会使物理教学获得较好的效果，也会使学生的兴趣爱好得到培养。

（四）课内、外相结合，增长学生的兴趣

在高中物理教学中，教师结合物理教学内容指导学生开展多种多样的课外物理实践活动（如电工、航模、无线电、摄影等），可以增长学生的物理知识，激发学生学习物理课的兴趣，锻炼学生的能力，对学生的成长具有深远的意义。

课外的物理实践活动，是物理课堂教学的延伸与扩展，是物理教学的重要组成部分。当然，开展课外的物理实践活动，也要紧密结合物理课堂教学的内容，努力贯彻物理教学大纲的指导思想，保证课内、外教学内容的有机结合。

（五）建立融洽的师生关系

为了培养学生学习物理课的兴趣,建立融洽的师生关系也是必不可少的重要因素。"爱"是激发学生兴趣的起点。高中生心目中有自己评价教师的标准,也有自己崇拜的教师形象。

因此,高中物理教师不要忽视和学生建立密切的师生关系。感情深厚的师生关系,不仅可以促使学生爱教师,而且可以引导学生更喜爱学习物理课。

四、加强学生的思想教育

任何一门课程的教师都负有教书育人的双重责任。因此,结合物理学科的特点,向学生进行辩证唯物主义教育、爱国主义教育是物理教师义不容辞的责任。

（一）辩证唯物主义教育

物理学作为自然科学的带头学科,不论是它的知识结构、内在联系,还是它的研究方法,都包含着丰富的辩证唯物主义的内容。因此,高中物理教学对于培养学生辩证唯物主义世界观负有特殊的重大责任。

在高中物理教学中,培养学生辩证唯物主义观点的基本途径是把物理教学建立在辩证唯物主义方法论的基础上,向学生辩证地揭示物理现象的本质,正确地阐述物理概念和物理规律本身内在的辩证关系,使学生通过学习具体的物理知识,逐步树立辩证唯物主义观点。

1. 认识世界的物质性

物质的客观存在决定人们的认识,这是辩证唯物主义的基本原理。因此,在高中物理教学中,必须坚持从客观事物出发,以观察和实验为基础的原则。例如,在讲述力的概念时,高中物理教师可以通过举例和实验观察强调说明力的物质性,力是物体间的相互作用,力不能脱离物体而单独存在。

一般说来,学生对于实物的物质性是容易理解的。至于物质的另一种形态——场,学生则比较难以理解,只有到了高中讲述库仑定律时,对场的概念才能理解。另外,在讲原子结构的初步知识时应该介绍现代科学发现,物质是可以无限分割的,组成原子的质子和中子等也有复杂的结构,基本粒子不是最基本的,里面有更基本的东西,基本粒子也是无限可分的。

2. 认识一切自然现象都是物质运动的表现

世界上形形色色的现象,从最简单的机械运动到高级的人类思维活动,都是物质运动的不同形态。要强调运动的多样性,以免学生狭隘地理解只有机械运动这一形式。

大量分子的无规则运动（热运动）、电磁运动、光的运动和原子内部的运动等都是物质运动的特定形式。高中物理教师可以通过一些具体事例的教学,使学生认识到运动是各式各样的,是绝对的,而机械运动的描述是相对的。运动可以从一种形态转变为另一种形态。运动不能创生,也不能消灭,但是能进行转化。

3. 认识物理现象与它的发展过程是对立统一的

对立统一规律是普遍存在的,发展是对立面的统一和斗争。例如,一切分子间都同时存在着引力和斥力；电中性的物体所带正电荷与负电荷的数量相等，对外不显电性；牛顿力学中作用力和反作用力永远是大小相等、方向相反的。对立统一是物质运动的属性，事物发展的原因就是内部矛盾的斗争。

例如，在导体两端加上电压，可以产生电流，这是因为导体内有自由电子。如果没有自由电子，即使加电压，也不可能产生电流。在教学过程中应该把"发展是对立面的统一和斗争"的观点渗透进去。

4. 认识发展是量变引起质变的过程

发展一般是先从量变开始，经过积累，在某一阶段发生跃变而引起质变。例如，物态变化就是量变引起质变这一辩证规律的典型例证。在通常情况（常温、常压）下，一般物质的存在有三种状态：固态、液态和气态。但是，物质的状态并不是固定不变的。同一种物质，在一定的条件下，可以从一种状态转化为另一种状态。物态变化的过程，总是由量的逐渐变化，最后发生质的飞跃。而质的飞跃结束，便又开始新的量变，这就是量变质变的规律。水的三态变化就是如此。弹性体在外力作用下超过弹性限度引起永久形变，也是由量变引起质变的过程。在教学中，可以通过这样一些具体的事例，深入浅出地向学生进行"发展是量变引起质变的过程"这一辩证唯物主义基本观点的教育。

总之，对学生进行辩证唯物主义观点的教育，要和物理知识的教学紧密地、有机地结合起来，使思想教育寓于物理教学之中。这种教育要通过讲解物理现象和物理规律来实现，而不是附加于物理知识之外。要避免脱离具体的物理知识的教学去讲哲学问题而把物理课上成哲学课。但是，也不要认为，教好物理知识就等于贯彻了辩证唯物主义教育。这种思想也是不全面的。

（二）爱国主义教育

我国是一个具有数千年悠久历史的文明古国，对人类文化的发展做出过巨大的贡献。因此，英国科学史家约翰·贝尔纳（John Bernal）在为其著作《历史上的科学》中译本所作序中曾说：中国在许多个世纪以来，一直是人类文明和科学的巨大中心之一。活字印刷、火药和指南针是中国古代的三种发明，英国学者培根对此给予了高度评价。他说，这三种东西曾经改变了整个世界事物的面貌和状态。第一种在文字上，第二种在战争上，第三种在航海上。由此又引起无数变化，这种变化是如此之大，以至没有一个帝国、没有一个教派、没有一个赫赫有名的人物能比这三种发明对人类事业产生更大的力量和影响。

结合物理教学介绍这些事例，可以激励学生更加热爱我们的祖国，增强民族自豪感与民族自信心。

第四节　高中物理教学的指导思想

高中物理教学的指导思想应与新时代基础教育的培养目标相一致。

高中物理教学的指导思想应服从教育的指导思想。我国义务教育法规定：义务教育必须贯彻国家的教育方针，实施素质教育，提高教育质量，使适龄儿童、少年在品德、智力、体质等方面全面发展，为培养有理想、有道德、有文化、有纪律的社会主义建设者和接班人奠定基础。

这一指导思想反映了两个方面的内容。

①阐明了为社会主义建设培养什么人的问题。

②说明了在受教育者身上要形成哪些素质及其结构的问题。

"素质"一词有多种含义，这里把素质的含义界定为三层。

①素质在生理学上是指人的先天的解剖生理特点（生理素质）。

②素质还指一个事物主要成分的质量，就人来说，是指一个人在品德、智力、体质等方面的质量。

③素质还指民族性或民族本质，即全民族每个成员素质的综合，它取决于每个国民的素质，同时与一个民族的国民性密切相关。

根据以上界定，提高民族素质就是提高全民族德、智、体等方面的发展水平。"德"可理解为政治素质，它包括政治态度、思想意识和道德情操三方面；"智"主要指文化素质，它包括文化知识技能和智力发展水平两方面；"体"主要指体质。

第五节　高中物理教学的重要性

物理学作为一门基础学科，它已经渗入各个学科。物理学与其他学科的交叉渗透产生了一些新的学科。例如，物理学和化学交叉产生化学物理学、材料物理学，和地理学交叉产生地理物理学，等等。由此可见，物理学在人类社会发展中占有重要的地位，因而高中物理教学也有着同样的重要性。

物理学是自然科学中一门重要的、应用范围很广的基础学科，它研究物质最基本、最普遍的运动形态和物质的基本结构、相互作用及物质运动的基本规律。其中，物质的最基本、最普遍的运动形态是指机械运动、热运动、电磁运动和基本粒子的运动等。物质最基本、最普遍的运动形态存在于一切高级的运动形态之中，而各种高级运动形态虽然包含着低级运动形态，但又绝不是低级运动形态的简单总和，各种运动形态由于其各自矛盾的特殊性，都有它本身的特点和规律，对于某一运动形态的特点和规律的研究就构成相应的学科。

物理学与其他自然科学的关系非常密切。随着人们对物质世界认识的不断深入，物理学一方面直接推动了科学技术的发展，另一方面促进了文化、经济和社会的进步。

物理学和宇宙学的关系源远流长。当今物理学的一个前沿研究领域是高能物理学，它是在小尺度上探索物质更深层次结构的学科；而另一个是天体物理学，它是在大尺度上探寻宇宙演化和起源的学科，宇宙的演化和起源需依靠物质的基本结构和相互作用理论来说明。人们利用现代物理学深入微观领域后得到的关于真空和物质结构的理论来说明宇宙"大爆炸"的发生和我们现今宇宙的形成过程。

物理学与化学的发展从来就是相互促进的。自从伽利略（Galileo）、牛顿（Newton）以来，物理学已经发展为精密的科学理论。然而长期以来，包括化学在内的其他自然科学却一直是经验性科学，直到量子理论引入化学领域，才使化学不再是纯实验科学了。例如，量子理论对元素周期表的解释使化学取得了牢固的基础。近年来，量子化学、激光化学、分子反应动力学、化学键理论、固体表面催化和功能材料等物理与化学的交叉学科取得了长足的进展。

物理学与生物学相互渗透，有着不可估量的发展前景。早在20世纪40年代，量子力学创始人之一的薛定谔就在《生命是什么？——活细胞的物理面貌》一书里预言："生命的物质载体是非周期性晶体，遗传基因分子正是这种大量原子秩序井然地结合起来的非周期性晶体，这种非周期性晶体的结构可以有无限可能的排列，不同样式的排列相当于遗传的微型密码……"他所说的这种"非周期性晶体"，就是存在于细胞核中的脱氧核糖核酸（DNA）分子。有人说21世纪是生命科学的世纪，一位物理学家则说，21世纪是物理学全面介入生命科学的世纪。

物理学与生产技术的联系极为密切。物理学基础理论的重大突破，往往推动着生产技术的发展和变革，促进新的科学技术的兴起。17—18世纪，由于牛顿力学的建立和热力学的发展，蒸汽机的效率不断提高，出现了以蒸汽机为动力标志的第一次工业革命。19世纪，基于能量守恒和转化定律以及法拉第、麦克斯韦电磁理论的建立，人们成功地制造出了电机、电器和电信设备，人类进入应用电能的时代，这就是第二次工业革命。相对论和量子力学的建立推动了20世纪的物理学革命，人们实现了原子核能和人工放射性同位素的应用，促进了半导体技术、激光技术、纳米技术等新技术的发展，人类进入原子能、电子计算机、空间技术及生物工程的发明和应用的新时代。现代科学技术正在经历着一场新的革命，可见物理学也是现代科学技术的基础。

由以上分析可以看出，高中物理教学在基础教育中的地位非常重要。如果从贯彻党的教育方针和实现基础教育目标的角度看，高中物理教学又是实现这一目标的有效手段之一。

高中物理教学不仅可以帮助学生学习物理知识与技能，提高学生的认知水平，还能将创新精神、实践能力、科学素养等有机地融入其中。高中物理教学能使学生逐步形成正确的世界观、人生观、价值观，培养学生严肃认真、实事求是的科学态度，增强学生的民族自信心、民族自豪感和社会主义建设的责任感等。总之，高中物理教学在基础教育培养目标的实现中有着十分重要的地位和作用。

第二章　高中物理教学现状

新课程标准对高中物理教学提出了全新的要求，强调教学要反映时代要求，反映先进的教育思想和教育理念，凸显时代性，同时还要关注学生个性化、多样化的学习和发展需求，着力发展学生的核心素养。这就意味着传统的物理教学模式已经不再适用当前的情况，而当下新课改工作在物理教学中的推进虽然取得了显著的成就，但是伴随而来的问题也不容忽视。本章分为高中物理概念教学现状、高中物理规律教学现状、高中物理实验教学现状、高中物理习题教学现状四部分。

第一节　高中物理概念教学现状

一、没有顾及学生的认识发展规律

在高中物理教学中，经常会有教师忽视学生知识背景和认识规律的情况，特别是刚参加工作不久的年轻物理教师。他们总是觉得学生为什么连非常简单的问题都弄不懂，总是将矛头指向学生，认为学生差，没有考虑到是不是自己的教学存在问题。忽视学生的知识背景，通常表现在以下两个方面。

第一，有些教师认为，高中物理知识对学生来说是全新的，学生在这方面的知识是一片空白，完全从头开始，从而过低地估计了学生。实际上，这是一种非常错误的观点。从建构主义的观点来看，学生不是空着脑袋进入教室的，因为个体从出生就开始了探索环境、顺应环境的活动，在这种活动中，个体对事物形成了丰富的经验，并建构了特定的认知图式。一旦遇到问题，他们会基于已有的经验，依据自己的认知能力，给出自己的解释或提出假设。因此，在走进课堂前，任何一位教师都应考虑学生在这方面的想法和可能的知识背景，上课时要注意学生已有生活经验对教学内容的干扰。

第二，人为地拔高学生的知识基础，一厢情愿地认为物理很好学，以自己为标准。部分教师总觉得自己在台上讲的知识太简单了。殊不知，这是教师以自己读完大学的知识背景来看待所教的物理知识，当然觉得简单，没一点挑战性，忽视了我们的对象是刚接触高中物理不久的学生，没有站在学生的立场思考问题。

因此，我们应该充分地认识学生、研究学生。无论怎样，在教师面前，学生在知识上总是处于弱势地位，教师不能贪图自己心理的痛快和满足而忽视学生的知识背景和认知规律。我们应该注意到，学习概念是一个逐渐深化的过程，学生对概念的理解是逐渐深入的，只有从整体的高度，结合学生的实际，才能搞好物理概念教学。

二、脱离教材，大搞"题海战术"

高中物理教师应该依据教学大纲，重视教材，充分发挥教材的作用。然而，在当前的高中物理教学中，特别是物理概念的教学，有些教师要么直接给出结论，要么对教材内容不屑一顾或粗略一看，总觉得一两句话，没必要花费精力讲。因此，上课前不好好地钻研教材，上课时照本宣科，花费大量的精力到处找参考书，大量补充习题，找些难题、偏题教给学生。为了应付考试，许多教师在高中物理教学中，急功近利，只着眼于结论，在做了一些简要说明后，便将注意力转向习题训练。至于物理学家艰辛的实验工作、深入的理性思维、极富创造性的发现等都无暇顾及，一切仿佛从天而降。学生被动接受，物理思维能力得不到发展。

正是教师的这种错误引导，导致学生也不重视教材，甚至产生要学好物理就必须大量做习题的错误认识，于是找了一堆习题来做。其实，学生即使有幸能做出几道题，往往也是照着一个固定的模式解决一些类型相似的习题，并没有真正弄懂何为物理，习题稍微发生一些变化便一筹莫展。在教学过程中，这样的情况经常可以遇到。

像这样忽视教材的做法是十分错误的，将物理教学引入了歧途，是无法实现物理教学目标和完成教学任务的。教材看似简单，但它是实现教学目标和完成教学任务的基本工具，具有较高的系统性、思想性和科学性，它对物理概念的引入和建立都有较深刻的阐述，对物理学家经常用到的归纳、综合、类比、推理、演绎论证等物理思想和研究方法都有较详细生动的说明。对教材的学习和深入钻研，必会使学生在观察、实验、思维、科学态度和科学方法等方面得到训练，必能有效培养学生的思维能力、分析和解决问题的能力。忽视教材，过分强调做题，是急功近利、事倍功半的做法，要时刻注意。

三、重视死记硬背，轻视物理概念教育

教师的教育始终偏向于教的层面，这种言传身教的方式对学习体验与学习知识的倚重偏轻，俨然是对教学过程中学习概念的重视程度不够。在新课程标准的影响下物理教学发生了翻天覆地的改变，但是依旧存在部分教师在教学过程中本末倒置的现象，注重强调结果，在未让学生拥有足够理解的情况下提出物理概念。这种情况下学生势必会对物理概念理解模糊，无法正确理解其内涵，只懂得知识的背诵，不能真正掌握概念。

四、割裂形象思维与抽象思维的辩证统一

物理概念是物理思维的基本形式。物理概念，一方面作为思维的成果，反映着学生物理思维的现有发展水平；另一方面作为思维的工具，又决定着学生物理思维进一步发展的潜能。物理概念教学历来被认为是培养物理思维能力的重要途径。

思维是人脑对客观现实间接和概括的反映，而以概念、判断和推理等形式进行的思维则被称为抽象思维。外界的对象、现象作用于人的大脑，会产生相应的映像，以记忆表象

的形态在人的意识中保留下来，形象思维就是运用头脑中积累起来的表象进行思维的。

形象思维与抽象思维是思维的两种基本形式。物理概念应该是形象思维与抽象思维的辩证统一，因此对物理概念来说，形象思维与抽象思维是同等重要的。例如，我们学习机械波的概念，既要在头脑中反映出日常生活中熟悉的水波、声波等，又不能将思维停留于此，我们还要利用波长、频率、波速等各种符号、概念来描述机械波。当然，我们也不能由此就认为抽象思维高于形象思维，有时形象思维对于我们理解概念起着很大的作用。

现阶段的高中物理教学中，教师和学生往往忽视了形象思维的培养，而将着眼点定位在抽象思维能力的培养上。学习新概念之初，没有充分地强调物理概念的直观性就转入用抽象的符号表示概念，使得学生的抽象思维建立在一个不稳定的形象基础上，从而影响了以后知识的巩固。例如，力的概念，我们必须在充分理解现实的基础上，经过形象思维，得到鲜明、活泼、清晰的物理表象，然后用抽象的符号来表示力。正是有些教师和学生割裂了形象思维和抽象思维的关系，导致有的学生到了高三，对什么是力仍不能正确认识。

对于这种现象，包括物理学家杨振宁教授在内的一些有识之士早就提出，在国内学习物理的学生必须改变读死书的习惯。杨振宁说："由于传统习惯，亚洲的学生，特别是中国的学生，喜欢复杂的推演的东西，这对自己、对科学的发展都是不利的，因为它违反了物理学的规律，物理学本身是现象而不是推演。"对于直观性，物理教育家朱正元先生曾有过精辟的论述，他认为对于物理概念、物理规律等一些理论性的东西，往往是"千言万语说不清，一看实验便分明"。

目前的高中物理概念教学中，培养形象思维能力往往是一带而过的，远没有像培养学生的抽象思维能力那样被重视，没有改变忽视直观教学、轻视物理现象和物理实验的倾向。如果不注意培养学生的形象思维能力，仅注重抽象思维能力的培养，对于学生掌握物理概念是非常不利的。

五、割裂现象和本质的辩证统一

唯物辩证法认为，物质世界充满着矛盾，物理概念是对客观世界本质属性的反映，也必然充满着矛盾，其中就包含着现象与本质的辩证统一。

现象与本质是物理概念中最基本的一对矛盾体。现象是指可直接感知的物理事件或物理过程，而本质是对同类物理现象共同本质属性的抽象，它们是既对立又统一的两个方面。在高中物理教学中，要想实现物理概念的现象与本质的对立统一，就应充分利用物理贴近自然的特点，除了要向学生提供足够多的能直接反映概念本质的物理现象和充分发挥学生学习的主观能动性、启发他们思维、引导他们从现象中揭示本质，还要充分利用人类认知概念的心理结构——原型说，引导学生将概念本质与典型事例联系起来。

根据唯物主义认识论，实践是认识的来源，概念教学中要充分运用学生的生活实践。如"惯性"概念的教学，在教学前，利用一两个与惯性有关的生活现象设疑引入，然后将概念本质与"汽车突然启动，人会向后倾倒"和"汽车突然刹车，人会向前倾倒"等现象联系起来，学后有利于解释"如果两辆汽车追尾相撞，那么两辆汽车上的司机受伤部位有什么不同"等问题。

但现阶段，仍然有些教师在物理概念教学中对此强调不够。有些教师教学引入时讲了许多生活现象，纷繁复杂，但却没有典型性，而教师讲完现象后又没有及时揭露其本质，没有及时上升到理论高度，造成了现象和本质的脱节。结果，学生的兴趣就停留在对事物现象的好奇上，留下的只是一堆没有头绪、纷繁复杂的物理场景，想上升到理论高度，却不知如何处理。如有关"力"的现象是生活中常见的，其本质却是"物体与物体之间的相互作用"，如教师不及时从生活中常见的力的现象上升到力的本质，则学生在以后的学习中就会遇到很大的困难。

有的教师则是在从理论到实践这一环节没有掌握好，往往提出一个概念，也进行了详细的分析与说明，学生好像也听懂了，但没有及时结合实际物理现象加以分析，结果在遇到具体问题时学生往往束手无策。如电磁场概念，教师一步步分析讲解，学生对讲解过程都能听懂，但要他们自己分析时却往往丢三落四、顾此失彼。这就是在学习时没有联系实际，没有将理论及时应用指导实践，只学到一个似懂非懂的理论轮廓的表现。

因此，在物理概念教学中应该引导学生将抽象的概念本质与具体的典型事例统一起来，让学生明白生活中的各种物理现象是有自己内在本质规律的，无论是宏观的还是微观的。同时，各种物理概念也不是凭空想象出来的，它们有着深厚的客观基础。物理概念是现象与本质的统一体，这既是理解、掌握物理概念的要求，也是培养辩证思维的基本途径。

六、忽视对概念得出过程与反思的引导

传统的高中物理教学非常重视知识结果的落实，评价学习的收获往往以知识的获得作为唯一的标准，而忽视了在知识获得过程中应该伴随的思维能力和实践能力的发展。长此以往，学生往往更加重视"是什么"，而相对缺乏"如何做"，更缺乏"为什么是这样""为什么这样做"的带有程序性、反省性的问题。特别是由于网络的普及，海量知识可以很轻易地通过网络获得，弱化了传统教育中教师传授知识的角色。网络技术的进一步发展，更加凸显了教师传授"隐性知识"的重要性，所谓"隐性知识"，就是"只可意会，不可言传"的东西，需要教师在创设的真实情境中引导学生通过反思获得。这种隐性知识是不可能从网络上获得的，相反，那些显性知识即可以通过语言文字、图像、公式等表达出来的东西，则很容易在网络上搜索到。

课堂教学整体表现为：重视记忆与应用，而忽视理解，缺乏对认知过程与结果的反省。这种现象在实际的概念教学中的具体表现多种多样，例如：第一，新课改所倡导的自主、合作、探究学习方式流于形式，很多情况下有形式无实质内容，尤其缺乏对多种学习方式的有效整合；第二，很多情况下，在教师的课堂教学结构中，没有学生交流讨论的环节，更多还是教师的"告知"或者告知后的"解题"；第三，促进学生对深层知识理解的策略还有待丰富，"以告知替代教学""以应用替代理解""有事实无结论"等现象依然存在；第四，探究式教学的质量仍待提高，更多的探究式课堂与"牵着盲人上楼"相似。

但以核心素养为纲的新课改则强调科学思维在学习过程中的重要性，《普通高中物理课程标准（2017年版）》对科学思维做出了明确界定："'科学思维'是从物理学视角对客观事物的本质属性、内在规律及相互关系的认识方式；是基于经验事实建构物理模型的抽象概括过程；是分析综合、推理论证等方法在科学领域的具体运用；是基于事实证据和科学推理对不同观点和结论提出质疑和批判，进行检验和修正，进而提出创造性见解的

能力与品格。"上述界定特别强调学习过程中的内化，在内化中形成分析客观世界的物理学视角，发展模型建构、科学推理、科学论证与质疑创新等分析纷繁复杂客观世界的思维能力，发展通过科学探究的手段认识自然世界的意识与能力。

美国物理学家菲利普·安德森（Philip Anderson）等在《学习、教学和评估的分类学：布卢姆教育目标分类学修订版（简缩本）》一书中修订了布卢姆教育目标分类学，把知识分为四类：事实性知识、概念性知识、程序性知识和反省认知知识。安德森等人强调，之所以把反省认知知识作为第四类知识，主要理由有以下两点。第一，反省认知控制和自我调节需要运用分类表的另一个维度——认知过程。但反省认知控制和自我调节涉及诸如记忆、理解、运用、评价和创造等过程。因此，把反省认知控制和自我调节过程增加到认知过程维度是多余的。第二，事实、概念和程序性的知识都属于教材内容。不同的是，反省认知知识是认知的知识和有关自我与知识的关系的知识，它包括自我知识、策略性知识和关于任务的知识。当然，反省认知知识和其他三类知识的地位是不同的。前三类知识都是在科学或者学科的共同体内通过对话达成默契而发展起来的。反省认知知识显然不是这样的：自我知识是在个体的自我意识和知识基础上发展起来的，而策略性知识和关于任务的知识是在不同的共同体中发展起来的。

不管是从发展学生核心素养的要求，还是从上述关于知识的分类，都不难看出反省认知知识的得出过程对学生发展的重要性。

那么，如何通过课堂结构的调整达到引导学生进行知识得出过程的反省认知呢？我们可以从以下两个方面努力。

第一，"拉长"知识的得出过程，特别是针对概念教学的重点和难点，引导学生经历发现问题、分析问题与解决问题的过程，而不是简单采用"告知"结论的方式进行教学。在这一过程中可以采用有利于学生深层理解的探究、合作交流等多种教学方式，教师特别要防止因过度启发而导致学生思维碎片化。

第二，在概念教学中，增加反省认知的环节。在教学中，学生获取知识固然重要，但反省获取知识的过程同样重要。因为通过反省，学生可以获得反省认知策略，而恰恰是在解决不同任务时这些策略性知识更容易被迁移。基于此，在教学结构中增加学生课前学习的环节是很有必要的。学生通过课前的自主或者合作学习，获得事实性知识、概念性知识与程序性知识。课中教师不断通过追问"如何思考""为什么这样思考""是否还有其他思路"等带有启发反省认知的问题，引导学生反思两个问题：知识是如何得出的？为什么这样得出？

七、不注意词语的运用，对教学用语不够重视

物理概念反映的是一类物理现象的本质属性，是人脑反映事物本质的一个思维形式，必须用词语表达出来，才能成为人类知识的一部分。物理概念教学必须在词语的调节、控制下进行，词语是表现概念运动（信息）的载体，借助这种载体，信息可以凝聚、积累、传递、发展，从而被加工处理。例如，"惯性"概念：物体保持匀速直线运动状态或静止状态的这种性质叫作惯性。其中"物体……这种性质叫作惯性"是概念表述中的关键部分。从这里应看出，惯性是物体的固有性质即任何物体都有这种性质，而"……保持匀速直线

运动状态或静止状态的……"这种性质与物体运动与否、受力与否乃至物体形态（固、液、气）都无关。教师在讲解概念时，必须详细地加以说明以消除学生在词语理解上的困惑。

概念能用词语描述，词语是概念的语言形式，而概念是词语的思想内容。形式和内容是相辅相成、相互联系的，割裂二者的关系则很难掌握概念。例如，万有引力是一个词语，是给一个物理概念取的名字，而这个词语的思想内容则为：宇宙中所有物体和物体之间都存在一种相互吸引的力，如太阳与行星之间、地球与月球之间的相互吸引力。仅仅知道万有引力这个词是没有用的。

但是，概念和词语并不完全等同，概念的本质并不是词语。一个词可以代表不同的概念，而相同的概念也可以用不同的词语来表示。在教学中，学生头脑中的物理概念主要是靠教师的启发、引导来得到的。因此，教师在教学中要特别注意语言的表述，以免学生产生误解。例如，物体重力势能的说法，实际上是一种习惯，表述上并不科学。教学之初，教师必须强调物体的重力势能是物体与地球这一系统的势能。另外，有一些隐蔽条件，教师在授课时必须强调说明，如"同步卫星"隐蔽了"卫星绕地球旋转的角速度和周期与地球自转的角速度和周期相同"、"完全弹性碰撞"隐蔽了"碰撞过程中无能量损失"。还有惯性与牛顿第一定律，很多教师授课时没有强调两者之间的区别和联系，往往导致学生不能深入理解它们的物理意义，只能从字面上去理解它们。

八、无法有针对性地解决学习困难与障碍

每一次课程改革都会引入新的理念，并且对一线教学实践发挥重要的引领作用，但也不否认很多课堂教学存在因新理念的引入而产生机械僵化的模仿现象，并未根据学生实际需要和现实的教学条件有选择性地进行设计。例如，在课堂教学中忽视知识的前后连接，不考虑学生的认知能力与兴趣，一律采用创设新颖情境的方式引入新课，创设情境与所学内容往往并不具有清晰明了的关系，致使学生听得一头雾水；有的教师在引入新课时即使考虑激发学生的兴趣，但由于过分强调情境的热闹程度，忽视了情境背后的理性成分，导致学生思维并没有由此展开。凡此种种现象，往往是因为教师把课堂看作教师表演的舞台，而不是解决学生实际学习困难与障碍并在此基础上帮助学生提升认识的平台。在这种情况下，教师的角色定位出现了问题，更倾向于把自己看成《新闻联播》的"播音员"。

从教育的实际情况看，仍然存在大量的无效教学，概括起来，主要表现为以下三类。第一，学生已经掌握了通过阅读教材等方式就可以自己学会的内容，教师仍然要采用多种方式进行教学。第二，超出学生认知能力的内容，也就是教了学生也不会真正理解的内容，教师仍然教。第三，学生容易学会的重点教，而学生存在疑问的地方却不教或者重视不够，如在高中物理"位置变化快慢的描述——速度"一节中，本来如何定义速度对学生来讲并不难理解，但学生不理解的地方是，初中用在一段时间内的路程与时间之比来定义速度，而高中却又引入了在一段时间内的位移与时间之比定义速度，这是为什么？教师对这一问题往往不够重视或者干脆在课堂上不教。这些无效教学的原因可归结为教学前缺乏精准诊断。诊断不仅是为了发现学生存在的学习上的困难或者障碍，还应对其产生的原因做出因果解释。只有分析清楚困难或者障碍的产生原因，才能采取有针对性的教学干预。例如，高中物理的"牛顿第二定律"一节，教师完全可以在一节课内让学生在日常生活中体验到

的物体运动的加速度与受力的关系、加速度与质量的关系的基础上，得出牛顿第二定律的结论，并可以通过习题让学生掌握解题的程序。但是，在这一过程中可能缺少了一系列环节，如学生与教师一起发现加速度与哪些因素有关并提出猜想与假设、设计实验方案验证加速度与相关因素的关系、处理数据得出结论、师生一起交流讨论等。学生的创新能力、合作意识、自学能力等各项核心素养也正是在这一系列环节中得到发展。特别是在"牛顿第二定律"教学中，并未真正突破如何在实验结论——物体运动的加速度与受力成正比、与物体质量成反比的基础上得出牛顿第二定律的表达公式 $F=ma$。

因此，从提升教学有效性的角度看，课堂教学前教师应加强对学生学习情况的了解，通过精准的学习诊断，准确把握概念教学的重难点。

九、割裂量与质的辩证统一

量与质是物理概念中的又一对辩证统一的矛盾体，物理概念的质是指概念的内涵，即物理本质；而物理概念的量是指定义物理概念的数学形式。物理概念与数学概念是不同的，因为数学理论的发展是以割裂其概念与外在世界的联系为前提的，而自然科学理论的发展是以建立其概念与外在世界的联系为前提的。因此，自然科学理论存在与外在世界是否符合的问题。正如爱因斯坦所言，数学只研究概念之间的相互关系，而不考虑它们与经验对象的关系。物理学也研究数学概念，但这些概念只是在明确了它们与经验对象的关系后，才获得物理内涵。例如，$F=k\dfrac{Q_1Q_2}{r^2}$ 和 $F=G\dfrac{m_1m_2}{r^2}$，两者的数学形式完全相同，但它们表示的物理意义却完全不同，前者为静电场的库仑力公式，后者为万有引力的计算公式。再如"点"，在数学中既无大小，也无体积，而经典物理中质点虽没有考虑大小和体积，却具有质量的意义。

因此，一个物理概念既与经验对象有关，又与物理理论的构造有关，在物理学上，如前所述，这种兼具质与量的规定性的物理概念又称为物理量。一个物理量总是性质规定与数学形式的统一，而且是辩证的对立统一。在高中物理概念教学中，要注意引导学生从概念的物理本质中把握数学形式。对物理量，一定的物理本质总表现为一定的数学形式，而一定的数学形式也反映一定的物理本质。但两者的关系不是单一的，同一种数学形式可以表达不同的物理本质，不同的数学形式也可以表达同一物理本质。例如，$a=\dfrac{F}{m}$ 与 $m=\dfrac{F}{a}$ 就同属比值形式表达的物理量，前者反映了物体运动加速度的决定因素，它们之间存在着量上的函数关系；后者为物体惯性质量的定义式，m 描述的是物体惯性质量的大小，即保持原来运动状态本领大小的物理量，可用 F 与 a 量度并计算，但 m 的大小不取决于 F 与 a。可见，数学公式只是一种形式，它在物理学中所表达的物理含义必须受到物理本质的制约，脱离了物理本质的数学公式只剩下纯粹的形式，毫无意义，甚至会出现错误的理解。因此，在高中物理教学中，应经常引导学生分析、比较这些形同质异或形异质同的数学公式与物理本质。通过具体例子加强对物理量的形式与本质的异同比较，对学生深入理解物理概念蕴含的辩证观点很有好处。

另外，还要引导学生从量变中把握质变。物理世界的变化，既有量的变化，也有质的变化，量变可以导致质变，而质变必然表现为量变。因此，在教学中引导学生从量变中把握质变，对学生正确把握质与量的对立统一有重要意义。其一，物理量的某些决定因素发生变化而导致质变，如 $F=k\dfrac{Q_1Q_2}{r^2}$ 和 $F=G\dfrac{m_1m_2}{r^2}$，当 r 减小到与物体线度可比拟时，则不能使用。教学中引导学生对这些事例进行分析，将有利于学生从量的变化中把握质的变化，可防止学生从纯数学角度理解、运用物理概念和公式。其二，决定物理概念某种属性的环境和条件发生变化而导致质变。例如，质点、理想气体、单摆、理想电压表和电流表等，都是在一定条件下才成立的，如果与这些条件相关的因素超出其成立的范围，则事物的主要矛盾就会发生变化，所属概念范畴也会发生变化。

可见，某个物理对象、物理过程，可不可以纳入某个物理概念范畴，是与它所处的环境和条件密切相关的，当环境和条件发生变化时，对象和过程也会发生变化。因此，教学中不应笼统地讲某个对象是质点、单摆或理想电表等，而应该强调什么对象在什么条件下具有什么概念的属性。这是由概念的量与质的辩证特性所决定的。

第二节　高中物理规律教学现状

一、学生层面

（一）不能正确、全面地理解物理规律

从认知心理学角度来看，学生不能正确、全面地理解物理规律，究其实质是学生在头脑中没有形成与该规律有关的正确图式，或者是一个不完全的图式。从学生的角度出发，部分学生感到学习物理规律有难度，没有对学习物理规律产生特别浓厚的兴趣，在课堂学习和实际操作方面都出现了一些需要改变的现象。

第一，法蒂玛现象。法蒂玛现象，即学生不懂装懂，物理教师操作太快、讲述不清、实验现象不明显或者学生不感兴趣等原因，造成学生没有真正通过做实验得出结论。个人或同学小组合作实验时产生了问题，由于法蒂玛现象的存在，部分学生既不自行探究找出问题的原因，也不向教师求助获得讲解，而是生硬地背下实验结论就一笔带过，对不懂的问题不求甚解。

第二，重数轻理现象。由于长期的逻辑思维培养和实验教学的匮乏，学生普遍存在一个错误的认识观念，即认为数学运算得出的结论一定是无可争议的，而实验得出的结论不可信。因此，不少学生观看演示实验时知其然而不知其所以然，自己动手实验时也不求甚解。

第三，理论联系实际不充分现象。物理规律的学习目的主要集中在掌握物理规律的确切含义、适用范围，以及运用物理规律解决习题上。当前学生普遍存在物理知识联系生活实际不够充分的现象。相当一部分学生可以观察到生活中与物理有关的现象，但是学生运用所学知识解释其原因的主观意识和能力则有待提高。

（二）物理知识的组织程度低

头脑中存有知识，但并不代表它就能被有效利用。例如，学习物理困难的学生有时也能记住或者回想起动能定理公式与适用条件，但是不能正确应用到有关题目当中。这说明学生头脑中的物理知识大多是堆积的、罗列式的，知识之间没能建立起本质联系，或者某种联系建立得还不是很完善，该认知结构被叫作低组织程度认知结构。它制约了学生检索或提取与问题有关的知识，致使不能激活相关物理知识，或者已经激活了但不能有效使用。恰当地组织知识可以提高其可用性，而零散、孤立的知识从本质上讲属于没理解的知识。

（三）学生的学习兴趣低

高中物理教材中大多数概念、规律严密且抽象，但每个概念、规律的得出都有生动精彩的过程。教师本应该采用灵活多样的教学方法，创造一个生动有趣的课堂氛围，以激活教材。但在教学中很多物理教师只是照本宣科，不能采用合适的教学方法激活教材，时间长了学生就会产生厌烦，渐渐地就会失去学习物理的兴趣。另外，教师总在黑板上"做实验"，使物理实验变为单纯的习题教学，这样学生就很少有机会获得揭示奥妙、探索科学的兴趣，就会慢慢觉得学物理真难、真累，学生的兴趣与潜能就会被扼杀。

（四）缺乏对实验探究的正确认识

高中物理规律教学中的实验探究本应当是支撑整个课堂教学的基础，占据重要的地位和作用。但是应用在实际教学过程中时，学生由于对科学探究实验的学习价值认识不够、重视不足，"想一想""做一做"等实验环节被视为得出结论的一类辅助工具，而没有认识到实验探究本身也是一个需要掌握的知识点，通过实验探究过程，最重要的不是得出结果，而是提高科学探究能力，端正科学探究态度，培养求真务实精神和创新精神。例如，在"牛顿第一定律"一课中，教师引课时常常会提到古希腊哲学家、科学家、教育家亚里士多德的"力是维持物体运动的原因"这一观点，让学生判断该观点是否正确，然后演示和描述意大利数学家、物理学家、天文学家伽利略的理想实验，以此推翻亚里士多德的错误观点，从而得出一个正确的结论：力不是维持物体运动的原因。在教学中物理教师操作或多媒体播放该实验时通常要求学生记忆并理解力与运动的关系，而忽略了实验探究之外更多与核心素养教育有关的内容，如亚里士多德不正确的观点从公元前就开始广为流传，一直到 16 世纪伽利略凭借质疑和追求真知的精神提出了不一样的观点，并且实践操作验证了自己的想法，推翻了前人错误的观点，打破了当时世俗的观念，为后人的研究奠定了基础。从这一事迹中学生可以学习到伽利略坚持不懈追求真理、勇于创新和热爱科学的精神。教师除了演示教材上的实验，还可以引导学生设计具有类似效果的实验，并以兴趣小组的形式完成。同时教师也可以鼓励学生思考和探索生活中有哪些事例可以验证伽利略、牛顿等人的观点。

二、教师层面

（一）实验教学形式化

物理规律的发现主要建立在事实的基础上，还有一部分物理规律如牛顿第一定律、动量定理等是在理想化模型和理论推理的基础上得到的。所以，物理规律的学习应该主要围绕着实验教学展开，然而在实际课堂上，并不是所有的学生都是通过观看教师的演示实验或者自己设计实验并操作来得出结论的，相反多数学生是在给定的条件和规定的步骤内按部就班地完成实验来得到结果的，甚至很多时候多数学生在实验前就已经知道了实验结论，实验只是走过场。这样形式化的实验教学并没有展现出真正意义上的教学效果，没有起到对学生科学探究能力的锻炼作用，对培养学生的理性思维和科学探索精神也没有任何帮助。

（二）理论学习不完全

由于核心素养理论的提出时间和其他教育理论相比很短，教师工作又非常繁忙，一线教师没有足够的时间全面深入地学习核心素养的理论知识，以培养学生核心素养为教学目标的教学设计数量很少，相应的教学实践也不多，所以教师可供借鉴的资料有限；同时，也存在一部分教师只注重学生学习成绩、不重视理论学习的现象，这也增大了在教学中培养学生核心素养的工作难度。

第三节 高中物理实验教学现状

一、学生层面

（一）重视程度不够

物理课程旨在提高学生的物理学科核心素养，其中一个重要方面就是让学生经历实验探究的过程，学会科学研究方法，养成科学思维的习惯，具备初步的科学探究能力。高中物理实验教学不仅是培养学生操作能力与研究解决问题方法的重要途径，而且是培养学生科学态度和创新能力的重要途径。

在高中物理实验教学中，部分教师由于课时紧张，有时会把应该由学生动手探究的实验改为教师的演示实验。因此，学生去实验室做实验的机会并不多，实验技能得不到培养，导致学生动手操作能力低，学习兴趣不浓，学习效率低，影响学生探究能力、创新意识与科学态度的培养。

学生对物理实验的重视程度不够，部分学生去做实验时往往抱着逃避枯燥课堂和玩的态度。实验前不认真听实验要求和注意事项，不明确实验步骤，实验操作往往是凭感觉做，常忘记记录实验数据或不知道如何处理实验数据。学生对物理实验较为生疏，教学效果不佳，教学目标难以达成，导致学生实验题失分严重。

（二）学生缺少进行物理实验的机会和条件

一方面，学生在繁重的学习压力下，即便对实验有兴趣，也没有足够的时间开展科学探究，更毋谈深入研究了。除此以外，部分学校很少开设物理实验课，即使开设物理实验课，学生也无法亲手操作，物理实验课转而只能变成以演示实验甚至是"讲实验"为主。

另一方面，实验仪器在数量和种类上还不能达到新课程标准的要求，尤其是乡镇高中或是经济发展较为落后的地区，学生在分组实验中，小组成员人数过多，一部分缺乏主动性的学生就没有机会接触实验仪器或直接放弃操作。对于大部分的演示实验，学校没有配置相应的演示实验器材，使得教师在教学中做演示实验的机会较少。此外，实验仪器的损坏和老化得不到及时的维修和更新，一些学校只有在准备达标验收时才会购置相应的仪器设备，使得真正能够用于实验教学的实验仪器少之又少。

二、教师层面

（一）分组方法的局限

高中物理实验教学往往采取小组分工合作的学习形式，但一般会存在分工不均或个别学生参与度低的现象，而且几个学生聚在一起，也会出现纪律问题。这就导致课堂效率低，实验效果不理想。

（二）物理实验教学模式单一

新课程标准提倡多样化的教学模式，注重科学探究。在高中物理实验教学中，教师为了让学生更顺利地完成实验，会把实验目的、实验原理、实验步骤和所测物理量都一一讲清楚，让学生按部就班地完成实验得出结论，几乎没有独立思考和探索的空间，他们的创新意识和探究能力没有得到提高。长此以往，学生就会丧失思考的能力，也不能把学到的物理知识灵活地运用到实际中。

（三）缺乏有效教学目标的设计

教学目标决定着教学行为。在高中物理实验教学中，很多教师忽略了教学目标的设计，常照搬标准或教学参考书中的教学目标，导致课堂教学的盲目性和随意性。同时，目标常与教学脱节，导致目标流于形式，降低了高中物理实验教学的有效性。

（四）物理实验教学评价方式单一

《基础教育课程改革纲要（试行）》将评价改革作为课程改革的目标之一，明确指出："改变课程评价过分强调甄别与选拔的功能，发挥评价促进学生发展、教师提高和改进教学实践的功能。"而实际上，评价方式单一化，笔试测验仍是基本的评价方法，仍然过分注重评价的甄别和选拔功能，在日常的教学评价中唯分论英雄。在评价过程中，评价内容不全面，评价的焦点往往放在知识性目标的评价上，忽视技能性目标和情感性目标的价值。这样会使得学生的表现始终与一个个枯燥的分数画上等号，影响学生学习物理的积极性，并且这种单一的评价方法也无法全面地考查和评价学生的物理学习水平。

（五）缺少科学的实验教学策略

教学策略是教师为了达到某种预定的教学目的而采取的手段和方法的总和，它随着课堂的发展变化而变化。在高中物理实验教学中，部分教师在实验教学中没有掌握科学的教学策略，致使学生没有学会学习，没有真正实现有意义的学习。

1. 忽视学生自主学习意识的培养

部分教师在课前很少会考虑如何为学生创设情境引发他们的思考及自我提问，也很少会刻意为了提升学生的学习兴趣而去为他们设计和调整教学目标，以激发学生自主学习的积极性和能动性。"授人以鱼不如授人以渔"，因此，让学生学会学习，提升学习的主动性对于师生都是非常重要的。学生只有对所获取和积累的感性材料进行主动的科学分析、比较、综合、概括等抽象思维活动，才能认识到事物的本质属性以及事物之间的内在联系，才能上升到理性层面的认识。在高中物理实验教学中着重发展学生的智力，最主要的是发展学生的观察力和思考力，对形成能力和培养终身学习观念具有重大意义。教师在平时做演示实验时，对学生的提示很多，有时甚至直接告诉学生实验结果。这种被动的教学方式在很大程度上削弱了学生自主学习的能动作用。

2. 不注重培养学生的学习能力

大部分教师在物理实验教学中关注学生对课程内容是否能够牢固地掌握，对实验现象和实验结果能否在头脑中形成图式以便能够牢记考试内容。教师对于学生如何在物理实验教学中提升自身的学习能力，形成科学的观察方法，实现有意义的学习，真正通过发现学习来探究实验，获得自我迁移、归纳知识的学习能力并未给予过多的关注。

（1）教师忽视学生观察能力的培养

观察能力是人认识客观事物的某些属性和特征的能力，它是一种特殊形式的知觉，是一种在理性知识参与下的知觉，是一种与思维紧密联系的"思维的知觉"。观察是思维的源泉，对现象的感知越充分、越全面，就越有助于通过思维来获得真知。苏联教育实践家和教育理论家苏霍姆林斯基（Cyxomjnhcknn）曾经这样评价观察能力的重要性："观察是思考之母。"

教学经验证明，在物理实验中，观察能力强的学生，感知事物迅速、完整、准确，善于抓住客观事物最主要、最基本的特征，且在单位时间内观察到的信息多，因而在学习上表现出知识积累速度快。观察能力差的学生，常常对事物的感知慢，根本看不见，也听不到。

可见，观察能力是学生在认识事物和获取知识过程中必须具备的本领，观察和实验是物理最基本的研究方法。具有敏锐观察力的学生，观察事物显得非常仔细，会用观察得到的结论去解决新的问题。

（2）教师忽视培养学生有意义学习

美国心理学家戴维·奥苏伯尔（David AuSubel）首先提出了有意义学习，他指出有意义学习是以实质性的和非人为的方式将潜在有意义的信息与学习者已知内容联系起来的过程。也就是我们所谓的，在教授学生新知识的时候，一定要将新知识与原有知识联系起来，使学生能够将新得到的信息同化到原有的认知结构中，真正理解所学内容。

（六）不重视物理实验教学的反思

自我反思是教师立足于自己的实践经验，通过深刻的内省来整合自己的知识和信念，调控自己的情绪和行为的活动。自我反思对教师的专业发展具有重要意义。教学反思是一个研究型教师必不可少的活动。高中物理教师不仅要在日常的授课后进行反思，而且在实验教学后也应该进行反思。虽然学校一直强调教学反思的重要性，但实验课后的教学反思通常停留在经验总结层面上，而没有在教学理念、教学方法和教学策略上进行深层次的反思总结。

（七）教师教学观念守旧，教学被动

教学观念是教学行为的内在支持与动力基础，直接影响着教师教学态度和教学策略的选择。由于受应试教育观念的影响，在高中物理教学中，不少教师依然坚持教师为主、教材为主、讲授为主的知识教学观，对实践教学不予重视。尤其是在新课程标准的要求之下，教师一方面要花时间培养学生的实验探究能力，另一方面要使学生在高考中取得好成绩，这对于教师来说，增加了他们的教学难度，很容易降低他们的教学热情，使他们的教学显得比较被动，同时他们也会因实验在考试中的笔试题型而对实验操作不予重视，主要表现在以下几方面。

1. 对教学目标的理解不够准确

"实验版"课标明确了知识与技能、过程与方法和情感态度与价值观三个方面的教学目标，虽然有具体的说明，但是大部分教师还是没有对其教学目标有正确的理解。虽然大部分教师都认为实验教学非常重要，但在授课时还是注重知识的传授，对于提升学生操作能力并未给予过多的关注。在过程与方法教学目标的指引下，大部分教师较少关注实验过程，将注意力集中到实验的现象和结果中，这就大大减少了学生质疑、自主学习的机会，也制约了学生自主解决问题能力的提升。对于情感态度及价值观教学目标，教师也没有给予过多的关注，没有正确理解此教学目标的真正意义，对于在高中物理实验教学中培养学生的人生观、价值观及获得学习兴趣没有给予过多的关注。教材中有大量培养学生动手能力的素材和作业，而在实际操作过程中会遇到困难，不仅检查起来非常烦琐，考试还基本不涉及。很多教师不把这些当一回事，甚至忽略了。但是，这些素材和作业对培养学生的动手能力和兴趣非常有利。这就造成了我们的学生有"分"，但严重缺少"真正的能力"。人类的一切活动都是有动机的，而兴趣是最好的动机。

2. 对物理实验教学不够重视

教师虽然带领学生尽量做学生实验，但是大部分教师还是停留在完成教学任务阶段，很少有教师能够在上课之前亲自做实验，做教具，修补实验器材。

一方面，实验器材不足，个别高中由于教育经费投入的相对不足，学校很难将有限的教育经费优先用于学校物理实验室的建设，高中物理实验室也没有配备专门的实验员，这就导致出现了器材短缺、实验器材损坏以后没人修复等现象，从而造成了实验器材的浪费。当教师想上实验课时，实验室现有的器材做起来现象不明显，学生的学习效果很不理想，索性教师就简化实验甚至放弃了做演示实验。

另一方面，教师对物理实验不重视。新课程改革后，高中物理的教学内容、知识的重难点不但没有减少，反而有所增加，而周课时量太少，这就使得教师要在有限的时间内完成比以往更多的教学任务。因此，考虑到教学任务的完成，不得不压缩实验教学的课时量，使授课内容更贴近考试内容，以提高学生的升学率。虽然新课程改革后，增加了实验操作技能的考试，但是这个考试的满分为 10 分，而且一般情况下，很容易通过此种考试。这种考试的分值比重小、实验难度不大，教师为了完成高考目标，普遍对实验不重视，因此，一些教师会选择在实验考试的前一周加强练习，以节省课上时间，只要让学生在考试中不丢分即可。可见，课时及升学的压力也是导致学生探究实验课设置太少的原因，这样的教学安排阻碍了物理实验教学的实施，违背了物理学是一门以实验为基础的学科的原则事实。

三、学校层面

（一）物理实验课程资源开发不够

在建立开放实验室方面，由于大多数学校实验室采用封闭式管理方式，除物理实验课之外，学生课余进入实验室做实验基本不可能。在开发实验资源方面，大多数教师基本没有这个意识，而且也没有多大的积极性。在利用日常器具做实验方面，大部分学生没有这方面的创新意识。在信息技术引进物理实验室方面，很少学校能做到这点，甚至都没有配置如数字化实验数据采集、分析系统（如应用分析软件、传感器、数据采集器等）等信息技术设备，并且教师和学生在实验中也极少通过计算机实时测量、处理实验数据和分析实验结果等，信息技术运用极少。

（二）物理教师和实验员的整体素养不高

教师队伍的整体学历层次不是很高，平均年龄偏大，特别在经济发展比较落后的地区表现得更加明显。教师的实验素养缺失，理论功底不够扎实，对常见的实验仪器、结构、原理、使用方法缺乏了解，对实验中蕴含的物理思想和科学方法缺乏认知，动手操作能力较弱，这些都会对实验教学的开展产生一定影响。

在具体的实验教学活动中，有的教师实验操作不规范，就会给学生起到不良的示范作用；有的教师授课水平不高，缺乏足够掌控实验课的能力；有的教师责任心不强，在实验课之前需要花费大量时间和精力备课，教师为了省时、省事，就将"做实验"变成"讲实验"。另外，很多教师自身缺乏创新意识，在实验仪器和资源匮乏的情况下，教师没能力开发和自制教具来进行弥补。此外，大部分教师很少有机会参加有关新课程标准的培训课程，对新课程标准的精神和具体内容没有进行深刻的研读和学习。

部分实验员的专业素养不高，仅仅成了"保管员"，学历层次较低，不能修理和维护损坏的实验仪器，甚至有些实验仪器的损坏是由保养不善导致的。实验员的工作比较被动和消极，他们游离于教研组的活动和管理之外，很少与一线教师交流，不能根据需要及时向学校报送购置实验器材的计划，更毋庸说利用现有的实验资源开发新的资源和项目。

第四节 高中物理习题教学现状

目前，高中物理习题教学中存在一些背离正常价值取向的问题，严重影响了教师的"教"和学生的"学"，使教学无法取得预期的效果，出现学生厌学、教师厌教的现象，造成习题课教学低效或无效。具体表现如下。

一、学生层面

（一）目标不明，思维混乱

学生不明白为什么要解物理题，解每道题的目的是什么，通过解题要获得什么效果，不重视解题的过程，不下功夫去弄懂解题的依据是什么，而是设法快点解出答案来。于是有些学生一拿到习题，不是按应有的解题程序去分析所要解决的习题，而是东尝试一下、西尝试一下，直到进行完所有的尝试都没有找到答案，最后干脆放弃，或是即使找到正确的解法，也只是碰巧而已。

（二）做得多，想得少

有些学生虽按规范的解题步骤解了大量的物理题，但只懂得仿照教师讲过、参考书或课本上学过的例题来解答习题，碰到自己不熟悉的题目时就六神无主，无从下手，于是就试图通过做大量的题目，直到把所有类型的题目都做过一遍甚至几遍来提高自己的知识、能力和成绩，但是没时间去思考，结果却适得其反。

（三）粗做多，精做少

有些学生也做了大量的题目，但囫囵吞枣，不注意分析物理过程，不规范写出解题过程，做多少算多少，结果是自己看懂别人看不懂；有些学生在解题时则胡乱地罗列一大堆公式，不管这些公式可不可以用到这道题上，既无物理情境分析，也无必要的文字说明，过程之间的联系不做任何交代，只是粗放式地解题；有些学生在解题过程中虽是做了文字说明，但表达能力不够，出现要么表达不到位，要么表达啰嗦的现象。

（四）把物理问题数学化

有些学生在接到题目时，首先想到的是套公式，在一大堆公式中碰来碰去，运气好时给他碰到一个合适的公式，解题能顺利地进行下去；运气不好时，套不到合适的公式，结果解题过程只能被迫停下来。这种碰运气、套公式的解题方法永远无法学好物理。有些学生没有养成画图分析的习惯，整张物理试卷没有分析图，全是数学公式。

（五）缺乏审题能力

有些学生缺乏审题能力，具体表现在：第一，拿到题目后，不懂得从哪里入手，哪些地方是关键的，已知条件是什么，隐藏了哪些条件；第二，不懂得还原物理模型。

（六）不注意题后的反馈

有些学生解题只是为了应付教师的作业任务，作业发下来后，看都不看一眼就把它丢到一边，有的即使看了，也只是看一下有无错误，若无错则万事大吉，若有错也只是粗略地看一下，至于为什么错，错在哪里也不去深究，因而以后遇到了同样的或相似的题目还是要错，解题的目的根本无法达到；有些学生平时不喜欢动手运算，即便是很简单的运算也要借助于计算器，到考试时遇到稍难一点的计算就感到烦，从而错误百出，丢掉了许多不应该丢的分数。

（七）学生参与时间少

第一种情况是整节习题课都是由教师一人进行讲解，没有与学生进行互动，甚至没有考虑学生是否理解，将解题的方法直接教授给学生。在直接教授的过程中，也没有就教授的方法涉及的知识点进行提问，这样会造成学生像背公式一样地背方法，将物理习题公式化。当然，这种情况发生的比较少，但是的确存在，教师进行教学只是为了完成教学进度。"师者，传道受业解惑也。"作为教师不仅要做到将知识"传"出去，还要让学生将知识"受"进来。习题课教学属于教学过程的一部分，不能为了完成教学进度而教学，教师要注重全体学生的发展。

第二种情况是教师与学生进行互动，但只是与成绩优异的学生进行互动，而没有考虑其他学生的主体地位。教师关注的应该是全体学生，而不能只专注于学习成绩优秀的学生。在高中物理习题课教学中，对于习题的准备以及在习题课教学中的提问、辅导，要关注中等生和弱势学生。尤其是对于中等生的关注是非常重要的。教师要有耐心和信心去发展他们的能力和培养他们学习物理的兴趣。

二、教师层面

（一）题海战术

目前，相当一部分物理教师的教学中存在抢时间、争地盘的做法，采用题海战术，对布置的作业不加选择，将泛滥成灾的各种试卷、复习资料原本发给学生，学生成了解题机器，不少题目学生要重复练习多次，一些偏题、怪题、超纲题更是让学生伤透脑筋。机械模仿、简单重复代替了创造性劳动，其结果是耗时低效，挫伤了学生的学习积极性。

（二）一步到位

有些教师在教学中放弃了基础题的训练，直奔高难度的习题，追求"一步到位"，这种忽视双基训练、揠苗助长的做法，其结果是学生对知识的理解只能生吞活剥，解题时只能依葫芦画瓢。而对于学生在学习上反映出来的问题，教师则寄望于教学过程的几次循环，但由于在教学中违背了学生的认识规律，欲速则不达，教学效果往往很不理想。例如，有些教师在动量的新课教学中就拿高考题中有关动量和能量的综合题给学生做，这显然违背了学生的认识规律。

（三）教学方法不当

有些教师认为，"习题课嘛，讲就是了"。把书后习题、练习册上的习题，对对答案，有不会的，讲一下，这道题怎么做的，就完事了，也不问学生为什么会做错，为什么大家都选这个选项，为什么学生都用这个公式。教师不去做错因分析，虽然给了学生正确答案，但过不久变换一个类型或者再考同一个问题，学生还会错。究其原因，学生不知道自己错在哪，因此还会被"同一块石头绊倒"。

另外，有些教师认为，他教的学生基础差、成绩低、不聪明，给学生一节课也做不出几道题，提问也答不上，不如他自己讲了，省得浪费时间。因此，在这些教师眼中的习题课，什么多媒体教学、探究式教学统统不要。习题课教学就是一个字：讲。

（四）解题思路较单一

部分教师在物理习题教学前对本节课教授的习题挖掘程度不够深，也没有对上课会出现的情况提前进行预估与准备。只是将自己仅有的、单一的思路方法传授给学生，没有照顾到学生不同的思考方法。在学生与教师思路出现不同时，教师应该鼓励学生，让学生继续进行阐述，这种方法不仅保护了学生的自尊与积极性，还可以针对学生出现的错误进行及时更正。

（五）高难度和高密度

有些教师在教学中试图通过大量例题来代替对基本概念和基本规律的理解，忽视了自己教育的对象——学生的能力和基础，这种脱离学生的实际、盲目地追求高难度和高密度的做法，势必形成的"满堂灌"，或者只把注意力集中在成绩中、上等的学生身上的做法，将会造成两极分化。课堂教学节奏太快，学生的思维活动过于紧张，容易疲劳，教学效果也会适得其反。

（六）教师提示时间不恰当

在高中物理习题教学中，教师把自己的思路教授给学生，学生没有进行主动的思考，而是直接将教师的思路拿来用，没有做到学生是课堂的主体。在高中物理习题教学中，教师要有耐心、要沉住气，给予学生充分的时间去发挥、去思考，教师只需要做一个启发者、引导者即可。在学生自己的思路出现空当时，教师应适当顺着学生的思路去引导，不要阻止学生原来的思考方向。

（七）重视结果、忽略习题后的反思

在高中物理习题教学时，教师只在乎学生解题的结果，没有关注解题后的反思。其实，解题后的反思比解题的结果更重要。教师在设计习题时，要注意在习题课的最后设计一道计算题，这样学生可以将新知识和方法及时地进行实践，另外，教师也可以通过学生的解题过程来了解本节课是否完成教学目标，对后续的教学内容和教学计划及时地进行正确、有效的调整。

三、学校层面

（一）习题来源单一

现在多数学校使用的是省教育厅审定的练习册。虽然说练习册每年都翻印，但习题变化却不大，甚至没有变化。有的教师自己不去钻研教材，仅依靠练习册，造成了习题来源单一。同时，练习册上有多少题就讲多少，既不多讲，也不少讲，完全没有计划。其实，教材有的章节是属于了解性内容，不要求学生掌握。这类知识往往也比较简单，因此这样的章节就没有必要配备习题。

相反，有的章节非常重要，仅仅通过几道题或十几道题根本不能掌握，因此需要教师钻研教材，根据学生的实际情况，适当增加或删减一些习题，从而达到练习的最优化。

（二）习题资源不足

现在多数学校没有自己的校本教材，也没有自己的习题库。没有校本教材好说，可以统一用人教社编写的教材，但没有自己的习题库，就为教学带来了很大不便。习题的作用是对物理概念、规律、方法等进行强化理解，如果学校自己没有习题库，就只能使用学校统一订购省教育厅审定的配套练习册，或者到书店买一些习题资料。用这些现成的资料很容易造成习题的机械重复，加重学生的负担。而且有些资料中会出现题目或答案错误的情况。如果随便发一张卷，布置一点练习，结果发现有错误，那么不仅浪费学生宝贵的时间，影响习题教学效果，更会严重地挫伤学生学习的信心和积极性。

对于正规出版社出版的习题，虽说是一些一线特级教师组织编写的，但对于不同的教材、不同的学校、不同的学生来说，也未必适用。因此，学校要想在物理教学上有所发展，就必须在习题教学上取得发展，而习题教学的发展依赖习题库的创建。

第三章　高中物理教学理论

　　教学原则是指根据一定的教学目的、遵循一定的教学规律而制定的指导教学工作的基本要求。"模式"是指某种事物的标准形式或使人们可以照着做的标准样式。教学模式是指在一定教学思想或教学理论指导下建立起来的较为稳定的教学活动结构框架和活动程序。教学手段是指师生在教学活动中相互传递信息的工具、媒体或设备。教学技能是指运用一定的知识和经验完成某种教学任务的活动方式。本章分为高中物理教学原则、高中物理教学模式、高中物理教学手段、高中物理教学技能四部分。

第一节　高中物理教学原则

一、主动性原则

　　在高中物理教学中，要贯彻主动性原则，需要从以下几方面入手。

　　第一，教师要善于激发学生的学习兴趣，助其形成正确的学习动机。实践证明，学生对即将进行的教学活动的意义和学习目的的认识越明确，学习兴趣就越高，注意力就越集中，学习效果就越好。教师的指导作用主要表现在能激发学生的求知欲和学习兴趣，培养学生在学习上的责任感。

　　第二，教师要善于创设问题情境，启发学生积极思考。学生的积极思考常常是从遇到的问题开始的，教师应为学生创造独立思考的条件。为此，教师要根据教科书的特点和学生的实际，不断提出难易适度、环环相扣的问题，引导学生积极思考。

　　第三，教师要注重培养学生自主探究的能力，使学生养成良好的学习习惯。在教学中，教师要利用谈话、讨论等方法来启发学生把握方向、认真钻研、获取结论，逐步减少对教师指导作用的依赖。

二、巩固性原则

　　巩固性原则是指在学生学习知识和理解概念的过程中，应该引导学生持续巩固知识，从而延长知识的记忆时间，在需要时能够迅速地调用。学生学习新知识的过程就是进行记忆的过程，在第一次学习之后，学生不可能永远牢固地记忆知识，因此复习巩固知识就变得非常重要。只有经常复习知识才能够强化知识记忆，才能真正地将记忆固化在自己的认知体系中，才能在需要时更准确地调用知识。

三、循序渐进原则

循序渐进原则既是教师教的原则，也是学生学的原则。循序渐进原则重在"序"，即次序、顺序，是人或事物先后演进发展的前后顺序，主要是指纵向教学进程的安排与处理。

基于物理学科的视角，物理学是由基本概念和规律所构成的学科结构，每个概念、规律的复杂水平随着学生思维水平的发展和学习阶段的上升而不断提高。每一个基本概念和规律的学习都是学习复杂概念和规律的前提条件，复杂知识的教学以简单知识的学习为基础。因而，在高中物理教学设计中，教师应考虑物理学科知识的逻辑结构，随着学生思维的发展、知识的增长，对物理学科知识要不断进行扩展和加深，以促进学生物理学科核心素养的发展。

基于高中物理课程结构的视角，普通高中物理课程结构的设计依据中明确提出：遵循高中生的认知规律及物理学科特点，设计循序渐进的必修与选择性必修课程内容。在必修课程中，纳入了物理学的基本内容；在选择性必修和选修课程中，进一步深化和拓展了力学、电磁学和热学等学习内容。因此，高中物理课程结构的设置体现了循序渐进原则。

基于学生思维发展的视角，瑞士儿童心理学家让·皮亚杰（Jean Piaget）的儿童认知发展阶段理论强调：儿童思维的发展具有一定的阶段性，每个阶段的出现有一定的顺序，前一发展阶段为后一发展阶段做准备，后一发展阶段是前一发展阶段的延续，不能逾越或者互换；文化、环境等因素的影响可能会加快或推迟儿童认知发展的速度，但不能改变儿童认知发展的顺序。因此，学生思维能力、认知水平的发展也要遵循循序渐进原则。

基于物理学发展的视角，物理学科的发展史充分体现出物理学的发展是循序渐进的过程。例如，人类对宇宙中心的认识就是一个循序渐进的过程。公元 2 世纪，人类认为地球是宇宙的中心，即"地心说"；公元 1543 年 5 月 4 日，《天体运行论》的发表标志着"地心说"的终结，波兰天文学家尼古拉·哥白尼（Mikotaj Kopernik）认为太阳是宇宙的中心，即"日心说"；后来人们发现，"宇宙无中心"，只是选择的参考系不同。又如，人类对行星运动规律的认识也是一个循序渐进的过程。哥白尼认为天体在做完美的匀速圆周运动，德国物理学家约翰尼斯·开普勒（Johannes Kepler）根据丹麦物理学家第谷·布拉赫（Tycho Brahe）一生对天体运动的观测数据发现所有行星围绕太阳运动的轨道并非圆轨道，而是椭圆轨道，从而发现了关于行星运动的三大定律；然而，开普勒不知道行星运动规律背后隐藏的物理本质，直到牛顿万有引力定律的发现，人类才从物理学的角度对行星运动规律做出了科学的解释。

基于物理课程内容设计的视角，物理课程内容的设计也遵循循序渐进的原则。例如，质量概念的发展就遵循循序渐进的原则。高中阶段，在牛顿第一定律中，学生知道质量是描述物体惯性的大小的物理量；在爱因斯坦的质能方程（$E=mc^2$）中，学生知道物体的质量与能量相对应。因此，在高中物理教学设计中，应使学生在学习物理知识的同时也能了解物理知识的发展历程，让学生在不同的阶段对物理知识有进一步的认识和理解。

由认知主义学习理论、建构主义学习理论和学习迁移理论可知，在高中物理教学设计中，必须遵循循序渐进原则。也就是说，高中生物理学科核心素养的形成不是一蹴而就的，需要在高中物理教学中逐步促进学生物理学科核心素养的形成与发展，到高中毕业时至少达到新课程标准对学生物理学科核心素养学业水平的要求。

四、实践性原则

实践性原则强调在物理教学中把各个知识点运用于教学实践中，把理论与实践相结合。这里的教学实践主要包括由物理学科特点和高中生认知规律所决定的教学实践，以及由物理与技术、物理与社会紧密联系所决定的教学实践。

通常，物理学家总是先通过观察与实验认识物理对象特征，再凭借理性思维提出假说，建立理想模型，然后运用数学对假说进行定量描述，最后用观察与实验对定量描述的内容加以检验和修正，使假说成为科学结论，即完成第一层次循环。随着研究的深入，可能会出现一些理论解释不了的新问题，需要采用更先进的研究手段，从而进入下一个层次的循环，以达到认识深入和理论更趋合理和完善的目的。可见，物理学是一门以科学观察与实验等实践活动为基础的学科，物理学的这一特点决定了物理学的概念、规律都植根于观察与实验。

五、直观性原则

直观性教学材料应属于广义"教具"的范畴。直观性教学的实质是利用各种资源并合理整合，与其他教学模式结合，给学生创设一种直观的学习情境，适用于实践性较强的课程。教学理论和实践都证明，为了更好地完成物理学科的教学任务，打造高效课堂，必须贯彻直观性原则。正确地理解和贯彻直观性原则，对明确教学目标、安排教学内容、正确运用教学方法和提高课堂效率，都具有重要的意义。

（一）实物直观

实物直观是指在教师的指导下，让学生直接作用于大自然，取得对大自然的直接感知，从中抽象出所学习的物理概念，形成鲜明的表象，以利于牢固地掌握特定的基本概念或基本方法，形成对后继知识学习的牢固基础的直观方式。实物直观的特点是鲜明、生动，最重要的是真实，有利于学生准确地理解教材内容，激发学生的学习兴趣、积极性、求知欲。但是，实物直观也存在一定的缺点：难以突出事物的本质特征与规律，难以察觉表象以下隐含的规律，有些实物不易控制，不易组织学生进行有效的观察。

（二）模型直观

模型直观也叫教具直观，是指通过感知实际事物的模拟性形象提供感性材料的直观方式。常见的模型包括图片、图表、模型、幻灯片、视频等。

在高中物理教学中，由于很多概念是建立在理想模型基础之上的，很难通过实物直接观察，不足以抽象出相应的概念和关系，因而就产生了模型这种直观教具。

模型直观的优势在于摆脱了实物直观的局限性，能够结合实际需要对实物进行模拟或缩放，从而把一些难以呈现的现象呈现出来。模型直观还可使抽象难懂的东西，成为具体的、易认识的东西。利用模型直观，通过模拟的方法间接地认识自然，有利于学生从习惯的生活经验向着与他们学习的科学知识相适应的理论思维过渡。因此，学习和研究物理，一定要注重物理模型的建立和分析，而直观具体的形象对于学习者的情境建立和模型建立具有重要的意义。但是，模型毕竟不是实物，通过模型直观看到的现象难免会比实物直观缺乏说服力，因此在可以使用实物直观的情况下，应优先考虑使用实物直观进行教学。

（三）语言直观

语言直观是指使用形象化的语言进行描述的直观方式，它是对实物直观和模型直观的一种辅助形式。语言的形象生动，通常表现为对问题表达准确、简练、中肯，做到一针见血，有的放矢，不拖泥带水，比喻恰当，有很强的启发性，让听者一听就明白。这里的语言主要包括符号语言、概念语言、公式语言、图像语言等。教师可根据实际教学内容，结合具体学情，使用语言直观辅助教学。

例如，高中物理教学的一些内容与学生已有的知识或熟悉的事件有相似点，用这些相似的事物来比喻一些抽象的内容，可以巧妙地化解难点，理解起来更容易。语言直观的优势在于它不受时间和空间的限制，可利用表象和再造想象唤起学生头脑中有关事物形象的重现或改组，从而造出新形象。语言直观的缺点是不如实物直观和模型直观那么鲜明，容易中断，或是容易让学生产生误解，形成错误的认知。

（四）模式直观

模式直观，是指通过相对比较具体的、已经熟悉的、具有普遍协调感的、容易接近的模式作为背景，使人能够进一步把握和理解更加抽象和深刻的思维对象的直观方式。与实物直观、模型直观是借助视觉感官不同，模式直观则是借助抽象思维的层次来展开的。人的思维可以从具体向抽象逐步过渡，也就是说人的思维过程具有层次性。我们可以利用较低层次的直观形象为背景构建推理模式，再过渡到较高的思维层次。模式直观是人们对事物之间逻辑关系的一种比较直接的、形象的推断和理解。

六、全面性原则

（一）知识、能力和科学素养的全面提高

物理知识的教学是高中物理教学的主要内容和形式，但它不是唯一的，学生各种能力与科学素养的发展要渗透其中。学生通过演示各种类型的实验教学，培养自身的观察、实验能力；通过形成物理概念、掌握物理规律的过程，培养自身的各种思维能力；通过物理教材内容中客观存在的辩证唯物思想、各种科学美的因素、各种严谨求实的事例，陶冶自身的高尚情操与品德……而相当数量的渗透就足以使人能够感知方法并获得各种能力，进而通过不同学科所培养的同一能力的内聚，进一步提高对科学知识和科学研究过程的理解。另外，对科学、技术和社会三者相互关系的理解，也进一步提高了自身的科学素养。因此，知识的学习、能力的培养、科学素养的提高，是需要且可能在高中物理教学中统一起来的。在高中物理教学过程中，无论是教还是学，都要把知识、能力和科学素养三者统一起来。

（二）因材施教，面向全体

高中物理教学必须面向全体学生，注重全面打好物理知识的基础，使每个学生都能有效地学习物理知识。另外，学生之间的差异是客观存在的，要承认学生之间的差异，并根据具体存在的差异，采取不同的教学方法，因材施教，让学生的个性特长在教学过程中得到发展。

（三）继承且全面发展

学生学习的是前人总结的物理知识和物理技能，这是继承。学生离开学校后，很难记住也不会用到很深的物理知识和专业性很强的物理研究方法，他们能够长期记住和使用的是物理教学倡导的科学思想方法和物理教学所培养的能力等。

因此，我们既要看到物理学科对其他自然科学和工程技术所起的奠基作用，又要看到物理学科的文化教育功能，让接受物理教育的每位成员的视角更新、更全面。另外，只有学生的自学能力提高，懂得学什么和怎样学，其智力水平才算得到了真正提高。也只有达到这一目的，物理教学才算是成功的教学。

七、理论与实践相结合原则

实践是检验真理的唯一标准。建构主义学习理论强调将要学习的知识、技能以及后续运用知识与技能的情境，强调学习者积极运用所学到的知识解释现象、解决实际问题，强调在不同的时间、用不同的情境、为了不同的目的和从不同视角重温所学的内容。物理学是以实验为基础的一门学科，抽象的物理理论在实践中的运用有助于学生对物理概念、规律和原理的理解。高中物理较初中物理抽象性和逻辑性进一步增强，对学生的抽象思维能力和数学推理能力都提出了更高的要求。因此，在进行高中物理教学设计时，教师应注重理论与实践的充分结合，可以将复杂的问题简单化，不仅有利于学生对抽象物理知识的理解，而且有利于培养学生学以致用的能力，并促进学生物理学科核心素养的发展。

根据认知主义学习理论和建构主义学习理论，高中物理教学设计应遵循理论与实践相结合原则，为了发挥理论的指导作用，教学设计必须将理论转化为行为，给出明确的教学设计流程来指引教学过程的实施。高中物理教学设计不仅在理论层面应遵循理论与实践相结合原则，在实践层面也要遵循理论与实践相结合原则。在高中物理教学设计中，理论与实践相结合原则主要体现在以下两个方面。

第一，高中物理教学设计不能以感性经验为依据，而要以先进的教育思想和教育理论为指导，这样才能以先进的教育理论来规范教学实践、教学设计和教学过程。教学设计必须把教育理论转化为教学行为，给出教学流程，明确可操作的方法，以此来指引教学过程的实施。

第二，由于物理学科自身的特点，物理学科核心素养只有在真实情境中解决问题时才能够凸显出来。因此，在进行高中物理教学设计时，应创设真实的教学情境，让学生积极参与各种活动，有目的、有意识地接触各种具体的物理客体，让学生经历科学探究和思维加工的具体过程，鼓励学生表达、交流各种想法和应用所学的物理知识解释生活中的物理现象、解决实际问题，保证物理概念和规律的内化，形成物理学科思想，不断促进学生物理学科核心素养的形成与发展。

八、激发学习兴趣原则

在人的各种活动中，情感起着很大的作用。例如，令人喜欢的工作就进行得顺利，甚至废寝忘食、不辞辛劳，而且成效显著、效率惊人。反之，令人反感的工作，就没有鼓舞力量，使人感到压抑厌倦，很少有成效，这也完全适用于学生的学习活动。

激发学生的学习兴趣，就是要激发学生的学习动机。学习动机有两种：一是外在奖惩所激发的（外在动机）；二是发自内心积极主动的学习要求（内在动机）。教学过程中，施教者（教师）要设法激发学生的内在动机。对于学生来说，兴趣往往是他们学习的一种重要动力。如果教师能够引导学生对所学的知识、对所要研究和解决的问题产生浓厚的兴趣和求知欲望，他们就会以饱满的情绪积极主动地投身于探求知识、解决问题的学习活动中去，在积极的探索活动中，开动脑筋，克服困难，在知识的发现和问题的解决中，体验到探索科学的乐趣，激发出进一步探索科学的热情。这样，久而久之就会逐渐形成探索科学的志趣。

应当指出，教师应善于运用学科知识本身的魅力去激发学生求知的兴趣和情感。教师本身的情感对学生具有很强的感染作用。如果教师有强烈的求知欲，热爱物理这门学科，以饱满的情绪带领学生去探索物理世界的奥秘，就会对学生的学习兴趣和情绪产生巨大的影响。

九、整体与部分相统一原则

没有部分分析的整体是肤浅的，难以揭示事物的本质，而只有部分分析，没有整体，必然是孤立的，并且缺乏整体功能。因此，高中物理教学设计既要以整体为背景进行部分分析，又要以部分分析为依据进行整体优化，使整体功能大于部分之和，使教学设计各要素处于相互匹配和最佳的结合状态。

根据建构主义学习理论和学习迁移理论，高中物理教学设计应遵循整体与部分相统一原则。如在制订教学目标时，物理学科核心素养的四个方面，即物理观念、科学探究、科学思维和科学态度与责任是一个整体，不是相互孤立的，它们都融于同一个教学过程之中，但某个教学环节的设置可能对学生物理学科核心素养每一个方面的侧重程度有所不同。因此，在制订教学目标和设计每一个教学环节时，教师都要兼顾物理学科核心素养四个方面应该达到的水平。例如，在高中物理教学过程中，可能侧重对学生物理观念、科学探究、科学思维和科学态度与责任中某一方面能力的培养。因此，在高中物理教学设计时，教师需要以物理知识为载体，以学生物理观念、科学思维、科学探究和科学态度与责任的培养为目标来构思具体的教学流程和教学活动方案。

学生物理学科核心素养四个方面的发展不可能一步到位，在高中物理教学中教师应明确学生的物理学科核心素养在某一阶段应该达到的水平。例如，对于学生物理观念的发展，在不同的阶段物理观念有着不同的内容和形式。让学生每到一个不同的阶段对物理观念都有进一步的认识和理解，让学生在不断成长的过程中，了解物理观念的发展历程，从而促进学生对物理观念的理解。到高中毕业时，至少形成课程标准对物理观念学业水平的要求，并能用其解释自然现象和解决实际问题，形成完整的物理观念。因此，在进行高中物理教学设计时，教师应处理好整体与部分之间的关系，在物理教学过程中的每一个阶段，教师要考虑学生的物理观念、科学思维、科学探究和科学态度与责任四个方面的发展水平，为每一个教学设计提供参考，最终达到课程标准对学生物理学科核心素养学业水平的要求。

十、启发性原则

观察和实验是学习物理知识的基础。要获得物理知识，就必须在这个基础上进行思维加工，即把观察、实验得到的感性认识和数据进行分析、比较、综合、抽象、概括，上升到理性认识，建立概念和规律，完成认识上的第一个飞跃。这个思维加工的过程，必须按照物理学研究问题的方法来进行，也必须符合高中生的心理特点和思维实际。高中物理虽不能全面地体现物理学的重要研究方法，但也渗透了不少初步的研究方法，例如，观察实验法，科学抽象概括法，比较、分析、综合的研究方法，运用推理、想象定性或定量地研究问题的方法，研究问题的理想化方法，处理问题的等效法、类比法，运用初等数学表达概念或规律进行推理论证的方法，等等。

如果学生不学会这些方法，便很难做到对物理知识的真正理解和掌握，并且会越学越困难。对于高中生来说，他们学习物理时，容易把过去学习数学或语文的方法用到物理学习中来，这就给物理课的教和学带来了很多困难。因此，在高中物理教学中，教师必须注重启发学生思考，自觉地运用物理学的方法组织教学活动。物理学的方法必须通过学生的学习方法去反映，使物理教学过程成为启发、引导学生运用物理学方法来提出问题、探索和研究问题的过程。在这个过程中，学生在学习知识的同时，经受了科研方面的初步训练。这种既教知识又教研究方法的教学方式，会使学生既学到知识又逐步开学习物理之"窍"，就会越学越爱学，越学越会学。

学习物理知识的目的在于运用。运用所学的知识来说明现象、分析和解决问题，这就是把学到的知识变成实际行动的过程，从而完成认识上的第二个飞跃。在教学实践中我们常常发现，有不少高中生对一些物理知识的学习并不感到很困难，但是在运用这些物理知识解释现象或解答问题时，往往不知从何下手。我们常常听到学生讲，教师讲的知识能听懂，就是不会用。

分析其原因，一方面可能是对基本知识没有真正理解，另一方面往往是缺乏分析问题和处理问题的思路和方法。要知道，学生在学习中从"懂"到"会用"，这是认识上的另一个飞跃。完成这一认识上的飞跃需要教师的引导，这个引导过程主要是教给学生运用所学知识分析、处理问题的思路和方法。例如，应教给学生在解答物理问题时，要弄清有关物理现象和物理过程的特征和条件，形成正确的物理图像；正确地选取研究对象，在分析物理过程的基础上找出相应的物理规律和公式，然后再进行有关计算，避免那种不加分析乱套公式的做法；在解释现象、回答问题时，用学过的知识对问题进行具体分析，抓住主要方面的特征和条件，进行推理和判断；正确地运用数学知识分析和解决问题；运用理想化、等效代替、近似处理等方法来处理物理问题；通过观察和动手实验来验证学过的知识，进行小制作或解决某些实际问题；等等。对于高中生来说，学会分析、处理物理问题的思路和方法，不是一件容易的事情，是需要教师的精心启发和引导的。

引导不能只靠教师的讲，更主要的是要靠启发学生思考，引导学生练习。只有通过学生自己的思考和练习，才能完成这一阶段认识上的飞跃，才有可能逐步掌握分析、处理问题的思路和方法，并在这一过程中使学生的智力和能力得到发展。启发学生思考、引导学生练习，应当成为高中物理教学的一条基本要求。

十一、形象思维与抽象思维兼顾原则

皮亚杰的认知发展阶段理论强调：儿童思维的发展具有一定的阶段性，每个阶段的出现，有一定的顺序，前一发展阶段为后一发展阶段做准备，后一发展阶段是前一发展阶段的延续，不能逾越或者互换；文化、环境等因素的影响可能会加快或推迟儿童认知发展的速度，但不能改变儿童认知发展的顺序。

高中生的年龄在 16 岁左右，由皮亚杰的认知发展阶段理论可知，高中生思维的发展处于形式运算阶段。这个阶段学生的思维是以命题形式进行的，能够发现命题与命题之间的关系；能够运用逻辑推理、归纳或演绎的方式解决问题，具有一定的概括能力。形式运算使学生不受时间和空间的限制，去认识和把握事物的发展规律、探讨研究命题的各种关系。

由于各种因素的影响，学生思维的发展存在差异，教师在进行教学设计时必须考虑学生思维发展的实际水平，尤其是高一学生的思维是从形象思维向抽象思维过渡的阶段。认知发展阶段理论强调，只有符合学生思维发展水平的教学，才能让学生理解知识、学会技能。因此，在进行高中物理教学设计时，教师应关注学生思维发展的实际水平，只有符合学生思维发展水平的教学设计，才能够促进学生物理学科核心素养的发展。

十二、科学性、教育性、艺术性相结合原则

（一）科学性

高中物理教学要讲究科学性，不仅教学内容要有科学性，教学方法也要有科学性，其中教学内容的科学性是核心。物理学是一门严谨的自然科学学科，教学中必须注重教学内容的科学性，不应当出现基本物理事实、物理概念、物理规律及物理知识应用等方面的错误。例如，有的教师在讲授作用力与反作用力概念时，做了这样的叙述：什么是作用力与反作用力呢？就是我打你一拳，你回我一拳；我踢你一脚，你还我一脚。这就是作用力与反作用力。对于这段叙述，我们且不谈举例是否贴切，就概念本身来看，也犯有科学性错误。事实上，在"我打你一拳"的同时，对方身体上受拳击的部位对拳头的反作用力就同时产生了，绝不是非得要"你回我一拳"，才产生了反作用力。

物理教学的科学性还体现在教学方法的科学性上。物理教学要取得成效，就必须根据物理教学的规律，采用科学的教学方法。

（二）教育性

这里的教育性是指高中物理教学对学生在政治、思想、品德方面带来的影响。政治方面的影响主要体现在爱国主义、国际主义等方面的教育上。思想方面的影响主要体现在辩

证唯物主义和历史唯物主义观点的教育上。品德方面的影响主要体现在实事求是、坚韧不拔等科学态度方面的教育上。

（三）艺术性

物理教学要取得最佳的效果，保证教学的科学性和教育性，就必须讲究物理教学的艺术性。高中物理教学既然涉及学生和教师，其中又有人的复杂的心理活动，它就不能只遵循一些呆板的规则，还要有这些规则所不能包含的因素，这就要求物理教学能从千变万化的情况中迅速选择一种最佳的方式，以取得最优的教学效果，其中就存在着教学的艺术性。高中物理教学要讲求艺术性，这样才能切实提高教学质量。忽视物理教学的艺术性是不妥当的。

高中物理教学的科学性是根本、是基础；教育性渗透在科学性的教学之中；艺术性是使科学性的教学达到最优效果的途径和方法。三者之间相辅相成，构成统一的有机体。因此，高中物理教学必须遵循科学性、教育性、艺术性相结合的原则。

十三、智力因素与非智力因素相结合原则

智力因素包括观察能力、思维能力、记忆能力、动手操作能力、想象力、创造力等方面，它是以认知活动为主要特征的。知识与能力的结合，在一定意义上都属于智力因素的范畴。

然而，在高中物理教学中如果忽视了非智力因素，是不可能很好地完成教学任务，并使学生得以全面发展的。所谓非智力因素，是指智力因素以外的部分，包括动机、兴趣、情感、意志等方面。仅以课堂教学为例，在课堂上，物理教学过程是一个综合过程，学生的心理活动是一个复杂的活动过程，绝不仅仅是认知活动。智力活动是没在非智力活动的"海洋"之中的，或者说是以非智力活动为"背景"的。一个学生物理学习成绩的优劣，除与其观察能力、思维能力、记忆能力等智力因素有关外，还与一系列的动机、兴趣、情感、意志等非智力因素有关。

在高中物理教学中，贯彻智力因素与非智力因素相结合原则，注重培养和发展学生的非智力因素，是物理教学取得成功的重要保证。这一点已在高中物理教学实践中得到了证实。

第二节　高中物理教学模式

模式可以来源于教学实践，使教学实践概括化和集约化，使教学实践上升为理论，丰富和发展着教学理论；模式也可以来源于理论，使某种教育思想或教学理论具体化、操作化，从而保证理论对实践的指导作用。如果说教学性质、教学目的、教学任务、教学思想、教学规律等问题可以概括为"教学原理"，属于教学论的基础理论部分的话，那么，教学模式则是教学理论应用于实践的中介，它具有处方性、优效性、可操作性的特点，它的主要任务是根据一定的教学思想和教学理论去设计、组织和实施教学。

谈到教学模式，人们会很自然地联想到它与教学方法的关系。教学模式注重分析主要

矛盾，认识基本特征；教学方法是为了达到一定的教育目的而选择的教学方式、途径和手段。二者既有差异性，又有同一性。一般来说，教学模式较为概括和抽象而教学方法更加实在和具体。一种相对稳定、卓有成效的教学模式常常要应用多种教学方法；而某些经得住时间考验的教学方法，也有自身的优势和潜力，常常可以演化成某种教学模式。总而言之，在实际的应用中，二者彼此包容、相辅相成，因此必须辩证地看待二者的关系。

一、教学模式的概念和结构特征

（一）教学模式的概念

20 世纪 80 年代以来，我国教育界对教学模式的含义进行了研究。一种看法认为，教学模式是在一定教育思想的指导下，围绕某个主题及其涉及的各种因素与关系，对教学结构进行变化、重组的方式。另一种看法认为，教学模式是在教学实践的基础上建立起来的，体现一定教育思想的一整套组织设计和调控教与学的方法论体系。两者相比较，前一种定义侧重于各种教学因素的配置与协调，以形成特征性教学结构；后一种定义则侧重于教与学活动的计划与安排。

（二）教学模式的结构

1. 哲学主题

教学模式的哲学主题是教学模式特征性的体现。哲学主题犹如一根主线贯穿于模式的各环节，支配着模式的其他组成要素，如"教为主导，学为主体，教学生学会学习"这一主题制约着程序启发教学模式的目标、程序、方法、内容等要素。

2. 功能目标

功能目标是哲学主题的具体化，教学模式的功能目标就是教学模式所要完成的功能性任务。例如，合作教学模式的目标，就是在民主、开明的气氛中培养学生与他人合作的民主精神、独立人格和创新精神。

3. 活动程序

教学模式的活动程序是每一教学模式适合自己主题的课题设计方法以及独特的操作程序和步骤。例如，物理实验教学模式的四种活动程序如下：

①演示讲授式：演示主题—典型事实现象—科学结论—迁移运用。

②实验归纳式：实验主题—特定事实现象—结论—应用。

③实验演绎式：演绎主题—新的实验事实现象—经过印证的结论—应用。

④实验探究式：探究主题—正确的事实现象—科学结论—进一步探究。

4. 教学策略

教学策略是指完成目标的一系列途径、手段、方法和评价体系。制订教学策略的原则是适应性（与相应模式的特点相适应）、可行性（实施步骤要符合教学内容的特点和学生的学习心理程序、贴近教学实践）和实效性（能有效地促进模式之功能目标的达成）。根据这些原则，讲练结合教学模式的教学策略应为阅读思考、议论分析、讲解归纳、练习运用。

在运用教学策略时还应注意方法论原理的应用，如为模式的实施创造情境，以利情感的陶冶、感官的使用；激发学生主动构建知识体系，发展其认知结构；强化学法指导。此外，为模式制订一套适合其特点的评价方法和标准，也应作为构建教学策略的一部分来考虑。

（三）教学模式的特点

1. 针对性

任何教学模式都是针对特定的教学思想或哲学主题提出的，有其特定的目标、条件和使用范围。例如，程序教学模式适用于逻辑性强、操作技能要求高的内容，不适用于探究性、创造性强的内容。又如，讲解接受教学模式适用于低年级，而问题解决教学模式则适用于高年级。

2. 稳定性

教学模式的形成一部分来源于研究者的教学实践，因此教学模式也揭示了教学活动中的一般情况和规律。教学模式基本不会带有学科的背景，所提及的程序对教学起到共同的作用，因此教学模式具有稳定性。

3. 完整性

教学模式是对实践原型的提炼，能概括地反映和再现原型；是在某一哲学主题范围内针对直接涉及的教学因素及其联系，提供前后一致、合乎教学规律、可供操作、相对完整的课堂教学的过程。与教学方法相比，教学模式具有相对稳定的教学结构，是理论构思与教学现状的统一。

4. 操作性

教学模式使教育理论变得可操作，它将教育理论中的核心观点以最简单高效的方式展示出来。教学模式将抽象的教育理论具体化，具体规定了教学活动过程的实施条件和操作程序，帮助教师理解掌握教育理论，从而将理论很好地应用到实际中去。

5. 有效性

教学模式是经长期的实践积累逐步升华而成的教学模型，实施起来能有效地提高教学质量。教学模式有无生命力，要看其有无有效性，若无则就会被自然淘汰；也正因这一点，教学模式才要不断革新发展。

6. 灵活性

由于不同教学模式所要完成的教学任务和达到的教学目的不同，使用的程序和条件也不同，在运行中要考虑学科的特点、教学环境、教学内容、学生的发展水平和理解程度、教师自身的教学水平和可以运用的教学条件，对教学模式进行合适的调整，使其适应要进行的教学活动。

上述基本特性，决定了教学模式可以帮助我们从整体上认识教学过程中各种因素之间的相互作用及其表现形态，从动态上去探讨教学过程的本质规律，有助于正确的教学理念的建立；教学模式还能帮助我们将低层次的理论概括发展成为高层次的系统理论；具体、简明、操作性强的教学模式，对于教改实践也具有重要的指导意义。

二、教学模式的发展

（一）教学模式的发展历史

追溯教学模式的历史，可以说它与教育、教学及教学过程相辅而生。教学模式反映了实施者的教育思想和哲学观点。早在春秋时期，《论语·述而》指出："子以四教：文、行、忠、信。"这其中就包含着孔子的四种教学模式："文"，典籍文献，采用认知模式，着眼于理论和信息处理的教学模式；"行"，行为实践，采用行为模式，着眼于行为控制的教学模式；"忠"，忠诚笃厚，采用个性模式，着眼于人性、品格的培养模式；"信"，诚实守信，采用群体模式，着眼于人际交往中合作精神的培养。

可见，孔子的教学模式着眼于培养博学、仁德的人才。中华人民共和国成立以来，我国传统的教学模式一直受19世纪德国心理学家、教育家约翰·弗里德里希·赫尔巴特（Johann Friedrich Herbart）的"四阶段"教学法的影响。四阶段即明了、联想、系统、方法，其核心是强调教师进行系统讲授式的"教"，学生进行接受式的"学"。苏联教育家凯洛夫在"四阶段"教学理论基础上，进一步提出了"五环节"，即"组织教学、复习提问、讲授新课、复习巩固、布置作业"。这种教学模式一直深深地影响着我国的课堂教学，目前许多场合包括讲课、评课都要参照这些环节加以考核。传统的教学模式具有许多优点：能够系统、高效地传授科学知识，便于教师发挥课堂调控作用和设计教学内容；能够迅速培养知识型和继承型人才。这在中华人民共和国成立初期发挥了巨大的作用，不过此种模式下培养出来的人才较缺乏个性，发散思维能力不强，并且迁移能力较差。

20世纪初，随着社会的发展，传统教学模式在培养创新型、复合型人才方面越发显得力不从心，各种新的教育思想和教育模式应运而生。比较典型的有美国的实用主义教育家、哲学家约翰·杜威（John Dewey）提出的"教育即生活""教育即生长""教育即经验的改造""以儿童为中心""做中学"等教育思想，并且他还在这些思想基础上提出了"暗示、问题、假设、推理、验证"五段式教学模式。此种教育模式极力反对传统教学模式中"不考虑儿童的接受能力的硬性灌输"，在美国曾风靡一时，但后又因其被判定为忽视系统知识的传授、降低教师的作用、严重影响教学质量而遭到批判和否定。

进入20世纪50年代，模式的研究更加呈现出如火如荼的局面，其中对教育、教学领域产生深远影响的有美国心理学家杰罗姆·布鲁纳（Jerome S. Bruner）的概念教学模式、瑞士心理学家让·皮亚杰的认知发展教学模式、美国心理学家伯尔赫斯·斯金纳（Burrhus Skinner）的操作条件反射教学模式和美国心理学家本杰明·布卢姆（Benjamin Bloom）的掌握学习教学模式等。

（二）物理教学模式的发展趋势

物理教学模式的发展受到物理教学理论、教学技术手段、社会因素等方面的影响和制约。从教学理论层面上来看，建构主义理论、多元智力理论等为教学模式的改革和发展提供了坚实的理论基础。从教育技术和手段上来看，现代教育技术的发展成为改革传统教学模式的突破口。从社会因素方面来看，当前正在推进的新课程改革实验为教学模式的改革和发展提供了有力的支撑平台。广大物理教学工作者对物理教学模式进行了大胆的研究、探索，取得了前所未有的历史性突破，呈现出以下趋势。

1. 教学模式的理论基础趋向多元

教学模式所赖以建立的理论或思想，是教学模式深层内隐的灵魂和精髓。现代物理教学模式由经验归纳型向理论演绎型发展，其理论基础进一步加强。

2. 教学模式的实施目标趋向全方位

当前物理教学模式多样化、综合化发展不仅体现在多种模式的综合上，而且体现在实施目标的全方位上。建构新型教学模式是当前基础教育改革的一个重大且迫切的任务。物理是基础教育中一门重要的基础学科，物理教学要为全面提高学生整体素质的总目标服务，要立足于让学生全面发展、全体发展和个性发展。新课程标准对知识与技能、过程与方法、情感态度与价值观三维目标进行了整合，提出了"进一步提高学生综合素质，着力发展核心素养，使学生具有理想信念和社会责任感，具有科学文化素养和终身学习能力，具有自主发展能力和沟通合作能力"的培养目标，旨在改变传统教学知识本位、学科本位倾向，树立以学生发展为本的新的教学形象。

3. 教学模式中的师生关系趋向合作

建构主义学习观的基本要点是物理学习不应被看作学生对教师所传授知识的被动接受过程，而是一个以学生已有知识经验为基础的主动建构过程，并且这种建构是在学校特定的教学环境中和在教师的直接指导下进行的，即学生的建构活动具有明显的社会建构性质。物理学习并不是学习个体获得越来越多的外部信息的过程，而是学到越来越多有关认识事物的程序的过程。新的物理教学模式的建构，着眼点不是关心学习者"知道了什么"，而是学习者是"怎样知道的"。更进一步来说，物理知识主要不是教师教给的，而是学习者在一定的社会文化背景和情境下，利用必要的学习资源，借助与其他人（教师和学习伙伴）的协商、交流、合作，通过意义建构的方式主动获得的。

建构主义教学观正在成为构建新型教学模式的基本理念，这使得教学过程中教师、学生、教材（内容）和媒体诸要素的关系发生了转变，这种转变体现为：教师的角色由"播音员"转变为学生学习的合作者、指导者和活动的组织者；学生从被动的"听众"转变为主动参与的"演员"，在学习过程中，成为探究者、发现者和创造者；教学过程由讲授、解释的过程转变为情境创设、问题探究、协作学习、意义建构等社会协作的过程。

4. 教学模式的技术手段趋向现代化

如何有效地应用现代教育技术并充分发挥其优势，是进行物理教学模式改革的突破口。当前，广播、电视、计算机、网络等媒体技术已成功地介入物理教学：一方面，为学习者提供了丰富、生动的学习资源及探究知识、发现知识和表达观点的有效途径；另一方面，也为打破传统教学模式的束缚提供了契机。

5. 教学模式的种类趋向多样化

在 20 世纪 50 年代以前，我国班级授课制形式下的教学活动先后由赫尔巴特的教学模式和杜威的教学模式占主导地位。从 20 世纪 50 年代开始，凯洛夫的教学模式又成为我国中小学学科教学的主要模式，这种以系统掌握知识为中心的教学模式在一定的历史条件下发挥了积极作用。20 世纪 80 年代以来，随着西方教育、教学理论和思想的引入，"发现教学模式""问题解决教学模式""掌握学习教学模式""程序教学模式"等以借鉴西方教学为主流的教学改革浪潮对我国物理教学模式产生了巨大的影响，物理教学模式呈现出多样化发展趋势。广大教师在教改实验中提出了一批较有影响的本土化物理教学模式，如"启发综合教学模式""问题探究教学模式"等。

6. 教学模式的操作程序趋向灵活

当前许多教学模式在操作程序上强调要根据具体教学情况和需要灵活使用。事实上，许多教学模式在被介绍时，还专门列出了它的"变式"以供灵活使用。

7. 教学模式的形成途径趋向演绎

教学模式形成的途径有两条：归纳和演绎。归纳型教学模式强调从教学实践中总结、归纳出，它的起点是经验，形成思维的过程是归纳。这样的教学模式通常是在总结前人教学实践经验的基础上经提炼、加工、改造、系统提升得到的，因而不免带有浓厚的思辨色彩。目前，国内中小学学科教学中使用的教学模式大都属于这种类型。演绎型教学模式的起点是理论假设，它形成于演绎，更加强调科学理论依据，又有一整套比较完备的实验操作体系，因而能更深刻地体现教学的规律性。"发现教学模式""问题解决教学模式""掌握学习教学模式""程序教学模式"等大都属于这种类型。

三、高中物理教学的常见模式

（一）实验教学模式

1. 实验教学模式对应的教材特点

物理学是实验科学，物理学所特有的科学方法就是实验法，物理规律的获得和验证都离不开实验，没有实验就不可能实现高质量的自然科学的教学，对于物理学更是如此。在现代物理教材中，有很多教材都把物理实验放在非常突出的地位，形成以实验为中心的编排特色。其中，高中物理教材大多重视物理实验，强调从感性认识上升到理性认识，理论与实验紧密结合、融汇在一起，因此，高中物理教材一般都具有以实验为中心的特点。

2. 实验教学模式的特点

由于实验教学模式具有鲜明的现代教学特征，在实践中与之相适应的教学方法也具有鲜明的特征。实验教学模式的基本过程为观察—实验—问题—讨论。

实验教学模式主张让学生在学习指导书和教师的指导下，通过观察、实验，进行探索式的学习，以达到理解物理知识、发展研究能力的目的。

（二）尝试教学模式

尝试教学模式的做法是在课堂教学中，教师先不对学生进行教学内容的讲解，而是大胆地让学生先进行自主学习，做对了很好，做错了也无妨。学生在尝试之后，教师根据学生在尝试中存在的问题再进行有针对性的讲解。

尝试教学模式的一般操作规程分为准备练习、出示尝试题、自学课本、尝试练习、学生讨论、教师讲解、第二次尝试练习七步。

第一步：准备练习。这一步是尝试教学的预备阶段，要做好两个准备：一是心理准备，要创设尝试氛围，激发学生进行尝试的兴趣；二是知识准备，新知识都是在旧知识的基础上发展起来的，尝试教学的奥秘就是利用"七分熟"的旧知识，自己学习"三分生"的新知识，所以必须准备"七分熟"的旧知识。为了使学生有可能通过自己的努力解决尝试问题，必须为学生创设尝试条件，先进行准备练习，然后以旧引新，突出新旧知识的联结，为解决尝试题铺路架桥。

第二步：出示尝试题。这一步的主要内容是提出问题，为学生的尝试活动提出任务，让学生进入问题的情境之中。出示尝试题是尝试教学的起步，它将影响全局。编拟和出示尝试题是应用尝试教学法的关键一步，是备课中应当着重考虑的问题。

第三步：自学课本。出示尝试题不是目的，而是引导学生自学课本的手段，起着引起学习动机、组织定向思维的作用。学生通过自学课本探索解决尝试题的办法是培养学生独立获取知识能力的重要一步。在自学课本这一步中，学生的主体作用得到了充分发挥，它同教师的主导作用和课本的示范作用有机地结合在一起。因此，这一步不是简单地让学生看看书，而是一个复杂而重要的教学过程。

自学课本是尝试教学的第一次尝试，目的是让学生通过自己阅读课本，尝试探索解决问题的思路和方法，从而去解答尝试题。在这一步中要注意以下几项。

首先，自学课本要得到时间上的保证。要让学生有充分的时间进行自学，不能因为时间紧而让自学课本流于形式。在现实中，有些教师只留极少的时间给学生进行自学，学生只能初步地看看书本就尝试做题，这严重影响了尝试教学的效果。

其次，自学课本需要引发学生的兴趣。兴趣是学生学习最好的老师。尝试教学过程中教师要注意激发学生的兴趣，让学生从"要我学"转变成"我要学"，主动从课本中寻找问题的答案。

最后，学生自学课本还需要教师对学生进行指导。由于学生的学习能力还没有达到一定的水平，因此，在自学的过程中，教师要对学生进行指导。由于学生的学习能力有差异，教师对学生的指导也要因人而异。对自学能力强的学生教师只要提示一下重点就行了，对学习能力中等的学生教师可以在学生自学过程中适时进行指导，而对自学能力不强的学生教师则要一步一步带领其学习。

第四步：尝试练习。出示尝试题是引导学生自学课本的手段，尝试练习则是检验自学课本结果的环节。这一步在尝试教学模式中起着承上启下的作用。搞好"尝试练习"这一步的关键在于教师要及时掌握学生的反馈信息：学生做尝试题正确与否？错在哪里？有几种错法？什么原因？学生对本节课的教材内容哪些理解了，哪些还有困难？学习有困难的学生做尝试题的情况如何，困难在哪里？学生在做尝试练习时，教师要勤于巡视：一方面，要及时了解学生的解题情况，掌握反馈信息；另一方面，要及时辅导学习有困难的学生。

第五步：学生讨论。"尝试练习"后，教师发现学生有做对的，也有做错的，已经了解到学生理解新知识的情况。"学生讨论"要求学生说出解题思路，以验证自我尝试的正确性。"学生讨论"这一步，能培养学生的语言表达能力，发展学生的思维，加深学生对教材的理解，同时也会暴露学生在学习新知识的过程中存在的问题，为教师有针对性地重点讲解提供信息。讨论一般从评议尝试题开始着手，讨论时不能就题论题，应该联系预先布置的思考题进行。

第六步：教师讲解。教师从尝试练习、学生讨论中得到学生理解新知识的程度的反馈信息，在此基础上，教师再进行有针对性的重点讲解，这是保证学生系统掌握知识的重要一步。

教师的讲解要适度。由于学生在前面已经有了自学基础，在尝试练习的过程中也暴露出了自己的弱点，因此教师在讲解时要根据学生暴露出的问题有针对性地进行讲解，而不是将课本的知识再从头到尾讲一遍。有针对性地讲解，一方面提高了教师的时间利用率，另一方面也提高了学生学习的效率。

第七步：第二次尝试练习。这一步的目的主要是对学生的学习状况再做一次了解和把握。第一次的尝试练习是在学生自学课本的基础上进行的，学生是在对课本知识自我了解的情况下完成的。而第二次的尝试练习则是教师在对学生第一次暴露问题的基础上，在学生领悟的基础上进行的。通过第二次尝试练习，教师可以再一次了解学生掌握新知识的情况，以及通过练习巩固和加深学生对新知识的理解。当然，第二次尝试练习的问题既与第一次尝试练习的问题有着相关联系，又有适度的变化。在第二次尝试练习后，教师同样也要对学生的尝试情况组织学生进行探讨，根据反馈信息进行个别指导。

尝试教学模式的七个步骤是一个紧密相连的有机整体。教师通过这七个步骤一步一步地引导，使学生在自主学习的基础上掌握新知识和温习旧知识。

（三）5E 教学模式

1. 学习环教学模式的概念

学习环教学模式，是 20 世纪 60 年代由美国学者阿特金和物理学家卡尔普斯共同在课程改革中开发出的一种教学模式。该教学模式最开始由概念探索、概念引入和概念运用这三个环节环环相扣组成，此后，多位教育学者进行修改。1989 年，美国生物科学课程研究所（BSCS）成员贝比（Bybee）等人开发出了符合当代实际教学的 5E 教学模式。

2. 5E 教学模式的环节

5E 教学模式包含五个环节：参与（Engagement）、探究（Exploration）、解释（Explanation）、迁移（Elaboration）和评价（Evaluation）。5E 教学模式的各个环节之间环环相扣，并且评价环节融入整个教学模式的使用过程中。

（1）参与

5E 教学模式中的起始环节是参与环节。该环节的教学目标是通过吸引学生的注意力、激发学生的学习兴趣以及启迪学生的学习动机，在物理教学实践中来培养学生的物理学科核心素养。该环节是师师、师生和生生交流、互动与评价的起点环节，可通过创设情境、建构新知，从学生已知的、熟悉的情境出发，实现参与环节的目标。这一环节不仅能够调动学生学习的积极性，还能充分发挥学生在新知识建构过程中的主观能动性。

（2）探究

5E 教学模式的中心环节是探究环节。在该环节中，教师通过设计探究性实验来调动学生的学习热情，以小组或个人为单位进行探究，给予学生一定的时间进行思考，在培养科学思维的同时发展科学探究精神以及渗透科学态度与责任。

（3）解释

解释环节是 5E 教学模式的关键环节。在该环节中，学生将自己探究得到的相关理论与教师指导时的相关说明进行整合，从而自主得出相关新知识。解释环节不仅是新知识的获取环节，也是学生自我表达和与教师、学生之间相互表达的环节，既是对新知识的接受与加深印象环节，又是交流经验、语言表达环节。

（4）迁移

迁移环节是 5E 教学模式的应用环节，这个环节主要包括两个方面。

一是相关新知识的灵活应用。课堂练习反馈的及时进行以及知识点的拓展迁移，是在理解原有知识的同时加深对于新知识的印象、锻炼利用新知识的能力，达到进一步全面掌握新知识的目的。

二是将新旧知识进行串联，举一反三，合理外推得到物理规律、考虑问题的思路与解决问题的方法。更深层次上来说，培养学生举一反三、发散的科学思维。

（5）评价

评价环节是 5E 教学模式的反思环节，评价环节渗透、融入和贯穿在整个教学模式的各个环节应用之中。

5E 教学模式提倡教师要注重教学过程评价和学生发展性评价，让教师通过评价环节去了解和反思自己的教学过程，了解学生的学习成果。同时学生也相应地给予教师、其他学生一定的评价，同时在教学反思过程中，学生也应就学习进行反思。

3.5E 教学模式对教学实践的价值

（1）有效带领学生建构新知

5E 教学模式的理论基础之一就是建构主义学习理论，在参与环节，无论是物理学科的学习还是其他学科学习，学习的基础在于知识点的掌握，而大多数觉得高中物理很难学的学生，就是在刚开始建构新知环节时出现了问题，以至于地基没有打好，上层建筑更不用提。

5E 教学模式的应用价值就在于通过切实相关的情境创设引导学生自主建构新知，以完善物理知识体系的学习。在探究与解释环节，教师给予学生充分的时间来思考，提供足够的空间来交流。在评价环节更是重视对举一反三和发散思维能力的培养。环节与环节之间的相辅相成、环环相扣不仅要让学生学好一节课的知识，更要培养学生用同样的思路学好其他课时甚至其他学科的能力。

（2）体现"以学生为主体，教师为主导"的教学思想

与传统的讲授教学模式相比，在物理学科教学实践中应用 5E 教学模式更能够突出学生的主体地位、让学生在学习过程中能够有足够的时间和空间发挥主观能动性。

5E 教学模式的理论基础还有认知－发现学习理论，学生的学习应该是从教师创设的情境出发，提出自己有关新知识的假设、检验假设、验证假设以及加以解释说明的过程。固然，在这个过程中会遇到许多问题，学生可以在探究、解释与迁移这三个环节通过教师的指导结合独立思考加以解决，也可以以小组为单位进行讨论解决，还可以通过教师的梳理解释进行强化。让每位学生都能够进入课堂、参与课堂、融入课堂，做课堂真正的主人。

（3）提升学生的科学探究能力

物理学是一门自然科学，它以观察和实验为基础，其中实验是获得物理知识、规律不可或缺的手段，在探究、解释和迁移这三个环节，应让学生独立或以小组为单位进行探究，

这个过程可以培养学生的探究能力。而探究能力的培养远远不能够只是停留在物理课堂上，社会、学校和家庭在这方面也应发挥积极作用，不仅要提高学生的科学探究能力，还要通过知识点的获取、思维的培养、能力的提升以及科学态度与责任的渗透，使学生可以举一反三地解决其他学科以及日常生活中的问题。

（四）探究式教学模式

1. 探究式教学模式的内涵

由美国教育学家约瑟夫·施瓦布（Joseph Schwab）提出的"探究性学习"（Inquiry Learning）便是探究式教学的模型，其主要定义为：通过学习者对于知识获取的主动参与，获得研究所需要的科学探究能力；同时，可以建立相关的科学概念与理论，也能一定程度上培养对事物探索的积极性。毕竟形成科学概念与科学探究能力的过程就是"自主地参与获得知识的过程"。

首先要知道什么是科学探究，无论是科学探究、教学实验，还是类似于科学人物、计算机应用、职业链、概念图等我们身边的科学，都有科学探究的参与。

课堂中采用探究式教学是指教师作为引导角色，让学生采用探索的方式来学东西，掌握新的知识，从而形成实际的活动能力。所谓探索的方式也就是能够让学生得到新的知识，废除陈旧的观念，掌握科学来对大自然进行探索的方法。

让学生具有创新思想和实际动手的技能是探究式教学的宗旨。在这种宗旨的指导下，学习新内容，掌握新能力，不再是填鸭式教学能够办到的，教师要转变角色，即当好引导的角色，让学生来积极探究，踊跃思考，切身实际地进行实践。将对科学的探究与思考带入课堂上，是探究式教学的本质。也就是要从小培养学生的科学思维方式和深究的能力，并且将探究式教学作为新颖的教学方式带入课堂。在以前的课堂教学中，教师主要以灌输为主，学生主要以靠记忆这种非主动的方式为主，相比较以前的教学方式，探究式教学能够让教师树立正确的教学观，让学生树立正确的学习观和学习态度，二者均能够形成自己独特的能力，并且让教学和学习变成了一件有意义的事情。探究式教学让学生从被动的角色转变为主动的角色，能够让学生的实践能力得到提升。

2. 探究式教学模式的定义和特点

探究式教学模式是指在课堂中采用合理研究问题的方式，在对学生背后问题进行探究的同时，采取相应的方案寻找问题本质的一种模式。探究式教学模式实际就是让学生采用学习、探究、实践的方式对科学知识进行理解的一种教学活动形式。同时，因为科学探究方式的运用，探究式教学模式不仅能够在一定程度上提升学生与人交流、互助合作、逻辑思维等方面的素质水平，还能够让学生采用动手实践的方式获得相应的知识。

在物理学课程中，探究式教学模式可以在一定程度上帮助学生对探究过程中的实质与理论进行理解。虽然，探究式教学模式并没有固定的形式，或者稳定的框架结构，大多数情况下往往是依据学生的特点采取相应的方案。但是，把探究式教学模式与其他教学模式进行比较就会发现，探究式教学模式大多是对学生的引导与激励，而传统教学模式则是填鸭式的知识、理论的灌输与应用。探究式教学模式的本质特征是不直接把与教学目标有关的概念和认知策略告诉学生，取而代之的是教师创造出一种智力交流和社会交往的环境，让学生通过探究自己发现规律。

3.探究式教学模式的实施方法

（1）引出问题

在高中物理教学中，教师采用探究式教学模式时，要注意设计与实际生活贴近且常见的物理现象，并根据该现象提出问题，让学生得到与现象对应的物理解释，这样才能调动学生的学习兴趣。这样做的目的是让学生自己对物理现象产生兴趣，自己提出问题，那么学生就会有强烈的愿望去接受新的知识。

（2）假想猜测，设计验证方法

假想猜测，设计验证方法，这一步骤至关重要。学生利用自己现有的知识结构，并结合步骤一中的现象与问题，进行猜测，并设计合理的可以实现的验证方法。当然，学生对于猜测的内容也会依据原有的知识水平不同，从而产生不同的猜测结果，与此同时，教师要对每一个学生的猜测表示尊重，可以适当地去引导，但不可过多地去影响学生，因此引导的方法很重要，既要让学生的猜测合理，尊重生活实际，又要不能太过干涉，这对教师的教学提出了挑战。另外，学习的环境与氛围也很重要，当有些学生的想法很幼稚，或者有点偏离实际时，教师和其他学生切不可嘲笑，不要让学生感觉到自己被另类相待，这样才会让学生自主探索的愿望越来越强烈。

（3）搜索资料，证明猜测

对于该步骤，根据第二步做出的假想猜测，学生通过设定的验证方法，在实验中进行动手操作，搜集过程中产生的现象，通过这些现象去验证假设。教师应该像学生一样，切身投入实验中去，教师在过程中可以引导学生的活动，但不能过多地干预学生的实验行为，最重要的是不要对学生的操作提批评意见，同时，教师应该将所有的实验材料和实验所需的器材准备妥当。当然，在学生验证他们的假设时，教师可以与学生进行沟通，可以采取自己动手示范或其他方式为学生提供参考。

（4）研究现象，总结成果

该步骤是探究式教学模式实施最为困难的一步，因为该步骤需要学生对上一步实验现象进行总结归纳，从而得出理论上的知识。那么该步骤应如何进行呢？第一，可以将学生进行分组，让每个小组中的每个人讲解自己上一步的现象，并且谈谈自己对该现象的认识；第二，可以让每个小组之间进行沟通，每组可以选一到两名代表，代表自己的小组发表看法。这样一来，就达到了沟通的目的，学生之间的思想火花可以互相碰撞，他们也可以针对别人的观点发表看法，有争议之处可以进行讨论，如此一来，可以充分激发学生的学习兴趣。

（五）项目式教学模式

1.项目式教学模式的概念

项目式教学也称为项目教学法，是基于项目学习的教学方法，国际上目前还没有公认的定义，国内外学者从教学特征、教学阶段等不同的角度对项目式教学做出了解读。

美国巴克教育研究所将它定义为一套系统的教学方法，它是对复杂、真实问题的探究过程，也是精心设计项目作品、规划和实施项目任务的过程，在这个过程中，学生能够掌握所需的知识和技能。德国知名古典学者鲁道夫·普法伊费尔（Rudolf Pfeifer）认为项目式教学是一种在教师的引导下，由学生在特定的学习集体中，根据生活经验和学习兴趣提出问题或活动的愿望，对活动的可行性做出决策，并围绕既定的目标决定学习内容和学习方式，自行计划、实施和评价学习活动的教学活动。项目式教学的核心是在真实的问题中激发学生的兴趣，让学生在解决问题的情境中通过自主学习获取知识。教师在其中扮演促进者的角色，与学生一起构思有价值的问题，组织完成有意义的任务，帮助锻炼学生的知识发展和社交能力，并且评估学生的学习效果。

国内研究学者吴言认为，项目式教学是师生共同实施一个完整的项目工作而进行的教学活动，项目工作应具有一定的难度，要求学生运用新学习的知识、技能，解决过去从未遇到过的实际问题，学习结束时，师生共同评价项目工作成果。学者贺平认为项目式教学的突出特点在于学习过程的实践与研究活动相融合，旨在把学习者融入有意义的任务完成的过程中，学习过程必须通过学习者自己的实践，并在此过程中进行知识建构与技巧训练。

综合以上观点发现，项目式教学模式是以学习者兴趣为导向，以贴近实际生活的有价值的项目为主题，在教师的引导下，由学习者通过自主学习、合作学习的形式完成项目并获得知识和能力的教学活动结构框架和好学活动程序。

2. 项目式教学模式的特点

（1）理论与实践相结合

项目式教学模式以现实生活中的问题为出发点，以学生所学的理论知识为依据，借助生活中的各种资源进行问题探索。项目式教学模式强调在事实基础上建立一个有逻辑的知识体系并引导学生积极探索解决问题，这是从根本上区别于传统教学模式的。例如，设计环保送水方案、如何实现水的循环利用、设计一款星座类游戏等，学生在完成项目过程中就充分做到了理论与实践的结合。

（2）跨学科，打破学科的界限

项目式教学模式能够培养学生解决现实生活问题的能力，现实生活中的问题很少仅使用单个学科领域的知识或技能来解决。在教学过程中学生要参与探究、设计解决方案和制作产品，这个过程中学生要经常使用来自多个学科领域的内容知识和技能，以此来解决提出的问题或挑战。跨学科的教学设计，使学生打破了学科的界限，能够很好地提升学生的逻辑思维能力和解决问题的能力。

（3）以学生为中心

在项目式教学中，教师的角色从知识传递者转变为学生学习的协助者和促进者。学生在完成项目的过程中更多的是独立工作，教师只在他们需要时提供支持与帮助，鼓励学生自己决定如何最好地完成工作并展示他们的作品。学生们提出问题、确定目标、整理资料、研究讨论等，这些行为将充分调动学生的自主学习能力，他们在项目完成的过程中通过有效运用已有知识来获取新知识，并且项目式教学模式能够有效地促进学生的独立性，开拓他们的思维、提升他们的想象力。

（4）教学流程严谨

在项目式教学中，学生需要有效地运用知识和技能，而不仅仅是回忆或认可。项目式教学评估的重要指标是学生如何在新环境中应用各种知识内容。当学生参与一个项目时，他们首先要提出一个问题，之后展开问题的探究，探究会引导学生在实际应用中利用他们所掌握的知识进行批判性思考，确保制订的设计方案能够解决已确定的问题。最终他们通过创建旨在向受众传达解决方案的产品来展示他们的知识与能力。

（5）充分运用协作工具

在项目式教学中，学生在完成项目的过程中将学会使用各种信息检索工具或者方式去搜寻资料、探究分析和沟通合作。

（6）获得有价值的项目成果

学生需要清楚项目中的产品、目的和受众，这与学习的最终目的，也就是所谓的学习的真实性密切相关。学生要时刻将项目产品与真实的学习目的和受众联系起来，如果学习只是为了成绩，那么这个学习的真实性就会丢失。学习的真实性不是看他们获得了多少分或他们得了多少奖项，而是将这些询问转变为他们的项目作品在多大程度上满足了受众的需求。让学生完成有价值的项目有助于提高学生的参与度。通过完成项目，学生收获良多，其效果远远超越传统学校布置作业的效果，这也是题海战术和死记硬背无法实现的。

3. 高中物理课程应用项目式教学模式的优势

（1）提高学生的课堂参与度

项目式教学模式能够提高学生的课堂参与度，其具体表现在以下几个方面。

首先，项目式教学中的主题主要根据与实际生活相联系的问题来确定，可以激发学生对解决物理问题的兴趣，同时学生在解决问题的过程中会发现自己目前所掌握的学科知识还无法解决问题，他们为了能够顺利完成项目任务，求知欲会大大提升，主动地去学习新的知识，想办法克服困难。

其次，在项目学习中，学生是主体，教师主要起引导、帮助的作用，学生主要以小组合作的形式去完成项目任务。在小组合作学习中，小组内各成员会积极讨论，营造一种轻松、愉悦、自主的学习氛围，每个人都有机会表达自己对问题的观点，从而使学生在完成项目任务的过程中愿意花费更多的时间和精力去讨论、解决问题。

最后，学生拥有着学习自主权，可以根据自己的兴趣与能力在小组中承担自己喜欢的任务，这样学生可以更好地展示自己。因此，项目式教学模式能让每个学生都参与到项目学习中去，在学习过程中也能积极表达自己的看法，满足自身的学习需求，相比较于传统课堂，学生有更高的积极性与参与性。

（2）提升学生的物理学科核心素养

核心素养的提出，将会引起教育发生系统性的变革，核心素养是教育的上位概念，直接关系到人才培养目标的问题。目标的变化必然会引起方法的变化及评价方式的变化。落实核心素养，首先，要求各学科形成可以承载学科核心素养的大观念；其次，要求形成可以承载大观念的大任务；最后，要有承载大任务的学习过程，要有对任务的完成过程和完成结果的反思与评估。这样的学习过程实质上就是一个完整做事、在做事中学习的过程。这样的学习形态与项目式教学模式的概念极为相似，可以说项目式教学模式是核心素养培养的载体与途径。物理学科的核心素养更加注重学生对学科知识的应用，注重对知识应用的联系与反思。

①有助于物理观念的形成。项目式教学模式借助实际生活中的案例使学生对学科知识有更好的理解，学生在理解的基础上，再将学科知识应用到解决实际问题中去，通过这个过程促使学生物理观念的形成。同时，在项目学习中，驱动问题一般是综合性比较强的问

题，学生需要整合前面章节所学的知识，根据知识之间的联系将所有的知识建构成一张网络，在这张知识网络中进行知识迁移，解决复杂的问题。

②有助于学生科学思维能力的培养。项目式教学模式主要通过以下几个方面来培养学生的科学思维能力。首先，项目主题是根据现实生活中客观存在的问题所确立的，学生在解决这些问题时，需要对这个问题进行分析，搞清楚这个问题中的关键要素。学生思考的过程就是一个建构物理模型的过程。例如，在设计水火箭时，学生需要在头脑中想象出水火箭的样子，并思考水火箭如何发射等问题，在原有的问题上一步一步地建构物理模型，才能将物理问题解决。其次，在高中物理实验课中开展项目式教学能有效培养学生的科学思维。例如，在"电源电动势和内阻"这一节内容的学习中，设计一个"小灯泡为什么不亮"的项目主题。课本中虽然给出了电动势的概念，但学生通过课本知识的学习，对电动势这一概念无法深入理解。在项目学习中，学生可以使用控制变量法、比值法等研究方法，进一步加深对电动势概念的理解。最后，学生要解决驱动问题，就需要通过多方面途径寻求证据来论证问题答案的正确性，如做实验得出实验数据来验证答案或批驳不同的观点，有助于学生科学论证能力的培养。

（六）抛锚式教学模式

1. 抛锚式教学模式的概念

关于抛锚式教学，国内外学者的说法有些不同。即使在明确概念之后，对抛锚式教学的性质仍然争论不休，争论主要围绕抛锚式教学是属于教学模式、教学方法还是属于教学策略展开。抛锚式教学属于一种教学模式，对此论述如下。

事物的标准样式称为模式，因此教学过程中的标准样式称为教学模式。这是从字面含义简单理解，在实际教学过程中应用某一教学模式时还会涉及很多相关要素，如教学理论、教学规律、教学目标等。何谓教学模式？按照顾明远主编的《教育大辞典》的解释，教学模式是指反映特定教学理论逻辑轮廓，为实现某种教学任务的相对稳定和具体的教学活动结构。根据此定义可理解为，教学模式要包含以下几个关键点：能够反映一定的教学理论；既然称为模式，要有可以照着做的标准样式，这样才能达到相对稳定；完成教学任务，要应用教学策略，因此模式包含策略；教学模式要完整应用于整个教学过程中。

由此可见，抛锚式教学作为一种教学模式是相对合理的，在此也将抛锚式教学作为一种教学模式应用于课堂教学中，以达到提高学生提出问题能力的目的。

第一阶段，创设情境。缺少情境联系的知识是孤立难懂的，学生难以理解。因此，在上课初始将知识背景交代清楚明确，学生就会介入情境主动发现问题，促使学习自然发生。在真切的现实情境中激发学生的学习欲望，使与情境相关的物理学问题呼之欲出，将学生的思维与问题紧密相连。如果将整个学习过程比喻为"船"，创设的真实情境就犹如水中的"锚"，行船要根据锚的位置将船固定，对学习来说相当于整个过程围绕这一情境展开。

第二阶段，确定问题。这是抛锚的过程，基于真实情境提出的相关问题，围绕问题确定整个教学过程。在对问题进行确定时，课堂的核心问题由教师向学生提出，学生根据问题开展学习活动，教师主要引导学生尝试理解、分析及阐述。提出问题环节要由学生来完成。学生根据情境，提出自己感兴趣、认为具有研究价值的问题，而教师的作用则是推动课堂进度，引导学生提出准确度最高的问题，在学生的问题串中确定最终的"锚"。这样的过程有助于学生自主且准确地提出问题，突出了学生的主体性，达到了把课堂还给学生的目的。

第三阶段，自主学习。在提出问题后，学生的学习欲望和好奇心已经非常强烈，急于寻求问题的答案。这时，教师依然要发挥引导者的作用，给予学生解决问题的方向而不是答案，授人以鱼不如授人以渔。学生确定了每节课的核心问题以后，以解决问题为大方向，以教师提供的学习材料、学生自身知识经验、同化新知识为基准点，完成学习任务形成解决问题的策略。学生在寻求思路的同时，还会激发提出新问题的兴趣，学生由此也可以体验解决问题与提出新问题的学习过程。

第四阶段，合作学习。合作是学生在课堂学习过程中非常重要的环节。首先，由学生合作解决问题的学习方式有助于构建轻松的学习氛围，学生在这样的氛围中更容易激发思维和受他人启发，提出具有研究价值的物理学问题。其次，在合作学习过程中，可以让平时不爱表达、学习成绩不太理想的学生畅所欲言，给他们表现的机会，使他们找到自信，勇于提出问题。

第五阶段，效果评价。作为抛锚式教学模式的最后一个环节，对学生的评价角度应该是多元的，应从不同角度去肯定学生的学习成果。但是在实际教学过程中，很多实施的教学评价方法无法准确发现学生存在的问题，导致学生失去学习的兴趣，教师也会失去许多了解学生的机会。若想避免这类情况发生就要让效果评价全面且多元，同时也要及时完善评价机制，以便更全面发现学生存在的问题。由此可见，效果评价在抛锚式教学模式中具有重要作用。

2.抛锚式教学模式的特点

（1）以学生为主体

毫无疑问，以学生为主体是教学理念变革的重要体现，而抛锚式教学无论是问题情境的设置，还是"锚"的选择都应该是围绕着学生进行的，教师依此引导学生展开学习，同时学生进行自主合作学习。在这个过程中，每一个学生都要对学习内容进行主动的探索研究，运用自己已有的知识与学到的全新知识进行整合内化，融会贯通，并在学习后进行自我反思，以更新或补充自己的知识体系。简单来说就是，学生用旧知识理解新知识以此确保学习的延续性，避免学习出现断层，以便更好地理解所学知识。学习是人类的一种积极主动的发展活动，是在建构知识的过程中以原有的经验知识为基础，对所要吸收的内容进行积极主动的再生产和再加工处理，以学习的新知识作为工作产出的过程。如此一来，可以充分发挥学生的主观能动性，培养学生学习探索的兴趣。

（2）问题情境的真实性

通过对抛锚式教学模式的研究，可以看出问题情境的真实性是非常重要的。问题情境越真实越贴合现实，越有助于提高学生将知识应用于现实的能力，激发学生在生活中遇到问题的求知欲。问题情境的真实性包含两方面内容：一方面，学习内容与学习形式的真实性；另一方面，发现问题过程与解决问题方式的真实性。这要求在设置问题情境时，应当充分考虑学生的背景知识与实践经验，依据学生的发展需要，力求打造出最有利于学生内化学习内容的情境与氛围。

（3）以"锚"为核心

抛锚式教学的所有教学活动都是围绕问题，也就是围绕"锚"而展开的，因此锚的设置至关重要。抛锚式教学过程中的主要问题绝不是一问一答式的，而应当既与学生的发展目标相对应，又与学生已有的知识与技能相联系，促使学生在求解问题的过程中可以做到层层递进，引导学生进行持续性的研究。在教学活动中，教师应当充分了解学生现有的知识水平，这样在解决问题的过程中学生便可以运用自己已有的知识背景与实践经验，对问题展开多样的讨论与释疑。如此一来，也可以帮助学生由简到难地有序解决问题。

（4）教师角色的辅助性

传统的课堂教学模式是以教师为中心、以书本为中心、以课堂为中心的。在这种教学模式下，教师往往对着课本照本宣科地灌输知识点，学生在课堂上被动地接受教师所传授的知识。显而易见，教师才是教学活动的主导角色，这不仅会使学生感到学习过程非常无聊，更不会激发学生积极主动进行学习的兴趣，更有甚者学生可能会放弃学习，丧失学习的动力。而在抛锚式教学模式下，教师将转变自己的角色，从主导者变为辅助者。教师在课堂上完成问题情境的设置和"锚"的确定时，便放手将课堂转交给学生，自己只是维持课堂纪律，从旁作为学习伙伴协助学生解决问题。这就要求教师应从按照事先制订好的教学计划进行教学活动的思维中跳脱出来，明确教学活动应当是灵活可变的、富有弹性的。如此，教师才会更有效地激励学生主动学习，帮助学生完成对所学知识的吸收与内化，以及更深层次的理解与把握。

（5）教学活动的无序性

在一般的教学活动中，教师会在上课之前制订好教学目标，设计一套适用全体学生的教学计划，在课堂上按部就班地进行知识的讲授，这种依次按照步骤教学的做法，虽然非常节约成本，但是难以达到因材施教的目的，无法使学生进行思维散发。因此，抛锚式教学模式强调教学活动一定要具有灵活性，也就是无序性，具体表现在以下几个方面。

第一，相对开放的教学目标。教师制订教学目标时可以划定一个目标范围，然后根据设置的问题情境与问题让学生自主进行相关的学习，实现教学的开放性。最后根据不同学生的学习结果检测学习目标的完成情况，即在教学目标范围内的学习成果都可以给予肯定，对于略有偏离的情况也可以采取包容的态度，并最终进行查漏补缺。

第二，不确定的教学信息。学生根据教师设定的问题情境，结合自己已有的知识经验储备，识别在此情境下可能出现和需要解决的问题，并捕捉对自己有用的情境信息。其后，围绕确定的"锚"，学生需要通过收集、选择、处理更多的信息来解决问题。在这个过程中，每一个学生凭借自己的能力所获取的信息都不是确定的，信息的不平衡性要求学生互相合作进行分享与交流，因此学生得到的信息会比解决问题需要的内容更多，学生也不得不提高自己对获得信息是否可用的判断力。

第三，多元化的教学结果及教学评价。从上述分析中可以看出抛锚式教学模式并不追求教学结果的唯一性，更注重学习者可以根据自己独有的经验、不同的学习需求，在保证问题情境、学习内容相对一致时，进行更加多元的个性化选择以维持学习结果的空间弹性。而在进行教学评价时，相对于学习结果的评价，抛锚式教学模式更注重学习过程的评价。这种源于学习过程本身的评价不仅有利于激发学生的内部动机，而且能使教师在教学中及时了解学生的进步，促进学生的自我监控与自我调节。教师在进行评价时也应更关注学生在解决问题过程中的表现，做到综合评价和多元评价。

3.高中物理抛锚式教学流程

（1）设锚

设锚是指教师在教学时为学生创设与课程内容相关的问题或事件作为教学情境的过程，教师设定的"锚"要满足以下要求：①教师设定的"锚"点问题要与高中生的认知特点相适应；②"锚"点问题要与生活实际相符合，而且要与课程内容密切相关；③教师设置的教学情境要具有典型性，让学生通过这一问题能解决一类问题。激发学生的学习兴趣仅仅是创设教学情境的作用之一，还应当借助教学实践培养学生灵活运用所学知识的能力。

（2）抛锚

抛锚是指在真实的情境中凝练出课堂上需要解决的问题或任务的过程，该问题或任务必须处在学生的"最近发展区"内，并且符合学生具体的学习情况，能达到"够一够，摘到桃子"的程度。在设置问题或任务的时候，要充分了解学情，把握学生所拥有的前概念，问题既要能使学生回忆起以前的知识，又要能通过课堂的学习获得新的知识。

（3）解锚

解锚是指解决问题的过程，学生可以通过自主学习的方式或者合作学习的方式来解决教师设定的问题或任务。特别是一些惰性知识，学生虽然理解了，但是还不会应用，针对这一问题学生需要通过不断的摸索和思考来寻找解决办法。如果遇到障碍，学生就可以与教师或其他学生交流，加深自己对问题的认知。

抛锚式教学模式主张探寻事物的发展规律和内在本质，与高中物理课程的特点非常契合。教师在教学中采用抛锚式教学模式可以让学生通过小组合作学习完成事先制订的教学目标。这样的教学模式既能够提升物理课堂的教学效率，又能够为学生创造更多交流和沟通的机会。同时，学生有更多时间在一起学习讨论，能增进学生之间的情感，培养学生团结协作的能力。

这样的教学模式能够有效增强学生用所学知识来指导实践的意识，在教师的引导下，学生能够灵活运用学过的知识解释各种现象，解决实际问题。这一过程能够很好地检查学生对所学知识的掌握程度，也能引导学生对知识进行深入理解和建构。

（4）起锚

起锚是指对学生的学习情况、教师的教学过程以及最终的教学效果进行评价。教师在教学过程中既要指导学生学习，又要时刻观察学生在学习过程中的表现，并详细记录学生的学习情况。等到教学活动结束后，教师还要对整个课程和学生的学习情况进行客观的评价，分析课程中存在的问题。

教师的评价可以从两个角度进行，一是从教师的角度出发对教学过程中出现的问题进行客观的评价，二是评价学生在课堂上的表现以及最终的学习效果。教师要认真观察学生在课堂上的行为、学生对这种教学模式的接受和喜爱情况，以及学生在合作学习过程中的表现情况，对其都要进行详细的评价。教师进行效果评价的形式不是固定的，教师可以根据实际的教学情况选择合适的评价方式，可以是课堂上口头评价，也可以是课后对学生的作业进行书面评价。评价的最终目标都是找到学生学习中存在的不足，提升学生对物理知识的应用能力，促进学生更好地发展。

（七）翻转课堂教学模式

1. 翻转课堂教学模式的提出

美国西点军校早在 19 世纪初就开始践行翻转教学了。美国西点军校的西尔韦纳斯·塞耶（Sylvanus Thayer）将军在开课之前要求学员自行研读学习资料；在课堂上通过小组合作在班级中开展教学，解决问题，培养学生的批判性思维。这一教学方式与美国 21 世纪流行的翻转课堂的教学模式和理念有异曲同工之妙。但是，当时并未提出"翻转课堂"一词。对于"翻转课堂"的起源，摩尔（Moore）和吉莱特（Gillett）等人认为这一教学术语的概念是哈佛大学的埃里克·马祖尔（Eric Mazur）教授所提出的[①]，他创立了同伴教学法，由此也开启了国外翻转课堂教学模式的先河。

马祖尔教授认为，学习有知识传递以及知识内化两个过程。而翻转课堂能否取得成功，关键在于将这两个过程进行翻转，这个观点也对翻转课堂教学具有一定的借鉴意义。

1996 年，执教于美国迈阿密大学商学院的莫里·拉吉（Maureen Lage）和格兰·波兰特（Glenn Platt）首次提出"翻转课堂"的构想，并且应用于美国迈阿密大学"微观经济学原理"课程中。

2000 年，美国莫里·拉吉、格兰·波兰特与迈克尔·切格力亚（Michael Treglia）在期刊《教育经济学报》（*The Journal of Economic Education*）上发表论文《翻转课堂：一个创造包容学习环境的途径》，就"翻转课堂"模式在"经济学入门"课程中的应用情况做了详细的说明：教师针对当前课堂上"教师主动、学生被动"的普遍现状，试着用一种方法来激发学生的学习兴趣——教师将要传授的知识放在课前，让学生自己去学，把传统的课后作业转换为课堂上教师的辅导和学生间的写作，文章在结尾处对"翻转课堂"模式获得的成绩做了总结。该研究还论证了翻转课堂与传统课堂在激发学生学习兴趣方面的差异。至此，"翻转课堂"一词被提出。但是该研究的重点还是在于介绍翻转课堂的教学效果，对于翻转课堂的概念并未给出清晰的界定[②]。在同一年，美国学者韦斯利·贝克（Wesley Baker）在第十一届国际大学教与学研讨会上所发表的文章中详细阐释了翻转课堂的概念，并提出了翻转课堂模型。

2. 翻转课堂教学模式的概念

目前，诸多学者对翻转课堂教学模式的内涵做出了自己所在领域学科的定义。在国际中文教育界，亦有诸多学者对该模式进行了定义，其中学者叶华利从对外汉语学科的角度定义了翻转课堂："翻转课堂的实质就是利用现代教育技术手段从根本上影响学生的学习方式，使学生从传统的课堂上听课转变为课下自主学习教学视频，从而课堂时间则用于解决学生在自学过程中遇到的各种相关问题，帮助学生真正实现知识的吸收内化……这对于对外汉语教学来说，是突破性的一步"，由于学生在课堂外完成了基本知识点的学习，"那么课堂内的任务就变成了师生或生生之间的互动、交流，对外汉语课堂不再仅仅是语言知

---

① MOORE A J, GILLETT M R, STEELE M D. Fostering student engagement with the flip [J] . The mathematics teacher, 2014, 107（6）：420–425.

② LAGE M J, PLATT G J, TREGLIA M. Inverting the classroom: A gateway to creating an inclusive learning environment[J]. The journal of economic education, 2000, 31（1）：30–43.

识的传递，而提升为语言知识的操练与运用。"①

在翻转课堂教学模式中，学生通常在课堂上完成作业，然后在教师的指导下，通过游戏活动、讨论等方式学习，上课前学生观看指定的教学视频，由此有了"翻转课堂"一词。简而言之，翻转课堂教学模式是借助现代信息技术改变传统教学方式，把传统线下教学课堂中的教学过程一分为二：一是把一部分教学内容提前录制成学习视频，由学生自主学习观看；二是师生共同在课堂上通过游戏游动、讨论等完成知识的内化。翻转课堂模式基于这样一种观点：颠倒传统教学模式，即将通常在课堂上做的事情与课堂外做的事情进行互换或翻转。因此，学生不是在课堂上听课，然后回家解决作业问题，而是在家通过视频学习知识，并在课堂上在教师宏观调控下分析、讨论和解决问题。

3.翻转课堂教学模式的特点

（1）依托现代信息技术

现代信息技术的发展为翻转课堂教学的成功提供了条件。在课前预习阶段，教师录制并发布学习视频供学生预习知识，学生完成自主学习任务单，收集整合交流素材和问题。在课堂教学阶段，学生利用互联网平台对探究性问题进行交流展示，师生共同合作探究，解决问题。在课后总结阶段，教师借助互联网平台上传课例，划分任务，学生根据自身能力自主选择，完成并提交任务，教师也及时进行反馈。由此可见，翻转课堂教学模式的实施是以信息技术为基础的，因此，只有充分运用现代信息技术才能体现、发挥翻转课堂教学模式的优势。

（2）重构学习过程

有别于传统课堂教学，翻转课堂把大量的直接讲授移到课外，课堂时间主要用于启发学生进一步思考。在课前，教师将需要学习的知识上传至平台，学生可以通过观看微视频、自学导学案等多种方式获得需要理解掌握的知识；而在课堂上，学生在教师的引导下，通过合作讨论、探究思考、交流分享成果、相互评价等途径完成知识的系统化建构并吸收内化。学习过程由"先教后学"转变为"先学后教"。因此，翻转课堂的教学过程是对整个学习过程的重构。

（3）多元化师生角色

在传统教育中，教师以传授知识为己任，教学工作以讲解知识为主；在翻转课堂教学模式中，教师的任务是担任知识建构中的设计者和引导者，在课堂教学中担任促进者和协助者，工作重点转为对学生课前学习时产生的反馈数据进行分析，有针对性地设计教学过程，发布学习资源，使学生自主构建知识体系。同时，翻转课堂还可以利用信息技术来弥补师生之间、生生之间因时空分离而产生的交互断层。

（4）个性化因材施教

学生在课前通过自主学习的方式获取知识，通过暂停、快进等方式观看教师制作或发布的微视频或其他学习资源，自己把握时间与进度，建构知识体系，完成自主学习任务单和自学测试；在课堂交流过程中，学生在教师的引导下积极发表看法，对知识进行内化，彰显学生的个性化学习。因为在课前已经完成了知识的传递，教师便可以在课堂上通过小

---

① 叶华利.翻转课堂在对外汉语教学中的运用［J］.湖北经济学院学报（人文社会科学版），2014，11（11）：201－202.

组合作探究的形式，鼓励学生积极参加互动，教师由单一的传授知识转变为因材施教，在引导学生进行合作交流、反思评价的过程中实现个性化教学。

4. 在高中物理课堂上应用翻转课堂教学模式的优势

①在高中物理课堂上应用翻转课堂教学模式能够在提升学生学习的自主性和学习意识方面发挥重要作用，同时也能够有效改善学生的学习效率。

②在高中物理课堂上应用翻转课堂教学模式能够有效解决学生之间的合作关系和公平竞争关系，提高学生的学习积极性和主动性。相互学习、相互帮助和共同进步、团结协作的精神可使学生养成不怕困难、有难共同解决的习惯。

③在高中物理课堂上应用翻转课堂教学模式能够为师生提供无阻碍的交流机会，使教师可以及时掌握学生的基本信息，从而打造针对学生基本情况的环境，帮助学生全方面发展。

④在高中物理课堂上实施翻转课堂教学模式可以改善教学质量。教师采取有效的教学手段可以优化教学的全过程，大大提高物理教学的质量及效果。

⑤翻转课堂教学视频可以广泛分享，有利于优质教育资源的共享，对实现教育均衡发展有一定的积极意义。

⑥在高中物理课堂上实施翻转课堂教学模式可以提高教师的教学能力。翻转课堂要求教师熟练运用各类教学科技产物。因此，教师在备课时需要投入更大的精力，接受教学过程当中的各种挑战，不断努力具备相应的组织协调与随机应变的能力，这有利于教师教学能力的全面提升。

⑦在高中物理课堂上实施翻转课堂教学模式有利于提高教学效果，节省大量的教学时间和教学资源。高中物理课程中有很多实验内容，这些实验因学校教学条件的限制导致无法在课堂上演示，运用短视频展示这些实验能够起到很好的辅助作用，从而提高教学质量。

（八）问题导向学习模式

1. 问题导向学习模式的概念

问题导向学习模式的概念可以这样来界定：问题导向学习模式是指将学生置于能够引发其认知冲突的问题情境中，师生共同提出问题，在教师的指导下，学生采用自主学习及合作学习的方式解决问题，逐步习得知识的一种教学模式。

2. 问题的特征

问题是问题导向学习模式的中心，是贯穿整个教学活动的主线，直接影响学生的课堂活动，因此问题设计的成功与否，对有效开展问题导向学习模式至关重要。一个符合问题导向学习模式要求的问题应该具有真实性、层次性、相关性和开放性。

（1）真实性

问题导向学习模式中的问题情境，大多来源于生活中的实际问题。学生在实际生活中会遇到许多问题，但是这些问题并没有引起学生足够的注意与思考。在该教学模式中，当教师把这些与生活息息相关的问题情境呈现给学生时，很容易引起学生的共鸣，激发学生解决问题的欲望，进而使学生积极主动地学习，也可以让学生更好地理解所学知识，同时学生在现实生活中也能够灵活运用所学知识解决很多问题。

（2）层次性

教师创设的问题要有阶梯性，要符合学生的认知规律和身心发展规律。教师要把复杂的、难度较大的问题分解成若干个小问题，使之趋向于学生思维的"最近发展区"。所设计的问题应该以学生现有的生活经验、认知水平为基础，遵循学生认知事理的规律。如果解决问题所需的知识远比学生的知识储备高得多，那么学生就无法将现有的知识与所需解决的问题联系起来，更不可能解决问题。

（3）相关性

相关性是指所设计的问题要与社会生产、学生生活有关联。当学生面对与自己生活息息相关的问题时，他们可以快速联系自身的经验，从而热烈地与同伴交流讨论。这样不仅可以帮助学生将学习内容与生活现实联系起来，还可以帮助他们将生活经验应用到解决问题的过程中。教师应该将教学内容融入生活中真实的问题情境中，使知识问题化、问题情境化。

（4）开放性

问题导向学习模式中的问题具有一个鲜明的本质特征，即问题是开放的。问题解决的过程是复杂烦琐的，解决问题的方案并不是独一无二的，答案也具有多元化的特点。因此设计的问题涉及面广，各部分之间存在着联系，需要学生去关注事物的本质，将相互联系的基础知识进行应用，往往有多种解题方法，而且不设置问题的标准答案，学生提出任何不同的想法或解法都值得被鼓励。

3. 问题导向学习模式的特征

（1）更注重探究问题的过程

问题导向学习模式是围绕某一个问题或一系列问题串展开的，问题是贯穿整个教学过程的主线，教师将教学内容融合到一个有意义的真实的问题情境中，让学生在不断地深挖问题、解决问题的过程中学习到隐藏在问题背后的知识，在达到学习目的的同时，也提高了学生解决问题的能力。问题导向学习模式相较于传统的教学模式，它更加重视探究问题和解决问题的整个过程，主要以探究问题为主。这样学生的科学思维能力、解决问题的能力等综合素质也随之得到培养。

（2）学生是学习的主体，教师是学生学习的引导者和辅助者

在问题导向学习模式中，学生是学习的主体，是自主的学习者、探究者。在探究问题、解决问题的过程中，学生收集资料、分析总结必不可少。在课堂中，教师引导学生进行思考，当学生遇到无法解决的问题时，相比于传统教学模式中直接告诉学生解决问题的办法，问题导向学习模式则要求教师充分发挥引导者和辅助者的作用，在课堂教学活动中及时给予学生点拨和示范，引导学生构建知识体系，对学生取得的小小成就也要给予鼓励、表扬。

（3）以小组合作学习为主要形式

由于问题情境的复杂性，单靠个人的力量不能全面地分析问题、解决问题，基于此，小组合作学习成为问题导向学习模式的主要形式。在小组合作学习的过程中，成员间要做到各司其职，最终形成互帮互助的合作氛围。学生通过小组合作解决教师提出的问题，既能够增强学生的合作意识、协作精神，又能够带动学习能力较差的学生融入问题的探究中

来。在小组分工中，要避免小组内部出现"优生主导，差生随从"的趋向，杜绝由某一位学生"挑大梁"的情况，要使每一位学生都能够充分表现自己的优点，真正参与到课堂活动中，真实地体会到自己是课堂的主人。

（4）学习途径多样化

在小组讨论过程中，学生需要准备大量的相关材料来支撑自己的观点。因此，学生不仅要学习教科书上的内容，课余时间还可以去图书馆、实验室，或者在网络上寻找学习资源，甚至可以进行人物采访、实地考察。这不仅丰富了学生的学习途径，还极大地拓展了学生的知识面。

（5）评价多元化

在问题导向学习模式中，引导学生及时反思学习过程也是很重要的环节，直接关系到教学目标的实现和学生学习技能的提高。从评价的方式来看，学生可进行自我评价，也可以对小组成员的表现进行评价；教师则根据学生的表现给予表扬和指正，还要进行阶段性评价和总结性评价。从评价的内容来看，可以从对知识的掌握程度、课堂参与度、学习态度、与成员的合作情况等各方面去进行评价。

（九）"双学双导"物理教学模式

1."双学双导"物理教学模式总体思路

"双学双导"物理教学模式旨在强化学生在学习中的主体地位，贯彻落实学生全方位发展思想，激发学生自主学习潜力，让学生在学好知识的同时拥有自学能力、合作能力和展示能力。"双学双导"物理教学模式改变了传统物理教师使用教案讲课、学生使用学案听课的教学现状，让学生走上讲台，将自学的知识点以课堂展示的方式向其他同学展示出来，有效地使学生对自己认为已经掌握的物理知识进行再思考、再记忆，激发学生自学和互学的潜能，发挥学生的主观能动性，让知识在学生的脑海中记忆得更深刻、理解得更透彻。在物理课堂展示环节结束后，还将实行质疑环节，让台下听课的其他学生对课堂展示内容进行质疑，在学生质疑、答疑过程中再次巩固对物理知识的记忆。在物理学科互学的过程中，学生的口头表达能力、团队合作能力和质疑反思能力也将得到同步提升。

2."双学双导"物理教学模式的特征

"双学双导"物理教学模式的特征是"一个标准，两种主要学习方式，三个维度，四个环节"。"一个标准"是评价物理教师课堂教学的法定标准，起促进教师专业化成长的作用。"两种主要学习方式"是指学生间的相互学习和质疑反思学习。"三个维度"是指教师教学、学生互学、能力成长三个维度，它使高效课堂不仅关注物理知识的传授，还关注学生物理知识生成的过程与方法，特别强调情感与知识、方法的交融。"四个环节"分别是"学生自学、学生互学、师生探究、学习评价"，它从根本上改变了学生学习物理的方式，是高效课堂最核心的内容。

通过上述改变，物理教师手中的教案与学生手中的学案连接更紧密，课堂上的发言方式将从"举手点名"转变为"学生讲课""学生质疑"。学生学习物理知识的驱动力将从"教师家长鼓励"转变为"自我驱动"，学生对物理知识的认知过程将从"被动接受已有的规律或结论"转变为"从知识的本源探索规律"。

3. "双学双导"物理教学模式的应用要点与价值

"双学双导"物理教学模式打破了"学生听，教师讲"的传统授课模式，激发了学生自学及互学的潜在能量。自学将引导学生自主阅读、思考、质疑及深层记忆等行为，在锻炼学生思考与反思的能力的同时，还无形中使学生更深刻地将物理知识点记忆在脑海中；互学将引导学生把自学时习得的物理知识讲出来、分享出来，这会引发学生反复思考自学的物理知识点，多次记忆和理解，在加深对物理知识记忆的同时，学生也能通过学习小组相互学习、交流完善和补全自学漏洞，还能通过课堂展示锻炼口头表达能力。为了实现"双学双导"物理教学模式的应用价值，此模式在实施过程中要求较高。

学习小组的分组要注重综合实力均衡，不能出现物理学习能力总体高于其他小组的"好组"或总是比其他组弱的"差组"，这将破坏小组间相互竞争的公平性和公正性，大幅降低学生的参与热情，严重影响"双学双导"物理教学模式的应用效果。每个学习小组内的组员最好做到强弱搭配、男生女生比例恰当、性格内向外向互补，这样既能促进组内和谐，也能激发组员间的相互学习。

"双学双导"物理教学模式旨在促进学生自学和激发互学所蕴含的潜能。为更有效地促进小组互学物理的积极性、提高组员参与度，用好教室后方的黑板或白板很重要。可将教室后方黑白板划分出一部分用于"双学双导"物理教学模式课堂小组记录区，一个区域用来记录学习要点，一个区域用来记录学习小组在物理学习上的得分。学习要点记录区由当日进行物理课堂展示的小组填写，将当节课知识要点或学习难点写在上面供全班学生学习参考；小组得分区轮流由各小组组长将周评、月评各小组的得分填写在上面，促进小组与小组间的相互竞争，提高学生互学的积极性。

在"双学双导"物理教学模式实行初期，课堂展示环节中容易出现学生发言太积极、质疑环节举手不断的现象，虽然学生的积极性值得肯定和鼓励，但物理教师要把握好课堂节奏，引导学生有序发言。另外，物理教师应适当地给予发言较少小组一些机会，保护学生互学的积极性。

"双学双导"物理教学模式的评价环节由日评价、月评价和学期评价组成。日评价主要分为物理课堂评价和物理作业评价两部分，物理课堂评价对学生预习、展示、质疑、总结各环节的表现情况分小组做出评价，由物理教师和各小组共同做出评价，当遇到某一小组在课堂上表现欠佳的时候，物理教师可以缓一步进行评价，先让小组间互评，让学生相互指出问题，这有助于小组间形成良性竞争，也能引发学生更深层次的自我反思与进步。在月评价和学期评价时，物理教师应避免直接评价某小组或某学生，可以采用引用学生互评原句的方式间接地表达教师的想法，促进良性竞争氛围。

在"双学双导"物理教学模式中，学生以学习小组为单元进行互学和互查，打破了以往孤立学习、自我监督的传统模式，能对每一位学生都起到较好的督促作用。在学习小组中每位学生都有机会担任小组长或物理学科代表，在学习中组长和学科代表将带领所在小组完成物理知识的自学和互学。课堂展示环节结束后，学生间将进行互评互查，在这个过程中，每一位学生既是被评价人、被监督人，也是评价人、督促者，这将不留死角、不遗余力地对每一位学生起到督促作用，提高学生物理学习的效率和积极性。

第三节　高中物理教学手段

高中物理课堂的教学手段包括传统教学手段和现代化教学手段两类。教材、板书、板画、挂图、模型和示教板等是传统教学手段；各种电化教育器材和教材被认为是现代化教学手段。积极利用各种教学手段，有利于增强物理课堂教学的效果。

一、传统教学手段

（一）教材

教材是教学的主要依据和手段。高中物理教材是根据高中物理教学大纲编写的。教师应当认真地钻研教材，深入地分析它的内容、特点和编写意图，在教学中要充分发挥教材的作用。

由于物理教材不同于一般文艺作品，学生在阅读时常会遇到困难，所以教师应逐步帮助学生掌握钻研教材的方法。一般来说，阅读物理教材要注意弄清有关的物理现象和物理过程，即弄清楚确立物理概念和物理规律的依据；明确在这些现象和过程中有哪些问题需要研究；研究中采用了什么手段和方法，得出了什么结论；对于规律性的结论要逐字逐句进行分析推敲，全面、准确地弄清它的含义，尤其要明确概念、规律的适用条件和范围。教师对不会钻研教材的学生要进行具体指导；对学有余力的学生，要介绍和指导他们阅读一些参考书和课外读物，以使他们能学得更好些。

（二）板书

板书是课堂教学的有机组成部分，是常用的教学手段之一。就高中物理教学而言，板书的作用是帮助学生理解教学内容，帮助学生抓住教学的重点，使学生对所学内容有较深的印象，提高学生的记忆效率。板书有利于学生记好课堂笔记，便于他们复习。在高中物理教学中，板书的内容包括讲课的提纲、物理定律和公式的推导过程、例题及其解答，以及各种物理术语、数据等。

物理课上运用板书的总要求是目的明确，条理清晰，重点突出，有启发性，书写正确、端正。需要注意的是，板书要能反映教学的内容、过程和重点，板书内容要少而精，紧扣问题中心，提纲挈领，突出重点。

板书纲目安排要清楚、条理分明，使学生能一目了然，又有思考余地。"暂时性"板书可安排在黑板的一侧，在学生明白所学内容之后要及时擦掉，以免干扰计划中的板书。板书要起示范作用，书写必须正确、端正。例如，不用异体字、复合字，简化字必须以国家正式公布的为准，公式中的外文字母，要注意大小写、正斜体的正确使用；著名的外国科学家如牛顿、帕斯卡等的名字均有通用译名，板书中不得自己任意更改。

板书内容应随教学的进展顺序出现。对课前准备的小黑板，应有所遮掩，到用时再展现。

（三）板画

1. 板画的作用

在高中物理教学中，教师需经常在黑板上画图，板画在教学中的作用如下。

（1）帮助学生建立直观形象

板画可用来表示某些仪器、装置的内部结构。例如，离心水泵的示意图就能把它的主要结构形象地表达出来，其作用甚至胜过出示实物。有时为了进一步研究某些问题的细节，在进行实验演示之后，需要利用板画对问题进行分析和研究。分析物体受力情况的板画就属于这一种类型。有时还采用符号代替实物来作图，以简化描绘手续并对学生进行能力培养。电学中的电路图就属于这种类型。

（2）帮助学生理解和概括所学知识

例如，讲述滑轮组时，为了让学生理解重物上升的距离与动力将绳子拉下的长度之间的关系，在做好演示实验的基础上，利用板画进行推理具有更强的说服力。经过周密设计的板画，也可帮助学生进行知识的概括。

（3）帮助学生记忆和巩固所学的知识

教师在做演示实验之后，可以利用板画对实验进行进一步讲解。在研究某一物理问题的过程中，画一系列动态图有助于学生记忆和巩固所学的知识。学生常常能凭借听课笔记上记下的教师讲课时所画的板画回忆起当时上课的情形和学过的有关知识。

2. 板画的处理

（1）好的板画应具备的条件

好的板画应该简单迅速，美观形象，明确合理。物理课中的板画，不同于美术课中的素描，它常常是示意图或者略图。如果教师在课堂上花费过多的时间来绘图，学生的注意力就会分散，就会影响教学效果。但为了节省时间而草率作图，是不允许的。为了增强直观效果，板画必须有足够的大小，同时要合理、清楚。

（2）板画的计划性

备课时要事先考虑好在讲课时画哪些图，这些图应该怎样画，画图的顺序如何，甚至什么时候画图，怎样与讲解配合，图画在黑板的什么部位，图的哪一部分要擦去、哪一部分要保留到下一节课，这些问题都要有周密的安排。

（3）板画的做法

板画有立体透视图、正投影图、剖面图及示意图等几种，通常在同一图中不用混杂画法。板画必须与教材插图一致，这一点应该注意。在画电路图时应注意不要把电池符号画得跟电容器的符号一样，成为分不出粗细长短的两条平行线。画保险丝符号时，要符合现行国家标准。

（四）挂图、模型和示教板

1. 挂图

对某些较为复杂的图示，可以采用挂图这种教学手段来配合教学。例如，托盘天平结构图、交流发电机结构图、晶体管收音机原理图等。

2. 模型

模型是物理教学中的一种重要手段，利用它来配合教学，能增强教学的直观性，改进教学效果。

3. 示教板

示教板也是物理教学中常用的一种直观教具。

二、现代化教学手段

（一）现代化教学手段的发展和优势

1. 现代化教学手段的发展

科学技术的发展，为实现教学手段的现代化提供了有利的条件。现代化教学手段，即电化教学手段，是指利用现代科技成果，通过电磁波等电化媒体传递教育信息的一种试听教学手段，也是教育教学的辅助手段。电化教学，由于采用的是声光设备，在国外被称为视听教学，也就是我们所说的声像教学。使用电化教学工具和电化教学软件，是现代教学的重要手段，是教育现代化的标志之一。电化教学运用现代化视听设备和软件，彻底改变了教师仅仅利用黑板加粉笔进行口授、学生被动接受的手工业教学方式，代之以高效率的既能大面积又能个别化的教学方式。具体来讲，就是在教学过程中使用幻灯、投影、电影、录音广播、电视录像、语言实验室、程序教学机和控制与模拟等手段对学生进行知识的传播和能力的培养。

2. 现代化教学手段的优势

教学手段现代化，是 21 世纪教学改革的重大成就之一。目前，美国、日本等一些发达国家，很重视中学电化教学，并已相当普及。实践证明，现代化教学手段的采用，能够节约教学时间，提高教学效率，这是科学技术发展的需要。

另外，采用现代教学手段，也是推广普及教育、发展成人教育的一个重要途径。我国作为一个人口大国，更是如此。现代化教学手段比传统教学手段更加生动、真实，具有表现力和感染力强、容易再现、能顾及学生的个体差异、便于学生理解和增强记忆等优点，它突破了传统教学手段的局限性。

（二）现代化教学手段在物理教学中的应用

尽管现代化教学设备的原理和结构各不相同，各种设备所记录、存储、传递和再现的信息内容也是多种多样，但是应用现代化教学设备，能使师生的感官得到延伸，能将课堂教学空间扩大，使所传递的知识信息更加丰富、形象生动。在高中物理教学中常用的各类现代化教学设备的特性分述如下。

1. 光学投影设备在物理教学中的应用

教学中常用的光学投影设备有幻灯机、投影器。幻灯机的种类繁多，结构各异，但基本原理大致相同，按光路不同，幻灯机可分为透射式和反射式两大类型。透射式幻灯机是将光透过画面投射到屏幕上，用来放映透明的图片和实物的幻灯机；反射式幻灯机是将光照射到画面或实物上，经反射在屏幕上成像，用来放映不透明的图片或实物的幻灯机，有时也被称为实物幻灯机。

幻灯片可以自己制作。教师可以将物理教学中要展示给学生的图像内容制成多张小的幻灯片，反复使用。教师借助幻灯设备，上课时不用在黑板上现画，节省了大量时间，提高了画面质量，提高了教学效率和效果。

投影器也叫投影仪，其原理与透射式幻灯机类似，投影器可以放在讲台上，便于教师边讲解边放映，还能在投影片上边讲边写。在高中物理教学中可以使用复合投影片。复合投影片由几张透明薄膜复合而成，每张薄膜上画好需要的画面和文字，制成所需的尺寸，也可以用透明胶布事先胶好一边，以保证复合时不错位，教师边讲解，边逐页掀开或合上，十分便利。

线条动画投影片由动片和定片组成，常用来显示物理教学中的某些运动过程。例如，在定片上刻上等间距的纵向平行线条，在动片上绘一条正弦曲线，将定片复在动片上，当动片横向匀速移动时，屏幕上将出现波动过程中每一质点在平衡位置附近的振动情况，有利于学生理解波的图像的形成。

使用投影器能方便教师工作，提高教学效率。在高中物理课上如要分析电路图，可以在薄膜上画好各种电路图及要复合的各个元件；在复习应用物理概念解题时，可以先在透明薄膜上设计好题目，讲课过程中，教师只需按顺序投放就可以。当然事先在小黑板上画好图、写好题目也是可以的，但是黑板不能长期保留，而投影片则可以长期保存、反复使用。

2. 音像媒体在物理教学中的应用

教学中常用的音像媒体有电影媒体、电视媒体和录像媒体等。

电影媒体的教学功能是多方面的，物理教学电影能再现自然界的各种物理现象、人造地球卫星的发射、宇宙飞船的航行等，电影的特技拍摄，可以将看不到的现象或进行得很快的过程摄成影片，如布朗运动、球的弹性碰撞过程，用高速摄影机拍摄，然后按正常速度放映就可以使学生清楚地观察到这些连续的过程。通过电影媒体介绍历史上物理学家的科学研究及物理学上的新成就，也是帮助学生提高学习兴趣、了解科学研究艺术的好方法。但受价格、放映条件的限制，电影媒体在教学中的应用受到一定的限制。

随着电视机的普及，利用电视媒体播放教育节目已成为现实。不少地区都开设了教育电视台，电视媒体可以播放优秀教师的教学情况，对提高教学质量起了一定的作用。

录像教学手段近年来发展迅速，这是因为录像媒体既有像电影一样的声音、色彩与效果，又具有价格较低、制作方便的特点，录像设备又很普及，物理教师能独立操作，因此，使用录像媒体已成为优化高中物理课堂教学的一种重要手段。

3. 虚拟仿真技术在物理教学中的应用

（1）使用虚拟仿真技术辅助物理教学的优势分析

物理课程有着较高的实验性特点，对物理课程的学习离不开一定的物理规律，对物理规律的探究需要学生长期连续地进行下去，只有这样才能完成对物理规律的理解与掌握，达到理论与实践相结合的目的。因此，在做好物理规律、物理定律教学工作的同时，必须注重实验教学的开展。为了更好地开展物理实验教学项目，使用虚拟仿真技术是一个很好的手段，它能在一定程度上弥补传统教学模式存在的缺陷，因此近年来越来越引起教学工作者的关注。在高中阶段使用虚拟仿真技术手段辅助物理教学具有独特的优势，一般可以概括为以下几个方面。

①临场性。临场性指的是学生可以在虚拟仿真技术构建的模拟实验室空间中产生现实操作的体验，其操作、仪器完全等同于现实实验室，甚至有更好的效果。可以让学生觉得自己在真正的现实实验室里近距离进行现场操作，让他们可以更加自由、创新地进行实验的操作，进行不同方法的组合，达到让学生自主创新学习的目的。在这种实际情境下，逼真的模拟仿真执行和动态演示，可以提高学生的参与水平，促进学生自主学习。

②开放性。开放性指的是学生可以利用虚拟环境中的各种实验条件，完成预想的操作和实验。同时，在不同的地域、时间可以根据要求进行不同实验内容、仪器、资料的选择和组合，更进一步地选择合作人员与指导教师。实验结果的评价更加多元化，更加有意义，能够取得更好的学习效果。

③形象性。虚拟仿真技术可以利用各种模拟的环境给学习者带来更为形象、丰富的体验，可以将单调、枯燥的实验课变得更加丰富多彩，更加饱满、形象。

④安全性。虚拟实验的模拟环境可以降低实验操作的风险，更加安全、有效果。例如，在托里拆利实验中，实验使用的水银是有毒的。学生做类似的虚拟实验，既可很好地仿真实验现象或过程，又不必冒着发生伤害的危险。

（2）利用虚拟实验室进行电学实验

电学实验通常存在很多的安全隐患，如果学生在进行实验前先利用虚拟实验进行操作练习，就可以解决动手操作时易错的问题，避免发生安全事故。例如，在学生练习使用电流表的过程中，为了避免因正负接线柱接反或者电源短路造成电流表损坏，学生可以首先通过虚拟仿真技术来进行练习。让学生先在虚拟仿真软件上学会熟练使用电流表，可以当作后面连接实际的实验器材的预先演练。对电压表也是类似情况，先在虚拟实验上操作，让学生对不同表头的功用和连接方式有一个清晰的认识，能尽量避免学生头脑中的误区。

另外，在电学实验中有一些电路比较复杂，学生容易在实验中出现连接错误的情况，可能会导致出现电表损坏或者无法得出实验数据的问题。在探究并联电路中电流规律的实验中，由于使用三个电流表而且还需要不同的电流表测量不同的对象，对于初学电学的学生来说，即使有电路图也不能很好地将实际电路连接好。在这种情况下，先利用虚拟实验室练习电路连接，学生操作熟练准确后再在实物上进行实验，实验的效率能大大提高，同时也在一定程度上减轻了教师的负担。这个和飞行员先在飞行模拟器上练习飞行操作，而后再在真正的飞机上练习飞行的道理是一样的。

4. 计算机媒体在物理教学中的应用

计算机辅助教学的概念很早就被提出来了，之后又发展成多媒体辅助教学。计算机媒体在物理教学中的应用与计算机技术的发展密切相关，早在20世纪70年代末，就有人将计算机用于辅助教学研究，如用计算机演示小球做平抛运动时的运动轨迹、带电粒子在磁场中运动时的受力情况等，这些教学软件基本上都使用当时颇为流行的逐行解释型BASIC语言编制，简单易行、立竿见影，对于解释某些教学难点、抽象概念有独特的演示效果，受到师生广泛欢迎。然而，人们渐渐发现这类教学软件在应用中有不少弊端，主要包括以下三点：第一，信息容量过小，80年代初所使用的计算机一般只有64 KB（包括系统占用部分在内）内存，且没有可以存储信息的硬盘，因此，教学软件只能局限在一个很小的范围内应用；第二，缺少多媒体信息，只有粗糙的文字和画面（屏幕显示 320×160 点），没有声音，是"哑巴"辅助教学，使学生学习感到枯燥；第三，人机交流差，计算机只能按线性存储的信息依次播放信息，由于当时的计算机运行速度慢，信息更换需要等待较长时间，易使学生注意力分散。鉴于以上原因，计算机辅助教学的研究渐渐转入低潮。

20 世纪 80 年代，多媒体技术以及大容量光盘存储器的出现和发展，又赋予计算机辅助教学以新的生命力和崭新的面貌，使之得以迅速发展。目前，随着多媒体技术的日益成熟和普及，计算机媒体在物理教学中的应用越来越广泛。

5. 智能手机在高中物理教学中的应用

搞好物理教学的一个重要方法，就是将抽象难懂的概念、规律，设法转化为具体可观察的演绎过程、图形或数字，便于学生理解实验现象后面的规律。通常利用演示实验是物理教学中不可缺少的一部分，如在日常教学工作中加入有趣、生动的演示实验，能够实现对学生的思维引导，提高其学习的积极性。在进行演示实验的同时，教师也要积极督促学生在观察物理现象的过程中注重对问题的提出与发现，从而提高学生对课堂的参与度。反之，如果一味在多媒体上进行图像展示或口头讲解，则会使学生逐渐降低对于物理学习的兴趣，甚至会导致学生出现对物理学科的排斥心理。因此，很多教师常说："百闻不如一见，一见不如实验。"

随着半导体芯片技术的快速发展，目前手机已经成为日常生活中最常见的智能设备。一方面，智能手机的运行速度越来越快，其数据处理和传输的速度和效率越来越高。另一方面，在智能手机内部还应用了压力传感器、声音传感器等硬件，将智能手机加装一些 App 软件，可以将传感器的测量数值实时显示出来，这等于将一部智能手机变成了一个数字化的测量工具。在日常教学工作中利用手机 App 辅助实验教学，一般可以使难以测量的物理量通过智能手机的内部传感器实时测量出来，这不仅能够使教学中的问题更加具体化和形象化，同时也激发了学生的学习兴趣和求知欲望，而且由于使用的是教师自己的手机，对学生的学习没有影响。

（三）现代化教学手段的发展趋势

现代化教学手段作为一种新的教学方式，之所以能在世界各国迅速发展，究其原因，一是当今社会的发展需要现代化的教学手段，二是现代科学技术的发展为现代化教学手段的运用提供了实际可能。比较各国的经济、文化背景，纵观教学手段的发展过程，可以了解世界范围内教学手段的发展趋势。

1. 现代化、社会化

随着现代科学技术的迅猛发展，知识总量急剧增加，人们需要学习的知识越来越多。随着现代化生产的发展，现代社会对各类人才的需求也在不断变化，要求人们能迅速改变知识结构，以适应现代社会发展的要求。单靠在学校传统模式下培养的人才已适应不了现代社会的发展要求，于是应用现代化通信技术、计算机网络技术和视听工具，开发运用多种传播新知识的新型教学手段，诸如广播教学、电视教学、国际互联网教学、卫星转播教学等新的教学方式已成为可能。英国在 20 世纪 70 年代就创造了"开放大学"，采用多媒体远距离教学方法，以函授、广播、电视为主，定期辅以面授、实验、实习等方式，发展教育、培养人才。这种方式迅速被世界各国广泛采用，并发展为"电教中心""空中学校"，教育的内容除各类大学课程外，还有社会需要的职业教育、成人教育及社会家政课程等。近年来，国际互联网的开通发展了网上学校和学习新环境，更为人们创造了廉价、方便的学习条件，教学手段趋于现代化、社会化。

2. 实用化、多样化

在教学中使用现代化教学手段的作用和成效是明显的，但有时教师却不乐意在课堂教学中积极运用，其重要的原因是一些器材较笨重，搬动不便，操作起来易出故障。为此，世界各国都投入大量的人力、物力去研制、改进供教学用的视听器材。随着电子和信息产业的不断发展，用于教学的器材日趋微型化，微型录音机、小型摄像机、便携式计算机都趋于轻便易操作、多功能、实用化。

除已经较为成熟的系列电教教材，包括各类幻灯片、录音带、录像带及文字说明和指导文件以外，计算机辅助教育软件几乎覆盖了所有学科和领域，其种类成千上万。许多教育专家、软件专业人员以及从事心理研究的专家为此投入了大量精力，专业软件出版公司已生产制作了大量实用、优质的软件，供广大学生使用。

3. 综合化

现代化教学手段的发展和应用，扩大了教育信息，为学生提供了丰富的感性材料，在高中物理课堂教学中有利于激起学生兴趣、提高教学效率、促进学生的智力发展和能力培养。现代化教学手段是否会逐渐取代传统教学手段呢？世界各国的教学实践均表明，在学校教学中，今后的发展趋势将是传统教学手段和现代化教学手段更趋和谐与综合。

在高中物理教学中，教师一方面采用现代化教学手段将学生引入一个崭新的教学天地，另一方面也注重用传统的、简单的、随手可取的各种媒体做演示实验，启发学生在中小学阶段就了解到生活中是充满科学知识的。教学媒体的多样化使教学手段更趋综合化。

第四节　高中物理教学技能

一、教学技能综述

（一）教学技能

教学是教师传授和学生学习新知识的活动，但如何在教学中运用已有的教学理论，通过恰如其分的教学经验和举措使学生不仅能掌握知识，而且在发展能力等方面也有所促进，这才是教师教学能力的体现。因此，教学技能是指教师运用教学理论，通过一定的行为方式完成教学任务的一系列教学活动的总称。它是有效、尽量最优化地实现教学目的、教学任务的方式方法，是教师教学能力强弱的一种反映，是学生学习能力是否能有效提高和发展的反映。无论什么样的教师，只有掌握了属于自己的、适合自己的教学技能，才能真正教给学生学习的方法、终生学习的志趣。因此，任何一个教育工作者都应具有属于自己的一套成熟的教学技能。

（二）物理课堂教学技能

物理课堂教学技能是指物理教师在一定教学理论的指导下，在教学实践中经过反复练习而逐步形成的迅速、准确、娴熟地开展课堂教学，及时、有效地完成课堂教学任务的一系列教学活动方式的总称。教师课堂教学的行为方式是多种多样的，从教学设计要素的使用来看，可分为物理课堂教学语言使用的行为方式、物理教学手段使用的行为方式、物理教学方法使用的行为方式、物理教学内容处理使用的行为方式、物理教学评价使用的行为方式等；从具体一节课的分类来看，可分为引入新课的行为方式、讲授新课的行为方式、创设物理课堂情境的行为方式、提问的行为方式、答疑和解疑的行为方式、反馈和强化的行为方式、组织教学的行为方式、演示实验的行为方式、组织学生实验的行为方式、板书板画的行为方式、布置作业的行为方式、教态展现的行为方式、课堂教学结尾的行为方式等；从物理学本身的结构来看，常分为物理概念的教学行为方式、物理规律的教学行为方式、物理现象的教学行为方式等；从物理教学的常规课型来看，常分为新授课的教学行为方式、实验课的教学行为方式、习题课的教学行为方式、复习课的教学行为方式、综合课的教学行为方式等。物理课堂教学技能亦可分为上述物理课堂教学行为方式相对应的技能，即从教学设计要素的使用来看相对应的是物理课堂教学语言使用的技能、物理教学手段使用的技能、物理教学方法使用的技能、物理教学内容处理使用的技能、物理教学评价使用的技能等；从具体一节课的分类来看相对应的技能为引入新课的技能、讲授新课的技能、创设物理课堂情境的技能、提问的技能、答疑和解疑的技能、反馈和强化的技能、组织教学的技能、演示实验的技能、组织学生实验的技能、板书板画的技能、布置作业的技能、教态展现的技能、课堂教学结尾的技能等；而从物理学本身的结构和物理教学的常规课型来看与之相对应的就是物理概念的教学技能、物理规律的教学技能、物理现象的教学技能和新授课的教学技能、实验课的教学技能、习题课的教学技能、复习课的教学技能、综合课的教学技能等。

物理学是一门实践性很强的学科，物理课堂教学的实践性相应也很强。物理课堂教学活动能否顺利开展、物理课堂教学任务能否顺利完成，关键在于教师是否掌握了相应的物理课堂教学技能。只有掌握了物理课堂教学技能，教师才能在教学实践中保证其顺利开展物理课堂教学的活动、完成课堂教学任务、提高课堂教学的效率。

物理课堂教学技能的掌握，可使教师容易、娴熟、准确地驾驭复杂、抽象、深奥的物理教学内容，同时还能更好地调控教学进度，组织教学，突出教学的重点，突破教学的难点。这是保证在物理教学中充分有效地利用教学时间和全面完成课堂教学任务、实现课堂教学目标双丰收的重要前提。

二、导入技能

导入是在新的教学内容或活动开始时，教师引导学生进入学习状态的行为方式。良好的开端是成功的一半。成功地导入课题能将学生的注意力吸引到特定的教学任务和程序之中，并激发学生的学习动机和兴趣。

导入的方式多种多样，在高中物理课堂教学中，常用的导入方式有如下几种。

（一）直接导入

直接导入即开门见山直接导入课题的方式。在开始上课前，教师开宗明义，直接点题，讲明这节课需要学习的内容和要求，从而引起学生的注意。这种导入新课的方法是一种最简单的导入方法。

（二）复习导入

复习导入即通过对已学知识的复习，引导学生进入新课学习的方式。通过复习，找出新、旧知识的关联点，然后提出新课题，让学生的思维向更深的层次展开，这叫温故知新，它能降低学生接受新知识的难度。

（三）问题导入

问题导入即教师针对教材的关键、重点和难点，巧妙设问，利用问题让学生产生疑惑，激发学生思维的方式。问题导入要求教师在确立提问的问题时，能够联系学生学习生活和社会生活中与授课内容关系密切的内容。导入要自然。

（四）实验导入

实验导入即通过演示实验导入新课的方式。实验导入是高中物理课堂教学中重要的导入方式，实验导入的主要任务是在学生和新的学习课题之间创设理想的问题情境，激发学生的学习兴趣和欲望，引导学生仔细观察，认真思考，培养学生严谨的科学研究态度。

（五）实例导入

实例导入即从生产、生活中选取一些生动形象的实例导入新课的方式。此导入方式不仅能激发学生的学习兴趣，还有助于学生具体生动地理解知识。

（六）史实导入

史实导入即运用物理学史料、名言等导入课题的方式。在物理学的发展史中有许多动人的故事，如科学家的趣闻轶事、某些公式原理的发现过程及一些发明创造的诞生等，从中选取一些具有趣味性、启发性和教育性的片段，不仅有助于学生思维能力的培养，还可以引起学习物理的兴趣，因此不失为一种好的导入方式。

三、讲解技能

讲解技能是教师通过口头语言（辅之以体态语）描述情境、阐述道理、推理论证和传递教学信息的课堂教学行为方式。

（一）讲解技能的特点

讲解技能的特点主要包括以下三方面：

第一，教学功能上的特点，即传授知识、方法，表达思想感情，启发学生思维。

第二，行为方式上的特点，即以语言讲述为主。

第三，信息传播的特点，即传输具有单向性，由教师指向学生。

这三方面的特点结合在一起，对讲解技能做了明确的界定：教学功能以"传授知识、方法，表达感情，启发思维"为主，即教师掌握讲解的主动权，充分体现了教师的主导作用；教学方式以"语言表述为主"，也就是教师讲，学生听；信息传播具有"单向性"，即教师是讲解的信息源。但是，该技能如果使用不当，会阻碍甚至压制学生的主体性。

（二）讲解技能的作用

讲解是教学中应用非常广泛的一种教学方式，即使是在强调学生主体性和现代化教学手段被广泛应用的今天，讲解仍然具有不可替代的作用。

首先，讲解传递知识的信息密度大、效率高。在贯彻实施新课程标准的教学改革中，我们必须注意到学生学习的特殊性，注意到课堂教学时间的有限性，所有知识的教学都采用发现式或探索式学习是不可能的，必须有接受性学习，即需要教师的讲解。

教师的讲解是有目标、有系统、有控制地传递知识的过程，故在教学设计时就应避免学生接受知识的盲目性，可以做到直接、快速、高效。

其次，讲解能促进学生思维的发展并传递教学情感。形象、生动、直观的语言可以使学生获得感性知识。在此基础上，可通过综合、比较、分析、归纳，引导学生思维的发展，促进学生思维水平的提高。

讲解和体态语的结合，使师生在课堂这个特殊场景中，相互用语言、表情、手势等方式传递信息，表达高兴、期待、责备、欣赏、困惑、愉悦等情感，通过讲解和体态语的有效应用加强师生之间的情感交流。

最后，讲解可培养学生的想象力，能揭示事物之间的联系及事物的本质。教师生动而具有启发性的语言能激起学生无限的想象空间，有利于培养学生的想象力，优秀的诗歌能千古流传就是生动而具有启发性的语言的例证。但是，同样的语言，不同的使用者会产生不同的表象，这是教师必须注意的。

教师的讲解能剖析事物的本质和规律，揭示知识的结构和知识之间的联系，充分体现知识的层次性和规律性。

讲解也有先天不足，突出体现在两个方面。第一，置学生于被动地位。尽管富有经验的教师可以通过察言观色判断出学生的接受程度，却难以解决师生交流及反馈问题，教学进程完全由教师掌握，一定程度上会影响学生创新意识与创新思维的培养。第二，学生由于只听不练，被置于无直接感性材料与亲身体验的旁观者地位。常言道："百闻不如一见，百见不如一练。"不练就无法培养学生的动手实践能力。这种特点与课程标准的精神是冲突的，因此教师使用讲解技能时必须与其他技能相结合。

四、变化技能

（一）变化技能的定义

变化技能是在课堂教学中，根据教学需要变换信息传递方式，变换师生相互作用方式，变换教法、学法及课堂组织形式等的教学行为方式。

所谓"变化"是指变化对学生的不同刺激。在课堂教学中，教师的口头语言是重点，其中心任务是要掌握和抓住学生的注意力，传授知识，交流思想感情。为了更好地达到这一目的，在教学的不同阶段，变化应用不同的刺激来配合教师的口语，即用非语言来吸引学生的注意力，更生动地传授知识和交流感情，也是一个重要方面。教师的表情和眼神以及沉默等，都是教师的口语的有力辅助手段。用信息传播的观点来分析，非语言信号可以传递丰富的信息，而这种作用又常常是口语所不能代替的。需要指出的是，刺激的变化并非绝对的刺激等级的变化和增强学生的惊觉反应。有充分的生理证据证明，刺激变化对学生所产生的激发作用主要是获得和抓住学生的注意力。在教学中，只有你抓住学生的注意力，他们才更喜欢你及你讲授的课程。

非语言和外加语言提示是教师教学生动性的主要部分，教学的生动活泼基本上是通过不断变换对学生的刺激方式来引起学生注意的。有些课堂之所以枯燥乏味，主要是因为授课人语言呆板，很少有身体运动和面部表情的变化，以及缺乏手势的协助等。

（二）变化技能的特点

1. 因势利导

变化的本质是导，即体现教师的主导作用。一般来说，变化可分为两种情况，即有计划变化和临场性变化。有计划变化是教师对课堂上学生的情况有准确的估计，目标是强化知识，增进智能转化，调动学生学习的积极性，启发学生的思维，使课堂教学效果达到最优化。临场性变化是根据教学过程中出现的新情况，教师对教学进程进行相应的调整和临时性处理，目的是维持正常的教学秩序，完成预设的教学目标。

运用变化技能，可以唤起学生的学习热情。通过教学媒体、教学方式的变换，制造诱因，可以激发学生的学习热情。通过变换教学活动方式启发学生的思维，有利于知识的理解和记忆，也保持住了学生高涨的热情。恰当地引导学生的热情，将其牢固地吸引到学习内容上来，可以使学生在兴奋的情绪中主动地探求知识，充分体验取得成果的愉悦情绪与满足心理，甚至将这种情绪延伸到课外。

2. 充满活力

教学中集中学生的注意力，引起学生的学习兴趣是教学成功的基础，而能否集中注意力，引起学习兴趣，施展变化技能是关键。应用变化技能调整课堂教学，目标是增强活力，使学生的认知活动保持高效率，使学生在愉快的气氛中积极参与教学过程，完成教学任务，提高课堂效率，减轻学生学习负担，从而达到愉快学习的目的。

运用变化技能可以活跃课堂气氛。课堂气氛对于学生情绪的影响很大。课堂气氛活跃，教师与学生之间、学生与学生之间相互作用广泛、密切、频繁，学生就会情绪高涨。在这种轻松愉快的气氛中，学生不会感到压抑和沉重。这对于极大地发挥学生的聪明才智十分有利。在学习过程中，大脑积极地思考、各感官高速运作，很容易产生疲劳，但如果变化技能运用得好，可以使学生把注意力集中在学习内容上，制造轻松愉快的气氛，学生相互感染、相互影响可以减轻疲劳感。

3. 加强记忆，启发思维

在课堂教学过程中运用变化技能，恰当地变换师生相互作用的形式、教学方式、教学媒体，通过调动多种感官协同传递信息，可以加深印象，有利于记忆，也可以从多种角度帮助学生理解知识，进而启发学生思维，培养学生能力。如果教师变化技能运用得好，教学方法奇特，就能使学生情绪高涨，学习气氛热烈，使学生对学习内容留下深刻印象，乃至于若干年甚至十几年后，对于某些教学场景、教学细节、教学内容仍历历在目、津津乐道。变化技能起加强记忆、促进理解、启发思维的作用。

五、提问技能

提问技能是教师以问题的形式，通过师生的相互作用，促进学生学习的一种教学行为方式。提问可以应用于不同的教学环节，起巩固旧知、引导参与、获得反馈等作用。有效的提问能够把学生分散的注意力和兴趣集中到某一个问题上，从而产生解决问题的自觉意识，调动学生的学习积极性。

教师通过提问，可以了解学生掌握知识的情况，诊断阻碍学生思考的困难所在，从而及时调整教学，以顺利实现课堂教学目标。此外，提问还可以活跃课堂氛围，有利于形成民主合作的教学之风，促使师生之间教学相长。另外，恰当的提问对于激发学生思考问题，培养学生的语言表达能力和思维能力也有一定的作用。

六、演示技能

物理是一门以观察和实验为基本研究方法的科学。课堂演示实验在高中物理教学中占有很大的比重，是物理教学的有机组成部分。演示实验是以教师为主要操作者，引导学生观察思考，以达到一定的教学目的的表演示范实验。它不仅是建立物理概念和规律、理解和掌握物理知识不可或缺的环节，还能培养学生的观察能力、思维能力和探索精神。

演示实验的优点是能够充分发挥教师的主导作用，并为学生独立进行实验创造条件。一些成功的演示实验，不仅使课堂气氛非常活跃，获得了很好的教学效果，而且常给学生留下难以磨灭的印象，激起他们学习物理的浓厚兴趣，也培养了他们热爱科学的精神。

（一）演示实验的定义

演示实验是指教师根据课标要求和教学需要，以教材为基础，向学生展示实验如何操作的全过程，学生通过观察，认真思考其中涉及的物理原理，最后得出实验结论的实验模式。当然，全程不用让教师一个人演示，也可以让学生做辅助。总而言之，演示实验的基本方式就是由教师或学生进行实验，让其他学生观察现象得出结论。

演示实验属于直观教学，与分组实验、课外活动有一定的区别。随着现代科技的发展，多媒体辅助教学越来越普遍。把演示实验与多媒体技术相结合，可以使实验现象更加明显。利用慢镜头可让实验过程的每一个细节更加清晰。现今的演示实验，不再单纯地利用原始的实验器材进行演示，还可以配合现代教育技术，并在其中加入科学探究的元素。

（二）演示实验的功能

1. 活跃课堂气氛，激发学习兴趣

将一些生动、有趣、新奇、学生感到意外的演示实验引入课堂，尤其是当学生想象中

的结果与演示实验结果相悖时，学生会对实验中所蕴含的物理知识产生极大的兴趣。在好奇心和求知欲的驱使下，学生将会自主地探求实验中所蕴含的科学知识和物理规律。

2. 提供感性材料，构建思维模型

演示实验提供了丰富的感性材料，如对学生视觉、听觉等感官的刺激，加深了学生的感性认识。教师的分析、说明与讲解，使学生迅速地将感性认识上升到理性认识，帮助学生建立物理思维模型。

（三）演示实验在物理教学中的地位

高中物理教学必须以实验为基础已成为广大教师的共识，这既符合物理学科的特点，又符合人们认识的特点，还符合高中生好奇、好学、好动的心理特点。演示实验是物理教学的重要内容、重要方法和重要手段。

1. 演示实验是物理教学的重要内容

物理的教学过程离不开实验，实验教学在物理教学过程中起着不可替代的作用。物理概念的建立和物理规律的总结都离不开物理实验。教师在授课的过程中，如果只是画图或者找实验题直接讲解的话，教学效果会大打折扣。教师苍白无力的语言并不能替代实验本身的作用效果。物理教学离开了实验，只能是"象牙之塔""言之无物"，把原本生动形象、丰富多彩的物理知识变得枯燥无味，学生越学越觉得乏味难懂。我们常说"兴趣是最好的老师"，学生一旦失去兴趣，对物理知识的学习就会更加吃力。连基本的概念都掌握不了的话，要培养科学思维、实验能力等素养更是难上加难。教师在演示实验的教学过程中，可以让学生认识到实验所需的器材、实验的基本内容、实验涉及的基本知识和实验常用的方法及手段。除此之外，学生在观察过程中还培养了科学探究精神。这些目的不做实验的话是无法达到的。从一定程度上说不做实验的物理教学是无法完成教学任务的教学。

2. 演示实验是物理教学的重要方法

物理学是一门以实验为基础的自然科学。实践是检验真理的唯一标准。在物理学中的实践部分其实就是实验。只有做实验，才能验证真理，只有不断地做实验，才能使研究一步步深入下去。在设计实验的过程中，我们往往需要把复杂的问题简单化，借助仪器及现代科技的辅助，突出主要问题，忽略次要问题，使实验符合科学理论依据的同时，也具有实际意义上的可操作性。

实验不仅是教师教学的重要方法，也是学生学习的重要方法。要让学生像物理学家那样去探索物理世界的秘密，就应该让学生像物理学家那样主要靠观察、实验和思考去探索、去学习。

3. 演示实验是物理教学的重要手段

一个好的物理教师必然是一个会运用好的教学手段的教师。演示实验作为一种好的教学手段，能更好地为教师教学服务。好的演示实验应当是直观具体、生动形象，符合学生的认知，从感性到理性，从易到难，化抽象为具体的。好的演示实验不仅使学生受益，还能提高教师自身的教学水平。

大量的数据统计证明，在课堂上花时间做实验并不是浪费时间的表现，反而是取得良好教学效果的一种捷径，演示实验的实际操作，远远比讲几十道题的效果要好。实践证明，

在教学中运用实验手段，能取得很好的教学效果。因此，实验是物理教学中不可或缺的重要手段。

（四）演示实验教学的基本要求

1. 演示实验要有利于学生观察

演示实验的关键就是演示，既然要演示，肯定要把实验器材、实验操作步骤清楚地展示给学生。因此，演示实验要有利于学生观察。所谓观察，不仅仅是视角的问题，还要让学生看得懂操作流程，能够结合物理知识思考。演示实验仪器的摆放要做到前低后高，不能遮挡学生的视线。要突出研究主体，对于演示现象不明显的地方要利用多媒体技术放大现象，对于"一闪而过"的实验现象，可利用慢镜头功能进行展示。

2. 演示实验要有利于学生建立概念、掌握规律

在教学中，学生观察演示实验的主要目的是更好地建立概念、掌握规律，因此演示实验必须注重科学性。演示实验采用的实验装置要科学、实验操作要规范合理、实验数据要真实可靠、实验结论要科学准确。演示实验的每一个细节都应符合操作要求，一方面是为了确保安全，另一方面是传授给学生科学性的物理知识。学生在观察演示实验的过程中，无疑对物理知识加深了印象。此时应要求教师不能犯任何科学性错误。学生一旦建立起错误的物理概念，以后就会很难消除这种错误概念。

3. 演示实验要有利于提高学生科学研究能力

高中物理教学应当结合科学探究促进学生的发展。学生应当在演示实验的观察过程中学会思考与探究。通过科学探究，学生不仅培养了自身的科学思维、动手能力、实践能力，还形成了科学的态度与价值观，真正地体现了核心素养教育的本质。

在高中物理教学的过程中，我们应该转变"教师讲，学生听"的传统教学理念。应从原来以建立概念、总结规律、传承知识为基点，转移到以物理知识的讲授和技能的培养为载体，让学生经历科学探究过程，从中学习科学研究方法，培养学生的科学探究精神、实践能力及创新意识。

七、组织技能

（一）课堂组织的界定

在对课堂组织进行界定前，我们首先要明确一下组织的含义。在中国古代，有"树桑麻，习组织"之说，在这里组织就是布帛的编织。在早期西方社会则认为"组织"是人体器官组合的结构。随着时代的进步和社会的发展，"组织"一词逐步引申到人类活动的认识和研究中，因此有了更深的释义。在工业革命时代，"组织"就是指各个部门分工协作，按照一定的目的编织起来的，通过责任与权利的合理分配来规范和协调一群人活动的社会集团。在这里，组织是一种去人化的物的组合，是一种封闭的、机械的系统。

到了现代，人们对组织的认识更加深入：可以把组织概括为一句话，即组织是一个开放的社会技术系统。这个定义主要包含两层意思：第一，组织是一个与环境相互作用的、

开放的系统；第二，组织是一个社会技术系统。到了 20 世纪 80 年代后期，人们对组织的认识又有了新的突破，如认为组织不仅是一个社会技术系统，还是一个有机的"生物体"，能够根据自身环境和外部环境的变化，不断调整和协调自身的适应性。

国内外学者对组织也有不同的解释。美国管理学家切斯特·巴纳德（Chester Barnard）认为：组织是两人以上有意识地协调和活动的合作系统，组织的基本要素有共同的目标、合作的意愿、信息的交流。我国学者认为，从广义上说，组织是指由许多要素按照一定的方式联系起来的物质系统。从狭义的角度说，组织是指人们为了实现一定的目标，依照某种发生结合而成的集体。虽然以上关于"组织"的定义是从不同的领域来界定的，但是我们发现"组织"有一个共性，即为了实现一定的目标而构成的系统，而这一目标的实现归功于各要素之间相互协调、相互作用。

结合以上对"组织"的定义，我们把课堂组织界定为：课堂组织是为了达成一定的教学目标，师生有意识地通过合作、交流来协调课堂各组成要素之间的关系的系统。

（二）课堂组织技能的界定

课堂组织技能是在课堂教学中，教师集中学生注意力、管理纪律、引导学生学习、建立和谐的教学环境、帮助学生达到预期的教学目的的教学行为方式。课堂组织技能是课堂的支点，是课堂教学任务得以顺利完成的基本保证。

八、结束技能

结束技能是教师在完成课堂教学活动时，对教过的知识进行归纳总结，使学生对所学过的知识形成系统，并转化、升华的教学行为方式。

（一）结束技能的目的

1. 巩固知识

每节课的知识内容都包含一定的信息量。这些信息不是孤立的，而是有一定联系的，是按照一定的逻辑组合而成的。教师运用结束技能对一节课或一单元所学的知识信息进行及时的系统化总结、巩固和应用，使学生对新的知识更加清晰，能形成一条逻辑结构主线，经过这种及时的小结、复习，可将知识信息从原来的瞬时性记忆转化为短时记忆或长时记忆，起到复习巩固的作用。

2. 及时反馈

运用结束技能可以及时反馈教与学的各种信息。当教师按原先备好的教学计划完成教学任务后，可以利用最后一段时间，通过完成各种类型的作业、练习、操作、小总结、判断评价等活动，检查教的效果及学生掌握知识的程度，为下一步教学的调整改进及时地提供反馈信息。

3. 承前启后

知识往往是前后连贯的，既有纵向的联系，又有横向的关系。好的结束有利于为以后的知识学习做好准备，为讲授以后的新知识提前创设教学情境，起课与课之间、知识与知识之间的承前启后作用。

4.促进思维

教师通过课的结束，可以留下悬念，埋下伏笔，促进学生的思维活动深入发展，进一步诱发学生继续学习的积极性，也便于学生在课后进行有针对性的复习。

（二）结束技能的类型

结束技能的类型主要有两种，即封闭型结束和开放型结束。封闭型结束又称认知型结束，其目的是巩固学生所学的知识，把学生的注意力集中到课程的要点上。开放型结束是把所学的知识向其他方向延伸，以拓宽学生的知识面，引起更浓厚的研究兴趣，或把前后知识联系起来，使学生的知识系统化。

（三）应用原则与要点

1.要及时小结和复习巩固

心理学研究表明，记忆是一个不断巩固的过程，由瞬时记忆到短时记忆再到长时记忆，有一个转化过程，实现这个转化过程最基本的手段是及时小结和周期性地复习。因此，教师在讲授新知识接近尾声时要及时小结和复习巩固，尤其讲授那些逻辑性很强的知识更应该及时小结。

2.课堂小结要紧扣教学内容的目的、重点和知识结构

在课堂上，教师应针对学生的知识掌握情况，采取恰当方式，把所学新知识，及时归纳到学生已有的认知结构中。小结要精要，要有利于学生回忆、检索和运用。

3.概括本单元或本节的知识结构

课堂结束时，教师应概括本单元或本节的知识结构，总结本章或本节重要的事实、概念和规律。经过精心加工而得出的系统化、简约化和有效化的知识网络，能帮助学生把零散孤立的知识"串联"和"并联"起来，使学生了解概念、规律的来龙去脉，这样知识才能融会贯通。

第四章 高中物理概念教学

物理知识是以一些基本概念、规律为基础，并对其进行一定的拓展所组成的知识。由于物理概念相对比较抽象，学生学习起来具有一定的困难，如果强加给学生，让学生对其进行死记硬背，那么不仅不会取得预期的教学效果，还会使学生对物理概念产生抵触心理。因此，教师在进行物理概念教学时，必须注重自身的教学方法，有针对性地进行教学。本章分为高中物理概念概述、高中物理概念教学的过程、高中物理概念教学的方法、高中物理概念教学的案例四部分。

第一节 高中物理概念概述

一、概念概述

（一）概念的定义

哲学和心理学对概念的界定不完全相同。哲学上的概念是指对事物本质特征的反映，所谓本质特征，即决定某类事物是该类事物而不是其他类事物的内容依据。心理学对概念有以下看法：①概念是事物的本质属性在人脑中的反映，它是在概括的基础上形成的，是用词来标记的；②概念是人脑对现实的对象和现象的一般特征和本质特征的反映；③心理学上，一般把概念定义为具有共同的关键属性的一类对象、事件、情境或性质；④概念是思维的基本形式之一，是对两种以上的对象、事物、人的共同特征的概括，而不是某种特定事物的概括。

具体到教育心理学，对概念的研究，一般更加认同美国认知教育心理学家戴维·保罗·奥苏贝尔（David Pawl Ausubel）对概念所下的定义：符号所代表的具有共同标准属性的对象、事件、情境和性质。例如，"三角形"这一概念，就是对任何具体三角形所具有的关键特征的抽象，把凡是三条直线构成的封闭图形都叫作"三角形"。

以上概念的定义，有人认为没有体现出概念形成的方法论因素及概念的动态性特点，只是给出了一个最终结果，其中间的一切过程和方法都省略了。因此，按此定义进行概念教学，对学生思维来说就显得较突兀。基于此，有人运用建构主义观点，对概念做了如下定义：概念，是人脑经过思维活动，利用一定的科学方法，对现实的对象、事物的一般特征和本质特征的概括而形成的具有相对稳定性的反映，并用词语来表述。

（二）概念内涵与外延

概念是主体和客体的中介。主体对于一类客体的认识，是通过一系列的总结、归纳，抽象出基本性质，最终形成概念。概念是对于一切客观存在的分门别类，或是资料信息的重新组织，具有内涵和外延的意义。概念的内涵是个人主观方面所赋予的特性，如情感的特性或投射的特性，联系着认识结构，即概念所反映的是事物的本质属性的总和。概念的外延是客观事物本身所具有的特性，通常通过感觉和知觉而了解，如形式、颜色、大小、数目、名称等，是指具有该概念所反映的本质属性的一切事物。概念的内涵涉及人对客观事物的情感因素，不同的人的观点不一定相同；而概念的外延，则反映的是事物的客观存在。

概念的内涵与外延是统一在同一概念之中的，二者不可单独存在，总是紧密联系、互相制约的。外延确定之后，内涵也随之确定，反之亦然。

（三）概念的构成要素

概念的构成要素及其相互关系，即概念的结构。关于概念的结构，在心理学上有特征论和原型论两种较有影响的学说。

特征论认为，概念是由定义特征和概念的规则构成的，所谓定义特征是指概念的正例所具有的共同特征；其次还有次要的特异特征。概念的规则是指一些定义特征之间的关系或整合这些定义特征的规则，如肯定、否定、合取、析取等。根据概念的规则可以把概念分为肯定概念、否定概念、合取概念、析取概念等。

原型论认为，概念是由原型和类别成员代表性的程度这两个因素构成的。原型是某一概念的最佳代表性实例，它使我们以最简洁的方式迅速理解概念。实验表明，当人们听到一个概念时，在他们头脑里出现的不是该范畴所有成员都具有的共同特征，而是该范畴的原型或最佳实例。例如，当我们谈到"能"这个概念时，我们往往想到运动汽车的动能、空中物体具有的势能而不大会想到光能和风能等。显然，原型以表象来编码，原型论将概念与感觉形象相联系，对于概念的掌握有一定的积极意义，但由于原型对表象的依赖，对于真正建立概念又有消极作用。学生只有真正理解掌握了概念，才能摆脱对表象的依赖。所谓类别成员代表性的程度，就是概念原型之外的其他成员被允许偏离原型的程度。例如，"动能""势能"是"能"的原型，而光能和风能是代表性较少的偏远实例。

（四）概念的功能分析

1. 称谓功能

概念一般用词来表示，人们可以用词指称一类事物或现象，将认识结果表达出来。例如，说到汽车，人们都知道指的是什么，也就没有必要再对它进行仔细的描述。

2. 简化认识过程

概念能反映一类事物的本质和一般特征，这就使人们能将复杂的客观环境进行简化和标准化，有利于抓住主要矛盾和主要方面，排除无关因素的干扰。运用概念，可以减少情境的复杂性。例如，说到"能量转化与守恒"时，教师就没有必要将机械能、内能、电能等能量的所有个性描述一番。

3. 系统化功能

概念是对一类事物共有本质特征的抽象和概括。概念间的关系反映事物间的内在关系，根据这种概念之间的联系和关系可以形成不同的概念体系，可以使人们的知识经验系统化，优化人的认知结构。

概念是抽象逻辑思维的基本单位，是构成原理和规则的基础。没有概念，就无法构成判断，进行逻辑推理。概念、判断和推理是人们思维的三个层次。因此，学生对学科基本概念的理解水平，是决定他们是否掌握了相应学科知识的重要因素。很明显，若一个学生没有掌握力的基本概念，那么要进行受力分析是不可能的。因此，一个对概念掌握得不好的学生，要进行判断和推理思维是不可想象的。

概念的基本功能主要表现在以上几个方面，在概念教学过程中，我们应重视其功能，组织好教学过程，充分发挥概念在知识组织中的作用，以利于学生掌握学科知识。

二、物理概念概述

（一）物理概念的定义

物理概念是客观事物共同的物理属性和本质特征在人脑中的反映，是在观察和实验基础上，运用科学思维方法，排除片面的、偶然的非本质因素，抓住一类物理现象共同的本质属性，加以抽象和概括而形成的。不同的物理概念的抽象概括水平不同，所涵盖的物理现象也不同，但是物理概念有其共同的特点：物理概念是观察、实验和科学思维相结合的产物；大多数物理概念是通过数学表达式来表征物理"量"的含义的。就物理概念的实质，学者封小超等人认为物理概念是揭示研究对象具有的物理属性的一种思维形式，一切物理概念都有明确的内涵和外延。物理概念因为大小不同，所以具有层次性，通常把组织整合物理学科自身内容的少数关键概念称为物理学科核心概念。物理学科核心概念的形成与具体物理概念的学习深度有关。而具体物理概念是指物理学科中适用范围较小的、最基础的物理概念。

（二）物理概念的特点

物理概念是客观事物或者过程的物理本质属性在人头脑中的反映。因此，物理概念来源于客观事实、过程或者基于此的人的经验。由于不同的客观事物或者过程是相互联系在一起的，反映不同本质属性的概念之间也必然存在联系。伴随着人们对客观事物、过程的认识逐渐深入，物理概念也是逐渐发展的。下面具体阐述其特点。

1. 物理概念是观察、实验和科学思维相结合的产物

物理概念是在观察、实验的基础上，运用科学的思维方法，排除片面的、偶然的、非本质的因素，抓住一类物理现象共同的本质属性，加以抽象和概括而成的。学生通过观察等行为，在头脑中形成对客观事物的感觉和知觉，在此基础上建立客观事物的表象，最终经过科学思维，形成物理概念。因此，在概念形成过程中，观察、感觉、知觉、表象等是基础，科学思维是关键。

对于比较简单的概念，在观察、实验的基础上，经过思维加工，抽象出物理事物和现

象的本质特征，就可以建立概念。例如，我们观察到天体在运动、车辆在前进、机器在运转、人在行走等现象，尽管这些现象的具体形象不同，但是撇开其具体形象，经过分析、比较，就会发现其共同特征，即一个物体相对于另一个物体的位置随时间在改变。于是，我们把这一系列具体现象共同的特征抽象概括出来，叫作机械运动。

对于一些复杂概念，还应该在概括出共同特征的基础上，判断哪些因素和我们研究的问题有关，哪些因素和我们研究的问题无关，概括出来的特征是不是本质特征等。对于所做出的判断，还要通过实践（实验）以及跟其他概念联系起来加以检验，并且往往还需经过一个推理的过程。一个复杂概念的建立往往伴随着一类物理问题的解决。

一方面，物理概念作为观察、实验与科学思维相结合的产物，观察的对象是客观事实，实验呈现的结果也是客观事实，因此物理概念的建立是以事实为依据的；另一方面，物理概念是在客观事实的基础上依赖科学思维建立起来的，因此物理概念的建立必然涉及物理研究方法、思维方法等工具。

分析物理学中所有概念的建立过程，都支持这样的结论：物理概念是观察、实验与科学思维相结合的产物。

2. 大量的物理概念具有定量的性质

许多物理概念用定量的方法来描述客观事物的本质属性，如速度、加速度、电场强度、电阻、电压等，这类物理概念称为物理量。按照分类标准的不同，物理量可以有不同的分类。

（1）状态量和过程量

状态量是描述状态的物理量。研究对象的状态一定，它就有确定的量值。如速度和位置坐标是从运动学角度描述物体状态的物理量；动量、机械能（动能和势能）是从动力学角度描述运动状态的物理量；压强、体积和温度是描述气体状态的物理量。状态量往往可以用态函数来表示。过程量是描述过程的物理量。力学中的位移、功、冲量，热学中的热量等，都是过程量。不同的过程，过程量的量值有可能相同，也有可能不同。例如，在地球表面附近，物体沿着不同路径从位置 A 到达位置 B，并且沿不同路径所用的时间相同。则在此过程中，物体沿不同路径运动时，重力做的功和冲量一定相同，阻力做的功和冲量一般情况下不相同。

（2）性质量和作用量

性质量是描述物质或物体的某种性质的量，如密度、劲度系数、比热容、电阻、电场强度、介电常数、磁感应强度、电容等。作用量是描述物体间相互作用的量，如力、力矩、功、冲量等。

（3）矢量和标量

有些物理量既有大小，又有方向，并且运算遵从平行四边形法则，我们把这类物理量称为矢量，如力、速度、加速度、动量、电场强度等。

有些物理量只有大小，没有方向，我们把这类物理量称为标量。标量的运算遵从代数法则，如时间、质量、功、能、电势等都是标量。值得注意的是，有些物理量尽管有方向，但由于运算遵从代数法则，仍然属于标量，如电流、电动势。

（4）基本物理量和导出物理量

基本物理量是人们根据需要而选定的，其数目应该是能明确地描述物理学中所有量所必需的最小数目。基本物理量之间是相互独立的。目前，国际单位制中采用的基本物理量有七个，即长度、质量、时间、电流、热力学温度、发光强度和物质的量。基本物理量的单位叫作基本单位。

在国际单位制中，这七个基本物理量的单位分别是米、千克、秒、安培、开尔文、坎德拉和摩尔。

导出物理量是以基本物理量为基础，按照某种定义或根据有关公式推导出来的物理量，因此一切导出物理量都可以用基本物理量组合的形式来表达。如所有的力学量都可以由长度、时间和质量这三个基本物理量导出。

3. 物理概念是不断发展变化的

物理概念随着人们对自然界认识的不断深入而不断发展和变化。这种发展和变化可以表现为两个方面：一方面，物理概念的内涵或外延的不断丰富和扩展；另一方面，物理概念内涵或外延的修正。

（三）物理概念的分类

根据不同的分类依据和分类标准，可以对物理概念进行不同的分类。根据概念的形成方式来分类，可以将物理概念分为日常概念和科学概念；根据概念所属物理学分支来分类，可以将物理概念分为力学概念、热学概念、光学概念、电磁学概念、原子物理学概念；根据概念的概括范围来分类，可以将物理概念分为单独概念和普遍概念；根据概念是否量化来分类，可以将物理概念分为定量概念和非定量概念。

1. 日常概念和科学概念

日常概念指的是学生在科学系统地学习物理概念之前，对生活现象和生活经验加以总结概括形成的概念。由于日常概念缺少理论支持和实验验证，不少概念都是片面或者完全错误的，如学生生活中的"重量"这一概念就与物理概念中的"重量"概念大相径庭，因此日常概念又称为"前科学概念"或"前概念"。

科学概念是指被实验验证的，能够正确地概括科学本质的概念，狭义上的科学概念指的是学生在物理课堂教学中学习到的概念。这类概念以科学探究、科学实验为基础，不同于日常概念的简单观察，因而更加科学严谨。

2. 力学概念、热学概念、光学概念、电磁学概念、原子物理学概念

高中阶段的物理学可以大致分为力学、热学、光学、电磁学和原子物理学五个模块，每一模块都包含众多物理概念，如力学概念包括重力、弹力等纯力学概念和质点、加速度等机械运动的概念，热学概念包括温度、温标、内能等概念，光学概念包括折射、全反射、干涉、衍射、偏振等概念，电磁学概念包括电流、电压、电场、磁场等概念，原子物理学概念包括分子、原子、原子核等概念。

3. 单独概念和普遍概念

单独概念是指对某一特定事物的本质进行总结的概念，其囊括范围较小，通常只包含某一特定对象及其外延，如"平抛运动"仅指物体在只受重力的情况下且初速度沿水平方向的曲线运动。

普遍概念的范围比单独概念大，通常是对一类物理现象的总结概括，如"曲线运动"这个概念泛指所有运动轨迹是曲线的运动，"平抛运动"属于"曲线运动"的一种特殊情况。

4. 定量概念和非定量概念

物理学科对学生的计算要求比较高，许多物理现象需要量化描述，如描述物体运动的快慢、描述物体的冷热程度、描述压力作用效果的强弱等，所以物理学科中有很多定量概念，如速度、温度、压强等。除了定量概念，还有很多非定量概念，主要有名词术语类概念、定律的派生概念等。

名词术语类概念是指用学生能够理解的语言解释定义的概念，如质点的概念，当物体的形状、体积可以忽略或对所研究的问题没有影响时，我们可以把物体看作一个有质量、无形状和体积的点，这个点就是质点。这类概念语言简单、定义并不抽象，学生比较容易接受。

定律的派生概念是指从物理定律中衍生出来的概念，这类概念由于与物理定律相关联，有些甚至比较深奥、抽象，学生学习起来相对困难，如惯性概念就是由牛顿第一定律派生而来的概念，也是学生难以掌握的概念之一。

三、高中物理概念教学概述

（一）高中物理概念教学的目标

新课程标准明确指明，高中物理课程的设置，目的在于提升学生的科学素养，为学生形成思考方式以应对现代社会和未来发展的挑战奠定基础。

1. 物理观念目标

物理观念的形成本就是错综复杂、漫长发展的过程。教师应运用物理观念讲授物理概念和物理定律，使学生通过参与物理课程学习掌握特定的概念或定律，形成物理观念。

教师应用物理概念、结合物理规律，将学习概念与学习规律融入课堂学习中去，让学生形成初步的物质观念、运动与相互作用观念、能量观念。

2. 科学思维目标

学生科学思维的形成是学生发展的前提条件。建立模型是物理思维培养的关键。在教学过程中，学生能充分理解知识点的关键是要建立相应的模型，充分了解模型的使用条件，通过建模来解决实际问题。

教师通过引导学生，让学生充分理解物理概念与物理规律，这是科学思维形成的关键。例如，电场强度的教学就必须尝试了解电荷前后所处的位置，学生能比较电场的强弱与电荷量的差异性，形成对电场强度概念的理解。

3. 科学探究目标

物理的学习是以实验为基础的，教师在教学过程中要依据物理学科的特点与实验基本原理，从实验方法、实验器材及实验步骤等多方面，明确方法，逐步加强对学生的培训，提高学生的动手能力与实践能力。关于重点知识的学习，教师在物理实验过程中务必要结合科学的方式，让学生能充分有效地融入学习当中去，汲取知识。

4. 科学态度与责任目标

科学态度与责任是指在认识科学本质，认识科学、技术、社会、环境关系的基础上，逐渐形成的探索自然的内在动力，严谨认真、实事求是和持之以恒的科学态度，以及遵守道德规范，保护环境并推动可持续发展的责任感。科学态度与责任主要包括科学本质、科学态度、社会责任等要素。物理实验需要有严格要求，无论是在实验操作步骤上、数据收集和处理上，还是实验结果的获取上都要科学化，这样更有利于促进学生良好科学态度的培养。在进行物理实验教学时，教师应转变学生的观念，让他们认清实验的重要性，能正确认知实验的真正目的，并不是为了考试而进行实验。同时，教师还可结合物理学史，有意识向学生介绍优秀物理学家建构理论所经历的艰辛，陶冶学生的情感，从而潜移默化地培养学生学习物理的科学精神。此外，物理知识与我们的日常生活息息相关，能够促进科学技术的发展。在教学过程中，教师还可以帮助学生树立具有实践价值的社会责任感。

（二）高中物理概念教学的要求

1. 了解学生的前概念

对于高中生来说，学习物理进入教室不是空着脑袋的，在学习新的物理概念之前，他们从初中教学或生活中会获得一些对新知识的了解，并不是"完全全新的"，而是在头脑中存在着前概念，存在的前概念在教学中很大程度上决定着学生对新知识的理解。大量研究表明，不同学生因为自身原因或外界环境等客观条件的不同，对同一新知识有着不一样的前概念，教师在讲授新概念时有必要了解一下学生的前概念。针对前概念的几个典型特征——广泛性、顽固性、迁移性、共存性、情境性，教师在教学中可采用一些策略来进行转变，形成新概念。

2. 明确物理概念的物理意义

高中物理概念教学要求学生要搞清楚三个问题："为什么？""是什么？"和"干什么？"。第一个问题是明确引入概念的必要性和目的性，包括：为什么要引入某个物理概念，引入某个物理概念的物理事实（包括实验）是什么，概念是怎样运用分析、综合、抽象、概括等思维方法形成的。第二个问题是明确概念的意义，分清它的内涵和外延，包括：概念的定义是什么，物理量是怎样定义的，决定其大小的条件是什么，它反映了事物的什么本质属性，其物理意义是什么，单位是什么，是矢量还是标量。第三个问题是学会运用概念分析解决物理事实。学了一个概念之后，要能够运用概念去分析、判断和解决新的物理现象和问题，当然，上述各项要求不可能在一两次教学活动中达到，要经历多次反复，还需要遵从学生的认知规律，按照由浅入深的层次，分阶段对物理概念进行学习。

在高中物理概念学习中，理解概念的物理意义是十分重要的，要让学生在明确为什么要引入这一物理概念的前提下，真正理解这一概念的物理意义，不能让学生机械地记忆几个名词，死记硬背几个概念，否则学生就成了知识的容器。例如，有的学生认为"质点"就是一个具有一定质量的几何点，这显然没有理解质点的物理意义，只有当学生明确了"质点"这个概念是一种科学的抽象，是一种理想化的模型才能算是真正理解了质点的物理意义。如果物体的大小和形状在所研究的现象中起的作用很小，可以忽略不计，我们就可以把物体看作一个没有大小和形状，只具有一定质量的理想物体，即质点。

3. 物理概念的研究方法

物理概念是抽象思维的起点，又常常是科学思维的成果，整个物理学的发展史，总是体现在概念的补充、修改，摒弃错误概念，建立正确概念，创立新的概念，探索更新概念这样一个过程中，其中蕴含着许多人类认识自然的方法，如观察方法、实验方法、理想化方法等。

观察方法是对各种自然现象在自然发生的条件下进行考察研究的一种方法。观察方法是在对自然现象不加控制的情况下，对自然现象进行考察，获得感性知识的主要手段。它对物理学的研究与发展起着重要的作用。如力、速度、光的反射和折射等都是在观察方法的基础上建立和发展起来的。

实验方法是一种特殊的观察方法，在实验过程中，人为地控制自然现象，排除一些次要因素的干扰，而突出所要观察的因素。物理概念与实验方法有着密切的关系。如弹簧受拉力的作用而伸长，这是经常观察到的一种现象，从实际现象上看，弹簧的伸长情况取决于外力的大小、弹簧的粗细长短，甚至从表面上看弹簧的伸长还与弹簧的颜色有关；但是在这些因素中有的是主要的，有的是次要的（粗细和长短），有的甚至是毫不相干的（如弹簧的颜色）。

理想化方法是物理研究中经常用到的一种科学方法，物理现象所经历的过程大都是复杂的，要仔细描述它们也是很困难的，为此，在物理研究中常常把具体事物抽象化，用理想化的物理模型来代替实际研究的对象，并对有关的过程做出简化，以便从理论上去研究它。高中物理教学中有很多这样的概念，如质点、点电荷、弹簧振子、光线等都是运用理想化方法而建立起来的，学习这些概念将有助于学生掌握研究问题的理想化方法。

4. 能够运用物理概念分析和解决实际问题

高中物理概念的教学既要使学生掌握概念的定义、物理意义，学会研究方法，还要使学生学会应用所学习的概念和规律解释自然和社会中某些常见的物理现象，解答有关的物理实际问题和习题，将所学的知识运用到实践中去，在应用中加深和巩固所学的概念，内化为分析问题、解决问题的能力。

理论联系实际是认识论的一条重要原则，也是教学法理论的一条重要原则，其包含两方面的含义：一方面，学习理论知识、书本知识必须与实际紧密联系；另一方面，理论知识必须运用到实践中去解决实际问题。在高中物理教学中，学生运用物理概念分析和解决实际问题的重要作用体现在以下几方面。

第一，许多物理概念往往只是通过对几个典型事例的抽象而形成的，需要学生在运用这些概念解决实际问题的过程中去加深理解。如学习瞬时速度的概念后，可让学生到汽车中观察汽车速度表的示数，到生活中去体验瞬时速度。

第二，运用物理概念来分析和解决实际问题，可以发展学生的思维能力。学生尽管可以从理论上对短路概念进行分析，然而却不能用它来思考实际生活中发生的短路问题，需要学生带着问题，利用所学的知识去分析，以加深对短路概念的理解。

第三，通过实验、到工厂参观实习和调查研究等实践活动，可把理论和实际结合起来，培养学生的创新实践能力，提高学生学习物理的兴趣。

5. 培养学生良好的思维品质

物理概念的建立、创新和修补完善的过程是人类认识自然、改造自然的一部艰辛的发展史，其中蕴含着丰富的教育素材。为此，概念教学中不能机械地向学生教授物理概念，要适时地为学生创设物理情境，让学生在探究自然、认识物理事实的过程中领略自然界的奇妙与和谐，培养学生对科学的好奇心和求知欲，从而掌握研究问题的方法，使学生具有敢于坚持真理、勇于创新和实事求是的科学态度和科学精神。

（三）高中物理概念教学的重要性与复杂性

1. 高中物理概念教学的重要性

"概念是思维的细胞"，是进入理性认识的第一步。如果说物理定律和理论是基础，则物理概念是基础的基础，是物理基础知识中最重要的东西，从某种意义上来说，物理定律是物理概念之间的联系。物理概念是学生学起来感到最困难的知识，如果不使学生首先掌握物理概念，就不可能进一步学习和掌握物理规律，因此，如何将物理概念传授给学生就显得至关重要。在此，我们可以运用建构主义给物理概念教学下一个定义，即以学生掌握好概念为目的，教师利用各种教学方法和手段，帮助学生将面临的新概念融入其原有的概念网络中去，建构新的知识体系和认知结构的教学活动。

根据这个定义，对物理学中关键性的概念，如力、功和能等，能否传授好，使学生真正理解，直接关系到学生对某一章乃至整门物理课程知识的掌握程度。特别是每一个时期物理学的发展，都是以某一重要概念为出发点的。例如，牛顿的经典力学就是以惯性概念为出发点，提出力、加速度、质量、动量等概念后逐步丰富发展起来的。而普朗克就是在提出量子的概念后才解释了黑体辐射问题，并最终推动了量子力学理论的发展。对于这些概念，不仅要讲好概念本身的知识，更重要的是要揭示其中蕴含的伟大物理思想。可见，概念讲得好坏直接关系到学生知识体系和认知结构能否顺利建构，关系到其世界观、人生观和辩证唯物主义思想能否培养形成，因此，非把它讲好不可。

（1）物理概念是物理学最重要的基石

纵观物理学内容，大体可分为物理现象、事实、概念、规律和理论。其中，物理概念是物理规律和物理理论的基础，因为物理规律（包括定律、原理、公式和定则等）揭示了物理概念之间的相互联系和制约关系。例如，如果学生对力、质量和加速度这几个概念搞不清楚，那就无法理解和掌握牛顿第二定律，更谈不上正确应用了。可以这样说，如果没有一系列物理概念作为基础，就无法形成物理学的体系。例如，没有电路、电流、电压、电阻、磁感应强度、电磁感应等一系列概念，就不能形成电磁学；同样，若没有光源、光线、实像、虚像等一系列概念，也就无法形成几何光学。

总之，物理概念反映出人类认识物理世界漫长而艰苦的智力活动历程，是人类智慧的结晶，它使人们在纷繁复杂的物理世界中，能够把握事物的本质特征，成为物理思维的基本单位和有力工具。借助这种简略、概括的思维形式，人们找到了支配复杂的物理世界的简单规律，建立了假说、模型和测量的方法体系，从而筑起了宏伟的物理学理论大厦。因此，物理概念是物理理论的基石和精髓。

（2）让学生掌握好物理概念是物理教学的关键

教学实践表明，物理概念是物理基础知识中既不易教，也不易学的内容。目前高中学生普遍感到物理难学，其症结之一就在于物理概念教学没有搞好。在教师方面，往往不同程度地存在着只注重让学生多做练习，而不注重让学生形成正确的物理概念的做法；在学生方面，往往只注意背定义、记公式、做练习题，而忽视了对物理概念的理解。其结果必然是丰富的物理含义被形形色色的数学符号所淹没，概念不清就会越学越困难，更不用谈知识的灵活运用了。事实上，能否使学生逐步领会某些重要的基本概念，如力、功、能等，达到教学要求，不仅直接影响学生对某一章节的学习，还会影响学生对整个物理学的学习。所以，让学生掌握好物理概念是物理教学成功的关键。

（3）物理概念教学是培养能力、开发智力的重要途径

学生形成、理解和掌握物理概念，是一个十分复杂的认识过程。在这一过程中，要在物理环境中通过观察、实验获取必要的感性知识，或者用实验对结论进行检验；要运用物理学方法，通过复杂的思维过程（分析与综合、比较、抽象与概括）把新事物与自己认知结构中原有的概念联系起来，通过同化或顺应来认识和理解新事物；还往往运用数学知识和数学方法来表达概念。形成初步概念以后，还要从与其他概念的比较、分析中，从新旧概念之间的联系中，从学习有关的物理规律中，从反复应用概念去解释现象或解答问题中，不断加深对概念的认识和理解。因此，引导学生形成物理概念、发展对概念的理解，是学习物理学方法、培养学生多种能力（特别是思维能力）、开发学生智力的重要过程和途径。

2. 高中物理概念教学的复杂性

物理概念是观察、实验与科学思维相结合的产物。高中物理概念教学要达到两个基本要求：一是使学生建立牢固、清晰的物理概念，即要求学生明确概念的内涵、外延，弄清概念之间的区别与联系，并能熟练、准确地运用概念；二是在概念教学过程中，要使学生经历概念建立的过程，掌握科学的思维方法，形成良好的思维习惯，从而发展智力，培养能力。但是，由于教学过程是由教师、学生、环境、媒体等组成的复杂的互动系统，在物理概念教学过程中，系统中诸要素相互作用、相互影响，使得物理概念教学过程十分复杂，给物理概念教学任务的完成提出了更高的要求。

（四）高中物理概念教学的创新模式

有经验的教师总是能根据不同的概念，采用不同的教学模式组织教学。常见的概念教学模式有以下几种。

1. "子概念－概念"模式

一个物理概念的获得有时是建立在子概念基础上的。牢牢抓住子概念进行教学，然后由子概念引出新概念，才能达到掌握概念的目的，这就是"子概念－概念"教学模式的特点。

物理概念之间是有关联的，它们组成了一定的概念体系。从概念体系的建构特点看，一个概念的建立往往会成为另一个概念建立的基础。抓住概念之间的这种建构关系，可以有效地组织教学。

2. "理论－生成"模式

"理论－生产"模式的特点是不用归纳与抽象，而是根据物理量之间逻辑性的内在联系，从某些已知的理论模型中自然生成新的概念。

3. "实验－探究"模式

有些物理量是根据另外两个量定义的，而且这些量比较容易测量，如密度、压强、电阻、折射率等。这样的概念教学用"实验－探究"模式比较适合。这种教学模式是以实验为基础、采用探究的方式进行的，不仅能调动学生学习的积极性，更重要的是通过测量的手段，使学生认识到从定性到定量的科学探究是人类认识事物的重要方法。

4."类比－迁移"模式

除了"实验－探究"模式，我们发现还有一些物理量，虽然也是利用另外两个物理量的比值定义，如电场强度、磁感应强度、电动势、比热容、电容等，但由于另外的两个物理量直接测量起来并不方便，因此一般采用其他教学模式，如"类比－迁移"模式。

类比就是人们根据两个对象之间某些方面的相同或相似，推导出它们在其他方面也可能相同或相似的一种认识事物的思维方法。

类比不同于归纳、演绎等一般的逻辑推理，它的逻辑依据是不充分的。它超越了"一般"这个中介，表现在逻辑中断时另辟蹊径，打破常规，出奇制胜，它能帮助人们利用已知系统的物理规律去寻找未知系统的物理规律，可以增强说服力，使人们容易理解，类比使一种学习对另一种学习产生了促进作用，这就是学习的迁移。在物理概念教学中，"类比－迁移"模式以其创造性而独树一帜。

物理学中存在着力－电类比、电－磁类比、声－光类比等。类比方法使用得当，会产生事半功倍的效果。

5."甄别－归纳"模式

有些概念，如瞬时速度、加速度、失重、浮力、向心力、功、热量、波速、交流电的有效值、磁通量等，引入后容易在理解上出现偏差，这种偏差表现在三个方面：①前概念造成的干扰，新概念容易与学过的某些概念混淆，或与日常生活的经验冲突，形成认识上的错觉；②暂时不知道引入这个概念的目的是什么，或对概念的产生感到突然；③教材中没有对概念给出严格的定义，只对它进行了一般性描述。在遇到这样的概念时，可以用"甄别－归纳"模式来教学。

6."目标－诊断"模式

"目标－诊断"模式适用于：①概念的复习教学；②初高中的衔接教学；③以学生自学、小组合作学习为主的教学。这种模式的教学能直接抓住概念的"要害"，引导学生从不同角度来理解同一概念。

（五）高中物理概念教学的策略设计

1.培养物理观念的策略

（1）以学生已有认知为抓手展开概念教学

学生在步入物理概念课堂时，并非脑袋空荡荡的状态，对于高中学生来说他们对于概念认识的来源一般分为两点，一是学生通过生活经验获得对概念的认识，二是学生通过初中阶段的物理学习获得对概念的认识。这两种认识在高中阶段的概念学习过程中，都可以视作前概念。比如，高中生对于"功"的前概念主要来自初中阶段的学习，然而初高中这两个阶段对于"功"这个概念的理解有着巨大的不同，如位移和距离、恒力和变力之间的转变。再比如，学生对"质量"的前概念一部分来自初中所学知识，还有一部分来自学生本身的生活经验，他们普遍认为质量是不变的。但是，在狭义相对论中，当一个物体的速度接近光速时，质量会随着速度的增大而变大，这对于大部分学生是很难理解的。

可见，学生头脑中的已有认知经验在概念的学习中具有一定的影响，如何利用好学生头脑中已经存在的认知对于概念教学来说是关键。因此，教师要帮助学生在原有认知基础上建构科学的物理概念，让学生逐渐形成对物理概念的完整认知，为物理观念的形成奠定良好的基础。

（2）建构概念与核心概念的联系

在物理学习的过程中，有一些概念总是会反复地出现，这一类概念就是最基本、最核心的概念，如质量、机械运动、能量、力等，应以这些核心概念为中心建立概念与概念之间的联系，促进概念结构化，最终形成物理观念。因此，教师在符合学生认知特点的情况下，可以通过单元教学的形式，以核心概念展开教学，也可以在一个主题学习完成之后组织学生以思维导图的形式整理概念与概念之间的结构框架。例如，以"机械运动"为核心概念，围绕"机械运动"展开"位移""速度""加速度"等概念的教学活动，在此基础上，掌握直线运动和曲线运动的规律，最终形成运动的观念。又如，以"力"为核心概念，围绕"力"展开"重力""摩擦力""弹力"等概念的教学活动，在这些概念的基础上，引入牛顿三大定律，结合形成的运动观念，最终形成运动与相互作用观念。

2. 培养科学思维的策略

（1）凸显物理概念的形成过程

物理概念的形成以感觉、知觉等活动为基础，而科学思维是其关键，因此教师要凸显出物理概念的形成过程，以此作为培养学生科学思维的抓手。

教师要尽量采用直观的教学方式，呈现物理现象，比如教师可以通过多媒体课件以图片或者视频的形式来呈现与学生生活相关的感性材料，激发学生对材料的基本感觉与知觉，让学生通过对感性材料的表象进行分析，抽象、概括出物理概念的本质，经历物理概念的形成，实现对学生科学推理、科学论证能力的培养。例如，教师通过多媒体课件为学生提供多组物体运动的图片，这些物体可以大到天体，小到蜉蝣，让学生对这些运动的物体进行分析、抽象，找出这些物体的共同物理属性，最终概括出机械运动的概念。

教师还可以通过物理学史和演示实验的方法来帮助学生体验概念的形成过程，如自由落体概念的形成。通过引入伽利略的物理学史，借用归谬法推翻亚里士多德的看法，再结合牛顿管实验，呈现出重量不同的物体同时下落的现象，最终建立自由落体的概念，让学生体会逻辑推理的力量，以及理想化的物理模型在物理学习中的重要性。

（2）设置物理原始性问题

物理原始性问题指的是未经加工的自然界中的物理现象，它仅是对物理现象的描述，不掺杂任何物理量及数据。因此，教师可以通过设置原始性问题，以解决问题为指向，让学生根据自身的生活经验和所学物理知识来确定所需的物理量和数据，以及建构合适的物理模型。

3. 培养科学探究的策略

物理概念的形成除了需要科学思维的参与，有些概念还需要以实验为基础，因此教师在物理概念教学的过程中还要善于利用实验来培养学生的科学探究能力。

（1）利用演示实验创设真实的物理情境

演示实验是物理概念教学中培养学生科学探究能力的重要手段，教师可以通过演示实验的方式来创建真实的物理情境，以问题为导向，引发学生对演示实验中的物理现象展开思考，培养学生的问题意识。演示实验可以采用真实的实验器材展开，也可以利用身边随处可见的物品来展开。如果学校的条件无法提供真实的实验器材，那么教师还可以通过播放实验视频的形式来呈现。

（2）组织学生展开合作学习

科学探究中除了问题、解释这些要素，还包括交流要素。若要实现这一要素的培养，教师不妨将合作学习作为教学手段。学生在合作学习中，与同组成员进行交流协作，最终实现对物理概念的理解，还可以培养学生与他人交流成果、讨论问题的意识。

4. 培养科学态度与责任的策略

教育要培养的是"德才兼备"的人，因此在概念教学中也不能忽略对学生品格、态度、责任感的培养，教师可以通过带领学生重温前人走过的科学道路，以及展望祖国的美好未来实现对学生科学态度与责任的培养。

（1）借用物理学史，培养学生的科学态度与精神

随着新一轮课程改革的推进，物理学史逐渐得到一线教师和研究学者的重视。让物理学史进入概念课堂，通过物理学史让学生走近科学家，体会物理学的精妙，明白物理学是一门不断发展的学科；感受物理学家的科学精神，知道只有坚持实事求是的行为准则和团队的协作才能使科学不断进步。

（2）借助当代科学成果，培养学生的社会责任感

新课程标准中明确指出教师在教学过程中，要根据科学技术新成果，更新教学内容。因此，教师在概念教学的过程中要放眼于当代科学技术新成果，不仅可以把物理知识建构在科学技术新成果当中，加深学生对物理知识的理解，还可以让学生了解当今科技前沿，培养学生的社会责任感。

第二节　高中物理概念教学的过程

一、教学过程

（一）教学过程的本质与要素

关于教学过程，从不同的观点和角度来看，有不同的认识和理解，古今中外的教育家，对教学过程都进行过各种的探索和解释。例如，孔子关于学习过程和教学过程的主张，可以概括为学、思、行。捷克教育心理学家扬·阿姆斯·夸美纽斯（Jan Amos Komenský）认为，教学要从观察到理解、记忆，从感知事物到文字、概念。德国心理学家约翰·弗里德里希·赫尔巴特（Johann Friedrich Herbart）把教学过程看作一个新旧观念联系和系统化的过程。美国教育家约翰·杜威（John Dewey）则认为教学过程是学生直接经验不断改造和增大意义的过程。在当代，人们把教学过程看作一个发现和认知结构不断构造的过程。

1. 教学过程本质上是一种认识过程

从认识论的观点来看，教学过程本质上是一种认识过程，不过这种认识又有其特殊

性，不同于一般的认识和其他形式的认识。把教学过程看作一种认识过程，就把握了它的根本和整体，足以概括教学过程的各种成分、各个方面、各种属性。认识过程的普遍规律是支配教学过程的根本规律，它为揭示教学过程的运动规律提出了总的方向和根本线索。

但是，教学作为一种认识过程，又有它的特殊性。总的来说，它的特殊性就在于它是学生个体的认识，是教育的认识。作为教育，它是认识性的教育；作为认识，它是教育性的认识。

首先，教学是个体认识，不同于人类历史总认识。它可以依靠他人、前人的实践而不只是个人实践，依靠语言及其他信息工具，可以保存、接受知识，占有前人、他人的经验，这样就无须事事去亲身经验，也无须简单重复人类历史总认识。

其次，学生这个个体认识，又不同于其他个体认识。学生是受教育者，学生的个体认识纳入教育过程，它区别于教学以外的认识。因此，这种认识便具有三个基本特点，即间接性、领导性、教育性。

依据上述基本观点来研究高中物理概念教学，高中物理概念教学过程是根据一定的培养目标、教学目的和学生身心发展的特点，在教师的指导下，运用各种教学手段和方法，使学生通过各种活动认识物理世界，掌握物理学科的基本结构，训练基本技能，促进智力、能力和非智力因素的全面发展，形成辩证唯物主义世界观基础和培养良好的道德品质的过程。

2.构成教学过程的要素及其相互关系

一个教学过程是由多种因素构成的。这些因素之间有着密切的联系，形成整体功能。主要的因素称为要素。那么，教学过程含有哪些要素呢？目前，有几种不同的看法，如"三要素说""四要素说"等。在高中物理概念教学过程中，存在着三个最主要的、最基本的要素，即教师、学生和物理世界（含教材、教学设备、教学环境）。这三个要素的基本关系是：学生是认识的主体，物理世界及其规律性是被认识的客体，教师在引导学生完成对客体的认识过程中起主导作用。整个教学过程是通过这三个基本要素间的相互作用实现的。有了这三个方面，教学就可以构成一个整体，也就形成了一个结构。这个结构可以发挥其教学功能。

（二）教学过程的主要特点

物理学研究物质存在的基本形式以及它们的性质和运动规律，还研究物质的内部结构，在不同层次上认识物质的各种组成部分及其相互作用、运动和转化的规律。物理学是一门实验科学，也是一门崇尚理性、重视逻辑推理的科学；它的发展促进了技术的进步，引发了一次又一次的产业革命，现代物理学更是成为高新技术的基础；它的发展孕育了技术的革新，促进了物质生产的繁荣，改变了人类的生产方式和生活方式，推动了社会的进步；它极大地丰富了人类对物质世界的认识，也改变和扩展了人类的思维方式。物理学科的自身特点决定了物理教学过程具有其鲜明的特点。

1.以观察和实验为基础

观察和实验作为一种手段，在物理学的形成和发展中起着十分重要的作用。高中物理教学过程与人类探究物理知识的过程有许多相似之处，因而观察和实验的思想方法必然影响和制约着物理教学过程。实践表明，观察和实验既是学生获得感性认识的主要来源，也是激发学生学习物理兴趣、训练和提高学生实验技能、培养学生观察能力、实验能力、探究能力、形成实事求是和尊重自然规律科学态度的基本途径和重要手段。

2. 以形成概念、掌握规律为中心

概念和规律是构成物理学大厦的最基本组成部分，因而概念和规律的教学是物理教学的中心。形成概念、掌握规律，一方面有利于学生掌握学科的基本结构，形成全方位的物理图景，另一方面也有利于学生发展记忆、促进迁移，培养良好的思维方法和思维习惯。

3. 以数学为重要工具

众所周知，物理概念的建立、物理规律的发现离不开数学的方法和数学的思维。同样，运用物理概念和物理规律分析、解决问题，也离不开数学的方法和数学的思维。因此，在高中物理教学时，应充分发挥数学方法和数学思维在分析、理解、表达、处理物理问题中的作用，要引导学生自觉地、有针对性地将物理问题和数学方法结合起来，做到既能将物理问题划归为数学问题处理，又能从问题的数学表达中领会到物理的内涵。只有如此，才称得上真正理解和掌握了物理知识和物理思想方法。高中物理中用得较多的数学知识有代数知识（包括函数、不等式、方程、方程组等）、几何知识（包括平面几何、立体几何）、解析几何知识（包括直线、圆锥曲线、参数方程等）以及微积分初步等，用得较多的数学思想有比例的思想、函数与方程的思想、数形结合的思想、分类讨论的思想、化归的思想、极限的思想、建模的思想等。

4. 密切联系实际

这也是由物理学科的特点和人的认识规律所决定的。新课程标准指出："高中物理课程在内容上注重与生产生活、现代社会及科技发展的联系，反映当代科学技术发展的重要成果和科学思想，同时关注物理学的技术应用所带来的社会问题，培养学生的社会参与意识和社会负责任感。"这一理念强调了密切联系实际，体现了"从生活走向物理、从物理走向社会"的物理教学要求。

5. 以辩证唯物主义思想为指导

物理学曾被称为"自然哲学""科学方法论的典范""辩证唯物主义哲学的科学基础"和"现代科学哲学的基础"，这是因为物理学的内容充满着辩证唯物主义思想。因此，物理教学过程以辩证唯物主义思想为指导既符合物理学的本质特征，也是促进学生物理学习、培养学生辩证唯物主义思想、帮助学生确立科学世界观和方法论的应然之举。

二、高中物理概念教学的一般过程

（一）深研大纲和教材

物理概念的教学应该依据大纲的要求，钻研教材。总的来说，就是理解教材上出现的物理概念的目的性和科学性，即研究在物理学中为什么要提出这一概念，概念怎样被科学地表达出来，它在物理学中的地位和作用如何。具体地说，要认真钻研以下几个方面：第

一，要弄清与物理概念有关的物理事实（包括物理实验），即弄清确定物理概念的依据。第二，要明确由这些物理事实提出的哪些问题需要进一步研究，即明确引入概念的必要性。第三，要弄清研究中采用了什么手段和方法。第四，对于概念的定义要逐字逐句地进行推敲，从而全面、准确地弄清它的物理意义，特别要明确概念的适用条件。对于其中的物理量、单位等也要有所掌握。第五，要弄清关系密切的概念之间的区别，弄清某个概念与教材上前后有关概念之间的内在联系。要明确某个概念在教学中的地位，它是否为重点、难点和关键。要领会教材中概念的广度与深度，把握好教学的分寸。第六，要运用概念来分析解决实际问题，要明确讲授哪些例题和习题、解释哪些日常现象，针对所教班级的特点，还应当明确需要补充哪些问题。

（二）从具体实例出发引入概念

概念引入是概念教学中的一个重要环节。任何物理概念都是建立在客观事实的基础上的，教师应根据实际情况，在讲解物理概念时，尽可能地选择典型的、具有本质特征的实验和事例，并从这些具体实验和事例出发，使学生对物理现象获得清晰的印象，然后通过教师分析，揭示物理现象的本质，从而使学生从具体的感性认识上升到抽象的理性认识，形成物理概念。

例如，讲到加速度，教师可以从生活中看到的速度发生变化的现象出发，让学生产生疑问、提出问题，逐步引导学生学会思考，形成加速度的概念。做实验也很容易成功，如课堂上教师可以利用弹簧测力计加速拖动小车或者打点计时器做实验，引导学生分析物体速度的变化情况，根据现象揭示其中隐藏的本质，使学生自然地在脑中形成加速度的概念。

（三）引导学生理解物理概念的物理意义

教学实践表明，学生只有理解了概念才能将之牢固地掌握好。因此教学中教师必须揭示概念的本质，帮助学生理解概念。揭示概念的本质，关键在于两点：第一，引导学生正确思维，即在学生形成概念时必须引导学生正确进行分析、比较、综合、概括、抽象、推理等一系列思维活动。第二，正确对待概念的定义，概念的定义揭示了概念所反映的事物的本质状况，因此需要用语句把事物最主要的要点表达出来，从定义入手认清概念与其他知识之间的联系。

一个概念的物理意义理解不清楚，是难以掌握好概念的。例如，学生往往将加速度概念与速度混为一谈，错误地认为加速度即增加出来的速度：速度大，加速度也一定大；速度小，加速度也一定小；速度为0，加速度也为0；一切快慢不变的运动的加速度都等于0。这些都是由学生对加速度的物理意义理解不清造成的。因此，教师在教学时除了要反复强调加速度的物理意义、说明其定义、揭露其本质，还要多举日常实例，使学生真正明白"速度改变"和"速度改变快慢"的含义。

（四）联系实际，运用概念

学生学到新概念，如果能与实际结合起来，解决生活中的问题，则可让学生更好地掌握概念，单纯的习题训练会将学生的思维限制在书本理论中，看不到身边丰富多彩的物理现象。如果学生将目光投向自然世界，并且能运用概念解决一些问题，必定会对物理产生浓厚的兴趣，表现出强烈的探索欲望。

在应用新概念时应充分发挥学生的想象，开拓学生的视野。例如，学过加速度的概念后，不能仅仅就书本上的习题进行简单的训练了事，应该指导学生分析生活中的一些物理现象，如火车出站、汽车起步、汽车的追赶等问题。又如，在热力学中学过了"熵"的概念，可指导学生参阅课外书籍，让学生了解"熵"在信息理论、系统论、宇宙学等理论中的应用，加深学生对"熵"这一概念的理解。不过，在联系实际应用概念的过程中应该考虑到学生的实际水平，提出的问题要适合学生，这样才能充分激发学生学习物理的兴趣。

（五）注意概念形成的阶段性

一个完整物理概念的形成，在许多情况下并不是一次就能讲深、讲透、讲彻底的，它有一个由浅入深、多次反复的过程，因此我们应该根据学生年龄特点的不同，采用直线式与螺旋式上升相结合的课程结构。一些非重点知识，如流体力学、物态变化和几何光学，采用直线式，而一些重点内容，如运动和力、功和能、电磁感应等，则采用螺旋式上升的结构，初中只讲简单现象，着重于定性了解，而高中则进一步讲基本概念和基本规律，着重于定量描述，使物理概念逐步深化。

学生对物理概念的认识，不可能一下子就理解得很透彻，只能是从简单到复杂，逐步加深。因此，在讲述物理概念时，必须注意概念形成的阶段性，由浅入深，多次反复。以加速度的概念为例，首先，在运动学中，利用生活中的常见现象引入加速度；其次，在讲牛顿第二定律时，将物体的加速度与物体所受到的合外力联系起来，揭示加速度产生的原因，对加速度的理解进一步加深；最后，让学生明白加速度是动力学的一个基本概念，反映物体运动状态的变化。经过这样一个过程，学生对加速度这一知识点的掌握就比较全面，而且也更容易理解它的物理意义。关于力的概念也是这样，初中只讲"力是物体间的相互作用"，初步指出力是改变物体运动状态的原因；到了高中再进一步把力和物体运动状态的变化联系起来，指出力是使物体产生加速度的原因，并用 $F=ma$ 定量描述，这样逐步深化，是符合学生认识规律的。还有动能的概念也是如此。

第三节　高中物理概念教学的方法

一、类比法

类比法是一种由特殊到特殊或由一般到一般的推理方法，是根据两个（或两类）对象之间在某些方面的相同或相似，进而推出它们在其他方面也可能相同或相似的推理方法。以磁场概念的形成为例，教材中先列出电场与磁场的相似属性：电荷之间有相互作用力，磁极与磁极之间也有相互作用力；电荷是同性相斥而异性相吸，磁极也是同名相斥而异名相吸。然后进行一系列类推：由电荷周围存在电场推测磁极周围也可能存在磁场；由电荷间的作用力需要传递推测磁极间的相互作用力也可能靠磁场传递；由电场是一种物质推测磁场也可能是一种物质。此外，用类比法建立新的物理概念的例子还有很多，如用水压类比引入电压、用重力势能类比引入电势能等。

二、概念图法

概念图是一种用节点代表概念，以连线表示概念间关系的思维工具。概念图以奥苏伯尔的有意义学习理论为基础，该理论认为学习的过程就是建立一个概念网络的过程，我们可以用概念图建立起各概念间的联系，以加深对概念的理解。

西方很多国家的中小学教学中都用到了概念图，这种方法在教学中发挥了很好的效果。我国近年来也掀起了一场将概念图应用于学科教学的研究高潮，只要上网搜索就能找到许多这方面的文章，可见研究的热情之高。高中生感到物理难学，其实主要是物理概念难学，而物理概念难学的主要原因是很难建构概念，如果我们能将概念图应用到高中物理教学中，建立概念与概念间的联系，这样既见树木又见森林，也许能帮助学生渡过难关。

三、问题设计法

概念运用是需要以问题作为载体的。这里的问题是一种泛指，可以是教师的一个个提问，也可以是一道道习题，还可以是一个个生活中的事例或生产、科研中某个复杂问题的简化模型。为运用某个概念或某系列概念并实现相应的教学目标而对问题进行精心、巧妙、科学的设计，是教师在进行概念教学时必须高度重视的，也是必须做足的"功课"。

四、情境变化法

所谓情境变化法，是指在变化了的情境中巩固和强化学生对有关概念的掌握的方法，旨在通过新情境、新问题促使学生进一步理解和深化有关概念，进一步丰富和完善概念结构及概念体系，进一步发展学生的知识结构和认知结构，进一步培养学生的思维品质和思维能力，这是概念运用的较高层次。

五、物理规律法

物理规律也是物理概念间的联系，因此我们可以用物理规律来建立物理概念间的联系。许多教师在物理规律的教学中不注重学生对形成规律过程的体验，急于得出简单的公式，得出结果后就全力训练学生如何应用规律，到最后学生根本没有理解规律，只记住了几个公式，规律成了应试的工具。这样的教学不利于学生对规律的掌握，更谈不上用物理规律建立物理概念间的联系。

六、逻辑推理法

逻辑推理法是根据概念之间的联系，从一个或几个已知概念推导出另一个概念的方法。例如，由速度、速度变化量、加速度等概念推导出向心加速度的概念，这属于利用逻辑推理法形成概念。

七、思维导图法

思维导图是立足放射性思维而设计开发的一种研究工具，是对图文的综合使用。思维导图是将不同级别主题关系结合内在联系绘制成为层级图，以颜色、符号标识其中的关键内容，通过左右脑机能功能进行记忆、思考的工具。思维导图可以调用左右脑，能够让学习者兼顾科学和艺术、思考和想象，均衡开发自身能力。

思维导图是一种重要的思维工具，它在知识网络的建构、长时记忆的形成及复习效率的提高等方面能发挥重要的作用。西方发达国家的中小学非常重视思维导图的应用，我国近年来也开始关注思维导图。用思维导图建立物理概念间的联系，能很好地建构知识网络，帮助学生加深对物理概念的理解，进而提高物理概念的教学效率。

八、比例系数法

许多物理规律的表达式中都有比例系数，对于比例系数的讨论，要认清它所反映的物理本质，而不能仅仅将其当作一个比例系数来看待。这些比例系数可分为两类：一类是普适恒量，即使是不同的物质也具有相同的量值，如库仑定律中的 k、万有引力定律中的 G 等；另一类则因物质的不同而不同，它反映了物质的某种属性，因而是一个物理量。

九、语言激趣法

物理概念的理解需要学生调用抽象思维来进行，因此，概念教学对教师的教学语言有很高的要求，如果语言应用不当不仅无助于学生对概念的理解，而且会干扰学生的学习，进而影响教学效果。这需要教师在推进概念教学的过程中关注语言艺术，关注学生的理解，用有趣的语言来表达，让学生更加关注学习，对学习更感兴趣。一个好的教学情境可以提高概念教学的效果，学生能够更好地发现问题、认识问题，从而理解概念。

（一）利用趣味故事、物理学史创设教学情境

教师通过将趣味故事、物理学史引入物理概念教学，可以帮助学生更好地理解物理概念，激发他们的学习兴趣和热情。情境的创设可以是故事，可以是一段新闻，创设一个联系实际的物理概念教学情境能收到意想不到的好效果。

（二）用幽默语言创设趣味性教学情境

概念学习是一个抽象的理论提升过程，在物理概念课上学生会感觉很难懂，而且比较乏味，因而觉得累，课堂氛围很难调节。如果我们在概念课上用一些幽默性的语言调节课堂气氛，教学效果就会有所改善。

十、多媒体运用法

多媒体课件的直观性是非常明显的，多媒体课件能够将很多抽象的事物进行具象化的展示，学生能够通过多媒体课件看到运动的过程，看到直观的图像，看到各种物理现象。

教师通过多媒体课件可以进行情境的创设，可以将很多概念进行形象化展示，特别是通过计算机的动态演示，教师能够将很多无法想象的现象和变化情况模拟出来，因此多媒体教学的优势是非常明显的，可以弥补之前教学中动态感和具象感不足的弊端。多媒体教学可以利用各种媒体符号吸引学生的注意力，让他们对物理现象产生浓厚的兴趣，还可以帮助教师更好地进行难点的讲解，从而提高教学的效果。

十一、联系生活经验法

在物理概念的建立过程中，如果能把生活中大量的感性材料与之结合，那么不管这种感性材料给我们的生活经验影响是正面的还是负面的，其实我们都有了很好的切入点，能与学生拥有相同的生活体验是我们建立物理概念的良好开端。物理知识来源于生活，来源于我们对周围现象的细致观察，因为有了这些包罗万象的事物，物理概念才有了丰厚的"成长"土壤。

第四节　高中物理概念教学的案例

一、"弹力"教学案例

（一）课标分析

学生在初中阶段已接触了关于弹力的基础知识，高中阶段对弹力的学习要求有所提高，在新课程标准中要求："认识重力、弹力和摩擦力。通过实验，了解胡克定律。"

（二）教材分析

1.教材内容分析

（1）弹力

在高中物理教材中，首先在弹簧发生形变后对物体产生弹力作用的两幅图中，引出了弹力概念，其次在"思考与讨论"栏目中提出绳子拉物体的拉力也是弹力，且方向指向绳收缩的方向，再次用实验引出胡克定律，明确其计算公式为 $F=kx$，说明胡克定律的使用条件及意义，最后在"问题与练习"栏目中进行本节知识的应用。

（2）形变

形变是弹力的前置知识点内容，在高中物理教材中联系生活实际中的物体形状或体积变化，引申出形变，根据形变的不同，即能否恢复原状，可以将形变分为弹性形变与塑性形变两种。弹性形变是指物体在受到外力作用后发生的可逆变形过程。当形变超过一定限度时，物体的形变就会变为塑性形变，即使撤去外力，物体也不能恢复原状，这一限度便是弹性限度。

2.物理学科核心素养导向下的教材分析

（1）物理观念

"弹力"教材内容主要是培养学生物理观念中的物质观念、运动与相互作用观念。

物质观念：构建教学情境，联系生活中常见的现象解释物体的形状及体积变化；通过放大的方式分析物体微小形变，并根据是否能恢复原状判断是塑性形变还是弹性形变。

运动与相互作用观念：了解弹性形变后引出弹力概念，并分析几种常见的弹力要素。

（2）科学思维

"弹力"教材内容主要是培养学生科学思维中的质疑创新、科学推理及科学论证。

质疑创新：运用所学物理概念观察图片并思考，分析问题并找到解决问题的方法，说明弹力的大小及方向。

科学推理：利用生活实例总结形变的物理概念，通过弹簧形变恢复原状得出弹力概念，结合不同的案例得出弹力方向与作用点。

科学论证：在提出胡克定律概念后能够结合已有观点论证解释胡克定律。

（3）科学探究

"弹力"教材内容主要是培养学生科学探究中的证据分析、解释分析、交流分析。

证据分析：了解形变量与弹簧弹力大小之间的关系；探究过程中可选择适宜的实验器材，结合实验数据证明结果；利用已有物理概念知识设计微小形变。

解释分析：根据搜集的证据，通过数据工具计算图像反映的定量关系。

交流分析：实验后进行师生交流，并准确表达自己的观点。

（三）学情分析

学生在初中阶段便对弹力有了一定的感性认识：了解弹力的作用效果，能够简单利用示意图描述弹力，但是并不清楚弹力的一般表述。随着学生物理知识的增长，需要对形变、弹性的概念进行更深一步的探究。

（四）教学目标

物理观念：能够理解弹力的概念，掌握形变分类，并能够详细说明几种弹力要素。

科学思维：能够通过现实生活中的实例总结形变分类，并通过弹簧形变恢复后总结弹力概念，结合形变特性概括常见弹力的方向及作用点。接触胡克定律后能够进行验证论证解释，并最终认可胡克定律。观察实验及图片，能够分析问题并找到解决问题的方法，确定弹力的大小及方向。

科学探究：了解形变量与弹簧弹力大小的关系，并利用实验器材证明结果；利用数据工具解释图像定量关系，并且在观察实验后进行学生间的讨论交流。

科学态度与责任：养成用科学的质疑的态度去学习知识的习惯，善于在学习的过程中提出问题。

（五）设计思路

在引入"弹力"这一概念时，以生活中常见的物品作为导课，通过引导学生亲自动手探究，进而总结归纳弹力的概念、弹力的产生条件、弹力的方向等内容。而学生通过探究实验过程自主归纳得出弹力的大小。

二、"重力"教学案例

（一）课标分析

"重力"这节课的内容选自人教版高中物理必修第一册第三章第一节。重力是高中阶段最常见的一种力，也是学生形成运动与相互作用观念必不可少的概念基础，此外重心是本节课的教学重难点，因此教师在教学活动中要更加具象地建构重心的概念。

（二）教材分析

结合新课程标准的要求，对教材进行分析解读，从教材当中提取出如下学科核心素养要素：一是建立重力加速度与自由落体之间的关系，培养学生的运动与相互作用观念；二是利用重心等效替代的物理思想，培养学生的科学思维能力；三是通过测量物体重心的实验，培养学生的科学探究能力；四是通过联系生活中重心的现象，培养学生的科学态度与责任。

（三）学情分析

学生在初中阶段已经学习了力的相关概念和常见的几种力，包括重力，并且也学习了力的图示。但是，对于重力加速度的认识并不深刻，仍需在此基础上深化，这是实现"运动"与"力"关系联结的关键。此外，学生在此前已经学习了自由落体运动，这也为学生之后运动与相互作用观念的形成奠定了基础。

（四）教学目标

物理观念：能在实际问题中正确辨析和应用重力和重心概念，为学生形成运动与相互作用观念打下良好的基础。

科学思维：知道重心的概念，体会引入重心概念的意义及等效替代的物理思想。

科学探究：通过让学生参与对具体物体重心的确定这一探究过程，掌握测量重心的方法。

科学态度与责任：通过生活中的"怪坡现象""倒流的河水"等现象帮助学生理解重心概念，与此同时让学生感受人文地理的魅力，体会学习的乐趣。

（五）教学策略

学生在初中阶段已经学习了重力，掌握了重力的大小、方向和作用点，使得本节课的教学难度降低，因此在教学中要突出体验性，让学生展开一些实操活动。故本节课主要采用的教学策略有：通过利用已经学习过的"力"的概念让学生推理分析产生重力的原因，培养学生的科学思维；通过组织学生展开合作学习、测量不同物体的重心等来培养学生的科学探究能力；利用自然现象引发学生的好奇心。

（六）教学器材与资源

基于重力和重心这两个概念的特点，本节课将采用多媒体课件来播放生活中的实际片段，为学生提供丰富的感性材料。在重心的教学中，通过实验的方法来测量各种物体的重心位置。因此，本节课需要以下教学器材：粉笔、黑板、黑板擦、多媒体课件、带孔的薄木板、圆环和圆形木板及细线。

三、"摩擦力"教学案例

（一）课标分析

学生在初中阶段初步接触到了摩擦力知识，而在高中阶段需要分析具有摩擦力的物体的受力情况，这对学生的学习提出了更高要求。新课程标准要求认识摩擦力，知道静摩擦和滑动摩擦现象，能用动摩擦因数计算滑动摩擦力的大小。这对高中生来说是一个比较高的能力要求。

（二）教材分析

1.教材内容分析

（1）摩擦力

在初中阶段接触的摩擦力相关知识的基础上，进行摩擦力教学。

（2）静摩擦力

在"思考与讨论"栏目中设置了三幅图片，用不同的力推甲、乙、丙三个箱子，引发学生思考，相互接触的物体相对静止时，地面与箱子之间存在推力等大的反向力，以此引申出摩擦力概念。进一步通过传送带上的箱子以及毛刷引申出静摩擦力的概念。

在"演示"栏目中，用弹簧测力计拉动水平面木块，木块随拉力增大，从静止到运动的过程，可见拉力是有限度的，而静摩擦力没有固定值。

（3）滑动摩擦力

在前面的"演示"栏目中，木块运动后所需的拉力变小，此刻的摩擦力便是滑动摩擦力，滑动摩擦力的方向与运动方向相反，力的大小与压力呈正比，公式为 $F=\mu F_N$（μ 为动摩擦因数，与接触物体的材质有关）。随后，在例题中以东北雪橇为例，巩固学生对滑动摩擦力概念的认识。在"做一做"栏目中，为学生做出安装自行车滚动轴承的实践活动，引申出滚动摩擦力的概念。

2.物理学科核心素养导向下的教材分析

（1）物理观念

"摩擦力"教材内容主要是培养学生物理观念素养中的运动与相互作用观念。

运动与相互作用观念：通过推箱子演示说明静摩擦力的概念；通过演示实验总结静摩擦力大小没有固定值，可通过二力平衡得出，并引申出滑动摩擦力概念；按照实验演示，得出摩擦力方向；说明滚动摩擦力的部分现象。

（2）科学思维

"摩擦力"教材内容主要是培养学生科学思维素养中的科学推理、科学论证以及质疑创新的能力。

科学推理：创设生活情境，说明摩擦力的概念，并分类；从生活实际推理产生摩擦力的条件，并抽象物体间相对运动或相对运动趋势的摩擦力。

科学论证：在生活中到处都是可以论证摩擦力产生条件的例子，可让学生自行论证，并得出摩擦力的大小及方向。

质疑创新：观察实验、试题或图片，并运用所学的物理概念知识分析物理问题，找出解决办法，得出摩擦力的大小及方向。

（3）科学探究

"摩擦力"教材内容主要是培养学生科学探究素养中的问题分析、证据分析、解释分析及交流分析。

问题分析：根据相关现象准确提出摩擦力大小及方向的问题并能够做出假设。

证据分析：可提出摩擦力大小及方向的探究方案并选择适宜的工具来观察。

解释分析：根据实验现象判断滑动摩擦力或静摩擦力的受力情况与方向，并得出物体所受摩擦力的大小。

交流分析：可以自行做出科学实验报告，能够对科学探究摩擦力的结果与过程进行反思。

（4）科学态度与责任

"摩擦力"教材内容主要是培养学生科学态度与责任素养中的科学本质、社会责任。

科学本质：能够意识到摩擦力是人认识自然的某种方式，从初中到高中阶段均在不断发展，有其普适性也有局限性。

社会责任：应用实验成果过程中，应自觉遵守道德与规范，塑造良好的社会责任。

总结：引入"摩擦力"概念后，鉴于高中生的认知规律，先从静摩擦力着手再延伸到滑动摩擦力，通过多种实验探究构建并区分二者的概念，剖析其产生的原因、条件及概念外延，便于学生在"摩擦力"概念上有更深刻的认识，从而培养物理学科核心素养能力。

（三）学情分析

摩擦力在现实生活中随处可见，早在初中时期学生便接触过摩擦的现象以及影响摩擦力的因素，之前的二力平衡知识点，为学习摩擦力概念奠定了扎实的基础。当然，虽然高中生对摩擦力概念已经有所了解，但鉴于摩擦力问题的复杂性，高中生对摩擦力的认识仍局限在初中阶段的简单知识与生活经验方面，认为运动和相对运动方向一致，得出只有静止的物体才有静摩擦力的错误的前概念。

（四）教学目标

物理观念：了解摩擦力概念，能够说明摩擦力大小与方向并在实际问题中展开运用。

科学思维：在物体运动状态分析的基础上推理摩擦力的概念，并能准确描述出摩擦力产生的原因，可自证物体间是否存在摩擦力、受什么摩擦力。

科学探究：能够根据相关现象得出摩擦力的大小及方向，并做出假设性报告，搜集证据进行实验探究，发表自己观点。

科学态度与责任：能解释与描述摩擦力的物理现象并自觉遵守实验规范，保持实事求是的科学态度。

（五）设计思路

借助生活，学生可以自主探索摩擦力的产生条件和方向，进一步激发学习热情。在对滑动摩擦力大小的探究中，我们不再按照传统的教学方法计算正压力的具体值，正压力的大小通常用钩码的数量来确定，由此得出二者之间存在的正比关系。

四、"功与功率"教学案例

（一）教材分析

"功与功率"这节课的内容选自人教版高中物理必修第二册第八章第一节，教材主要讲述了功的计算公式的推导、正功与负功的判定及其物理意义、多个力做功的计算、功率的定义及计算、汽车上坡问题。从结构上看，本节课的内容和"重力势能"的内容，都为高中阶段极为重要的动能定理和机械能守恒定律的学习奠定了基础。

本节课的教材内容相对简单，在实际教学中可以增加摩擦力的做功特点、一对平衡力和一对相互作用力的做功特点、变力做功的计算以及汽车的两种启动模式。教师用书中对"功与功率"这一节课建议的教学时长为 2 课时。

（二）学情分析

1. 知识基础

学生在初中阶段就已经学习过功与功率的相关知识，会计算与位移方向一致的力对物体做的功；经过对人教版高中物理必修第一册的学习，学生对各种力与运动的知识也有了比较好的掌握，已经具备了学习本节课的知识基础。

2. 能力基础

高一学生正处于形式运算阶段，思维由具体形象的感性思维向抽象的理性思维发展，具备了一定的逻辑推理、假设演绎等能力。

3. 认知困难

求解变力做功的计算方法比较多样，需要针对题目选择不同的计算方法，学生在计算方法的选择和应用方面可能存在一定的困难；计算变力做功的方法之一是微元法，对学生的微元思想要求比较高。

（三）教学目标

1. 物理观念

①理解功的概念，掌握功的计算公式、功的单位，学会用功的计算公式进行简单的计算，会计算简单变力做功。

②通过功与运动知识的结合深化学生的运动观念，通过做功的效果引入能量观念。

2. 科学思维

①引导学生从与位移方向一致的力的做功推导一般情况下力的做功，在此过程中培养学生科学推理、科学论证等科学思维。

②创设不同的做功情境，让学生在解决问题的同时提升其模型建构、科学推理、科学论证等科学思维。

3. 科学探究

通过演示实验探究摩擦力做功的特点，在此过程中培养学生的实验观察与分析能力。

4.科学态度与责任

在功的概念理解和求解功的过程中，培养学生科学严谨的态度，让学生遇到问题敢于提出自己的观点。

五、"位置变化快慢的描述——速度"教学案例

（一）课标分析

"位置变化快慢的描述——速度"这节课的内容选自人教版高中物理必修第一册第一章第三节。从整个必修一的设计来看，速度是学生形成运动与相互作用观念必不可少的一步。从单元的角度来看，速度是描述机械运动必不可少的要素，其位于位移之后、加速度之前，起衔接的作用。

（二）教材分析

结合新课程标准的要求，对教材进行分析解读，从教材当中提取出如下学科核心素养要素：一是重构学生对速度概念的认知结构，培养学生的物理观念；二是利用瞬时速度中的极限思想以及图像法，培养学生的科学思维能力；三是通过处理纸带数据，培养学生的科学探究能力；四是通过联系生活中对速度的应用，培养学生的科学态度与责任。

（三）学情分析

学生在建构速度概念之前已经学习了位移，初步接触了矢量，但是对于"矢量"概念在物理学中的具体应用还有待进一步提高。此外，学生在初中阶段已经初步学习过速度，但是与高中阶段的速度的本质涵义并不相同。随着学生认知的不断发展，在高中阶段，对位移与路程做出区分，进而引发速度概念的重新建构，因此速度教学的主要任务就是在学生原有认知的基础上对速度概念进行重构和进阶，让学生对速度形成更加完整的认知，并且要不断深化学生对矢量的认识。

（四）教学目标

物理观念：能在实际问题中辨析和应用关于速度的相关概念，为学生的运动观念打下良好的基础。

科学思维：理解平均速度和瞬时速度的区别与联系，从中体会极限法。利用图像的方法来分析、推理物体的运动情况，培养学生科学推理的能力。

科学探究：通过处理纸带数据，培养学生处理实验数据的能力。

科学态度与责任：将速度与学生生活相联系，激发学生的学习兴趣。

（五）教学策略

由于学生在初中阶段已经初步掌握了速度的相关知识，因此本节课在充分考量学生认知特点之下，选用了以下教学策略：在学生对速度概念原有认知的基础上建构科学的速度概念；通过创设物理情境，凸显速度概念的形成过程，培养学生科学推理的能力；通过组织学生展开合作学习、进行纸带的数据处理等来培养学生处理实验数据的能力。

（六）教学器材与资源

基于速度概念的特点，本节课将采用多媒体课件来播放生活中的实际片段，为学生提供丰富的感性材料。在测量速度的教学中，通过演示实验的方法展示打点计时器测量速度的方法，并且为学生提供已经打好点的纸带。因此，本节课需要以下教学器材：粉笔、黑板、黑板擦、多媒体课件、打点计时器、纸带。

第五章　高中物理规律教学

物理规律是高中物理的重要内容，对课堂教学质量和学生学习水平有着直接的影响。因此，在实际的课堂教学活动中，应当注重物理规律的讲解，优化课堂教学方式，激发学生的学习兴趣，构建高效的物理课堂。本章分为高中物理规律概述、高中物理规律教学的程序、高中物理规律教学的方法、高中物理规律教学的案例四部分。

第一节　高中物理规律概述

一、物理规律的概念

规律是指概念与概念之间表现出来的某些联系性。通过对物理现象的观察与实验，并运用逻辑思维形成物理的科学概念，在此基础上进一步寻找科学概念之间的联系，即物理现象所遵从的规律，这一联系或规律就是物理规律。物理规律都是由概念组成的，并用一定的文字语言或数学语言把这些概念之间的逻辑关系表示出来。物理规律的得出大致有以下两种方法。

（一）实验归纳法

如果规律是由实验直接归纳建立的，那么这样的规律就叫作定律，如牛顿运动定律、动量守恒定律、机械能守恒定律、库仑定律、法拉第电磁感应定律、楞次定律等。在进行物理实验教学时，我们可以根据实验的情况采用不同的方法。

①学生实验：对便于操作的物理实验可以采用学生分组的方法，在教师的指导下设计、操作实验，总结出规律。例如，在"楞次定律"一节中可以给学生准备好实验器材（灵敏电流表、条形磁铁、已知绕向的螺线管、导线等）让学生在不同的情况下进行实验，总结出感应电流的方向规律。

②验证实验：先得到结论，再进行验证的实验，如验证机械能守恒定律、动量守恒定律等。因为已经对结论进行了学习，所以在实验时更能做到有的放矢。在实验前教师应适当提示实验的注意事项。

③演示实验：对不便于学生操作的实验，或体验性实验可以采用教师演示、学生观察现象的方法，如在"光的衍射"中观察泊松亮斑、圆孔衍射和单缝衍射。

④理想实验：在现实生活中不可能做成的实验，是在一定的实验基础上加上合理的推理得到结论的实验。我们可以采用计算机辅助教学（CAI）课件演示的方法，使实验效果更加直观、形象。如伽利略的理想斜面实验，牛顿第一定律就是在这样的理想实验下得到的。

（二）理论演绎法

如果规律是由数学演绎推导出的，那么这样的规律就叫作方程、定理、原理，如爱因斯坦的光电效应方程、惠更斯原理、动能定理、动量定理等。

实验归纳法和理论演绎法这两种方法虽然有区别，但都与观察、思维、想象、实验、数学推理紧密联系。

二、高中物理规律的特征

第一，物理规律反映物质结构及物质运动中诸要素之间的内在联系。物理规律反映物质结构及物质运动中诸要素之间的内在联系，表现为某物理状态下或某物理过程中相关要素之间在一定条件下所遵从的关系，通常有定律、定理、原理、法则、方程等。物质结构及物质运动中的各种要素由物理概念来表征，而且这些物理概念常常是具有定量性质的物理量，并总是与测量及数学关系相联系。

因此，物理规律也是物理概念之间一定关系的语言逻辑表达和数学逻辑表达。例如，牛顿第二定律就是用质点、力、加速度等概念来表达的。研究对象是质点，力、质量、加速度是三个可以测量的物理量。它表明了研究对象（质点）的加速度与研究对象（质点）的质量（反映研究对象本身性质的量）和它受的力之间的定量的因果关系。

第二，物理规律是观察与实验、思维与想象及数学推理相结合的产物。物理规律揭示客观世界物质结构和物质运动的规律，这些规律的获得，必然与观察、实验、思维、想象、数学推理等密切相关。尽管物理规律只能被发现，不能被"创造"，不能够无中生有，但物质世界是极其复杂的，只靠观察和实验，并不能够认识到其中的本质联系。人们发现物理规律正是在观察和实验的基础上，运用逻辑思维，抓住主要因素，忽略次要因素和无关因素，创造性地建立起来的能够解释和预测相关现象的规律。例如，牛顿第二定律就是利用控制变量的思想方法研究质点的加速度与合力、质量之间的关系，在获得了大量的实验数据的基础之上，经过分析与综合，运用数学方法总结出来，并被实践所检验的、在一定条件下成立的客观规律。

第三，物理规律具有近似性和局限性。由于物理规律并不是在对物理自然客体的直接观察基础上建立起来的，而是采用科学抽象方法简化后所建立的理想模型和理想过程，也由于物理科学是实验科学，限于实验条件、仪器的精度、操作的准确度和不可避免的误差等，以及物理现象中普遍存在的微观量的涨落因素和不确定性，所获得的物理规律只是在一定条件下对真实客体运动规律的近似。同时，物理规律总是在特定的条件下、特定的历史背景下建立起来的，还具有一定的局限性，也就是说，物理规律具有一定的使用条件和范围。例如，牛顿运动定律是对宏观、低速物体的运动进行观察实验、科学思维和数学推理相结合的产物，它适用于宏观低速物体的运动，不适用于高速物体的运动和微观粒子的运动，这是它的局限性。另外，牛顿运动定律只能在惯性参考系下成立，在非惯性参考系中不成立。如果在非惯性参考系下运用牛顿运动定律，必须引入惯性力的概念。

三、高中物理规律的分类

为了认识物理规律本身，有必要对物理规律进行分类，从物理规律获得途径的角度来看，物理规律可分为实验规律和理论规律；从物理规律知识形式的角度来看，物理规律可分为定律、定理、原理等类型；从过程中不同质的运动角度来看，物理规律可分为力学规律、热学规律、电磁规律、光学规律等；从定性定量维度来看，物理规律可分为定性规律和定量规律。在高中物理教学中，物理规律通常被分为物理定律、物理定理、物理定则、物理方程或公式等。

（一）物理定律

物理定律是人们在长期的实践中，通过对个别物理现象或过程的观察和实验，归纳得出的物理事物的客观规律。例如，牛顿运动定律、万有引力定律、能量守恒定律、楞次定律等，都是在观察与实验的基础上，通过归纳推理的方式获得的。物理定律的表示方法有文字表述、公式表述和图像表述。

（二）物理定理

物理定理是由经过实验检验或理论证明为正确的定律，或是以原理为前提，经过一定的逻辑法则和数学规则演绎得到具有新的物理意义的结论。例如，动能定理是根据运动学公式和牛顿运动定律，利用功的计算式，经过数学推理得到的。

需要说明的是，上述过程是高中物理教学中推理动能定理的常用方式，尽管是在物体受恒力作用且做直线运动的情况下得到的，但当物体受变力作用或做曲线运动时，利用微积分，也可以从牛顿运动定律中推导出动能定理。同时，物理定理往往把过程量和状态量联系起来，过程量是某一状态量变化的原因，如动能定理把功（过程量）与动能（状态量）联系起来；动量定理把冲量（过程量）与动量（状态量）联系起来。

（三）物理定则

物理定则是在物理定律的基础上进一步总结出来的规律。将物理定律中各个物理概念之间的关系进一步具体化为物理定则，可使物理定律中各个概念之间的关系变得通俗、形象，便于学生接受。如为了快速判断通电导线在磁场中受到的安培力的大小，建立了左手定则；为了准确判断电流的磁场方向，建立了安培定则；为了判断闭合电路中一部分导体切割磁感线运动时所产生的感应电流的方向，建立了右手定则。基于此，有人把这些定则形象地比喻为"左力右电"。

（四）物理方程或公式

物理方程或公式可将物理规律中各个物理量之间的关系用数学的方式表示出来。例如，爱因斯坦的光电效应方程 $h\nu = W_0 + E_k$，描述的是光电效应中，光子的能量、逸出功和光电子的最大初动能之间的关系。此外，质能方程、麦克斯韦方程组等都是用数学公式描述相应物理规律的物理方程或公式。

四、高中物理规律与核心素养

（一）物理规律与物理观念

物理观念是从物理学视角形成的关于物质、运动与相互作用、能量等的基本认识，主要包括物质观念、运动与相互作用观念、能量观念等要素。

物理观念是物理概念和物理规律等在头脑中的提炼和升华，是从物理学视角解释自然现象和解决实际问题的基础。所谓概念和规律的提炼，重要的方面就是把这些概念和规律组合成优化的结构，成为某一知识领域的核心内容，成为解决问题的关键视角和思维指南。物理概念和物理规律的升华指的是学生面对物理语言、文字和符号时，能自觉地联想相应的物理情境，面对实践情境时，会自然联想到与此相关的物理概念和物理规律。

（二）物理规律与科学思维

科学思维主要包括模型建构、科学推理、科学论证、质疑创新四个要素。科学思维是以物理学视角对客观事物的本质属性、内在规律及相互关系的认识方式；是基于经验事实建构理想模型的抽象、概括过程；是分析综合、推理论证等方法的内化；是基于事实、证据和科学推理对不同观点和结论提出质疑、批判、检验和修正，进而提出创造性见解的能力与品质。

物理规律凝聚着科学家的智慧，闪耀着科学思维的光辉。从规律的形成来看，知识和思维是密不可分的。没有科学思维，就没有科学实践，也就只能停留在感性认识阶段，只会积累一些经验事实，而得不出物理规律的结论。可见，物理规律是经过科学思维形成的，而科学思维又在形成物理规律的过程中得到了发展。

将科学思维的培养贯穿于物理规律教学过程中，既能使学生了解知识，明白物理规律的形成过程，加深对物理规律的理解，同时也能培养学生的科学思维。

（三）物理规律与科学探究

科学探究主要包括问题、证据、解释、交流等要素，是指提出科学问题、形成猜想和假设、设计实验与制订方案、获取和处理信息、基于证据得出结论并做出解释，以及对科学探究过程和结果进行交流、评估、反思的能力。

物理规律作为一种完备的知识体系，是科学探究活动的结果。科学探究在本质上是科学家用来解决自然问题的一种思维方式。为了使学生更好地掌握科学知识，领悟科学的本质，发展科学探究的能力，促进科学和社会的发展，物理规律教学也应该采用科学探究的形式来进行，构建科学探究教学模式。学生在完成探究的过程中，要经历发现和提出问题、对问题进行猜想与假设、制订计划、设计实验、进行实验、收集证据、分析证据、得出结论、反思结果、吸取教训、讨论争辩、尝试表达等一系列的活动，从中获得失败与痛苦、成功与喜悦的独特感悟与体验，感受探索的魅力，能更有效感知和理解物理规律，获得情感体验，掌握解决问题的方法，发展探究精神和创新能力。

（四）物理规律与科学态度与责任

科学态度与责任主要包括科学本质、科学态度、社会责任等要素，是指在认识科学本质，理解科学·技术·社会·环境关系的基础上，逐渐形成对科学和技术应有的正确态度和责任感。这里说的"科学态度"是广义的，包括学习兴趣、求真精神和团队作风等，与《普通高中物理课程标准（实验）》（以下简称"'实验版'课标"）三维目标中"情感、态度与价值观"的含义有所不同，它涵盖了"实验版"课标三维目标中"情感、态度与价值观"的含义。

物理学许多规律的发现都经历了曲折的过程，许多科学家为物理学的发展做出了巨大的贡献。学生通过了解科学家发现物理规律的史实，体会科学家不断寻找物理规律和应用物理规律探索未知世界的科学精神，树立实事求是、尊重客观事实、不迷信权威、敢于坚持真理的科学态度。

第二节　高中物理规律教学的程序

一、分析教材

分析教材是进行教学设计的首要环节。在进行教材分析时，应该遵循整体与部分相统一和循序渐进的教学原则。围绕教材内容的逻辑结构，从建立物理规律的背景、创设学习物理规律的情境、建立物理规律的事实依据和科学方法等方面分析教材内容，体会每一部分教学内容编写的目的，充分挖掘教学内容对培养学生物理学科核心素养的潜在价值，具体分析内容及步骤如下。

第一，分析建立物理规律的背景，即从物理规律在物理学或者高中物理学中的地位及作用，物理概念在生产、生活和科学技术中的应用，本节知识的学习对学生后续学习的影响以及对学生物理学科核心素养的形成与发展具有怎样的价值与意义等方面进行分析，为学生建立该物理规律奠定基础。

第二，分析教材是如何创设学习物理规律的情境来给学生提供丰富的感性认识材料的，创设的情境是否有利于学生明确物理规律所研究的主题及相关物理知识的学习。

第三，分析教材中建立物理规律的事实依据和科学方法，让学生经历建立物理规律的探究过程，明确建立物理规律的事实依据，为学生理解物理规律的内涵、外延和发展等奠定基础，同时让学生理解建立物理规律过程中所应用的科学方法。

第四，分析物理规律的内涵、外延及物理规律与相关概念、规律之间的关系。物理规律的内涵是指物理规律的物理意义。物理规律的外延是指物理规律的适用条件和适用范围。物理规律的发展具有两个层面的含义：一是在人类创造知识的过程中，物理规律是如何发展的；二是学习者随着知识的增长、思维的发展，逐步加深对物理规律的理解。物理规律与相关概念、规律之间的关系是指将要学习的物理规律与其他概念、规律之间的内在逻辑关系。

二、分析学情

学情分析是确定学生"最近发展区"和贯彻因材施教原则的基础。在进行学情分析时，应该遵循理论与实践相结合、整体与部分相统一和形象思维与抽象思维兼顾的教学原则。学情分析，主要包括以下三个方面。

（一）学生的兴趣和生活经验

学生的兴趣爱好及对物理规律的学习是否感兴趣，分析将要学习的物理规律与学生生活中哪些物理现象或者生活经验相联系。

（二）学生已有的知识基础

学生已有的知识基础主要包括两个方面的内容：一是学生前期储备的物理知识和数学知识是否能够支撑物理规律的建立；二是学生经历过的科学探究过程和学习的科学研究方法对物理规律的学习有多大的帮助。

（三）学生的认知能力

物理规律是观察与实验、思维与想象相结合的产物，对学生的抽象能力和科学思维能力有着较高的要求。因此，在进行高中物理规律教学设计时，教师应关注学生已有的认知发展水平，以及是否具有理解物理规律和运用物理规律所要求的认知能力，主要是对学生的科学思维、逻辑推理和科学抽象等能力进行分析，明确学生在认知能力方面存在哪些困难和障碍，然后在教学设计过程中，有针对性地设置足够多的感性认识材料来帮助学生克服存在的困难及障碍。

三、分析课程标准

分析课程标准是制订教学目标的重要依据之一。在分析课程标准时，应遵循理论与实践相结合、整体与部分相统一和循序渐进的教学原则，主要从广义和狭义两个方面进行分析。广义方面主要从课程标准中的课程性质与基本理念、物理学科核心素养与课程目标、课程结构、课程内容、学业质量和实施建议等方面进行分析。狭义方面主要包括分析课程标准对具体物理规律教学内容的要求程度，如了解、理解、应用等不同层次的要求；通过分析课程标准中对教学内容的要求，体会其背后隐藏的对学生物理学科核心素养的培养；分析课程标准中对物理规律与物理学科、物理知识之间的内在逻辑关系。

四、制订教学目标

一般将物理课堂教学目标简称为物理教学目标。物理教学目标主要是对物理课堂教学过程进行详细而具体的描述，并预期学生在教学过程中可能发生的外显的学习行为过程、学习结果和学生在学习变化中的心理过程。

在以往高中物理教学的三维目标中，大部分学校基本只关注"知识与技能"目标的完成情况，因为足够应对考试，在"过程与方法"目标完成后又掌握了一定的科学方法，则更深一步的"情感态度与价值观"目标的提升没有得到更多的关注。学生对物理的学习兴趣、学习态度对于物理学习是至关重要的，但是这一点在教学中往往不受重视。在物理教学中教师仅仅教授学生物理知识。在课后练习中学生面对的又是永远解不完的习题，学生对物理世界的魅力不得所知，即便实现了学习知识的目标，但学生的抽象思维、思考问题的方式没有得到系统的训练，也不可能形成物理学科的核心素养。因此，关于学生物理学科核心素养的培养，我们可以把目光放在构成物理学科核心素养的四个要素上，依据这四个构成要素和具体的教学内容来灵活变通设置教学目标。

在物理观念方面，以物理学视角看问题，从物质、运动与相互作用等角度来对待自然，了解自然。例如，在"向心力"的教学中，为培养学生向心力的观念，要让学生对向心力的所有可能来源有一个具体的了解，知道什么是向心力，向心力具有哪些特征，生活中一些利用向心力的现象，以及向心力与当前的科学技术发展的联系。

科学思维方面应该着重发展学生的思维能力，让学生能够在事实证据的基础上进行模型建构，通过科学的推理方法面对不同观点提出建设性的意见。

在科学探究方面，要注重培养学生面对物理情境善于提出问题的能力。著名哲学家苏格拉底曾经说过："问题是接生婆，它能帮助新思想的诞生。"在此基础上进行合理猜测，设计和实施方案，收集证据归纳出结论并做出解释。

在科学态度与责任方面，要让学生认识科学本质，理解科学、技术、社会、环境与物理知识之间的密切联系，对科学的研究有正确的伦理道德观念和社会责任感。在实验数据的收集和整理的过程中，要让学生养成实事求是的科学态度和优良的科学作风。

五、确定教学重难点

在分析教材、分析学情、分析课程标准和教学目标的基础上，为了实现教学目标，还要确定教学的重难点。在确定教学重难点时，应遵循理论与实践相结合、整体与部分相统一和循序渐进的教学原则，主要考虑以下几个方面的因素。

（一）物理规律自身的重要性

物理规律自身的重要程度是确定教学目标的重要依据。有些物理规律可能是物理学科或者是某一主题中的核心知识，有些物理规律的学习可能对学生物理观念、科学思维、科学探究和科学态度与责任中某一方面或者几个方面的培养具有重要的价值和作用。

（二）课程标准的要求

课程标准对物理规律的教学要求（如了解、理解和应用等）是确定教学重难点的直接依据。

（三）学生自身的水平

学生自身的水平，主要包括学生在物理观念、科学思维、科学探究和科学态度与责任四个方面的发展水平，考虑学生自身的水平也就是考虑学生是否具备建立物理规律所需要的知识（主要包括数学和物理方面的知识）基础、科学思维能力、科学探究能力和逻辑抽象能力。学生自身水平的发展是确定教学重难点的重要依据之一。

（四）教学资源

物理实验室的设备与器材、教学环境、现实生活中可利用的教学资源及教师自身的教学水平等因素也是确定教学重难点的重要依据之一。

六、选择教学方法

教学方法是教师为实现教学目标而在教学过程中采用的工作方式，同时对应学生的学习方法。高中物理教学中常用的教学方法主要有讲授法、讨论法、实验法等。在进行高中物理规律教学设计时，教师应该分析学生已有的知识水平、认知能力和学习物理规律过程中产生困难的原因，选择适当的教学方法。

例如，如果学生已有充分的直接经验，可以采用小组讨论的方法，充分发挥学生的主体作用，通过引导学生相互质疑，不断促进科学物理概念的建立；如果学生缺乏建立物理规律的感性认识，就要通过演示实验、类比等方法，引导学生观察物理现象，给学生提供丰富的感性认识素材，为科学规律的建立奠定基础；如果学习的物理规律比较抽象，对学生的科学思维能力和逻辑抽象能力提出很高的要求，教师就应该采用讲授法，向学生传授知识、启发思维、发展能力，同时进行解释说明，促进学生对物理规律的理解。

七、教学过程设计

高中物理规律教学过程设计主要包括以下内容：教学流程设计、教学环节及师生活动设计、评价设计和板书设计。

（一）教学流程设计

教学流程是教师对学生从初始状态到目标状态的发展过程做出的预设，构成了教学过程的主线，教学过程围绕这条主线不断深入，最终实现教学目标。教学流程的思路要清晰、逻辑结构要清楚，并且符合学生的认知发展规律。只有这样，学生对物理规律的学习才能步步连续、水到渠成，从而促进学生物理学科核心素养的发展。

（二）教学环节及师生活动设计

教学环节及师生活动设计是教学的详细预案，包括教学的全部环节和每个环节中主要的师生活动。在高中物理规律教学过程中，主要包括以下教学环节。

1. 创设物理情境，形成科学问题

教师要引导学生探究和学习物理规律，首先要让学生明确物理规律研究的主题及与之相关的问题。因此，在教学的开始阶段，要创设便于发现问题的物理情境，引导学生在实际的物理情境中发现与研究主题密切相关的问题。在中学阶段，一是通过观察、实验发现问题，或者通过分析学生生活中熟知的典型事例发现问题；二是通过对学生已有知识的分析引申和逻辑展开发现问题。

物理情境的创设应能激发学生的已有经验和已有认识，即能够将物理规律的研究主题与学生熟悉的物理现象及已有的知识结构联系起来，能够让学生在必要的观察经验的基础上，运用已有知识对主题问题进行初步的分析和讨论。物理情境的创设还有助于激发学生的学习兴趣和求知欲望。

2. 实施科学探究，促进知识建构

确立了恰当的科学问题之后，高中物理规律教学就进入对问题的探究环节。由于物理规律揭示的是物质结构和物质运动所遵循的规律，因此必然与人们认识物质世界的途径有关，即与观察、实验、抽象思维、数学推理等有着密不可分的联系。物理规律所描述的对象——物质结构和物质运动是客观存在的，物理规律所描述的关系——物质结构和物质运动中诸要素之间的联系也是客观存在的。

因此，对物质世界的观察与实验是认识物理规律的基本前提。从这个意义上讲，物理规律只能被发现，而不能被"创造"。但是，物质世界是极其复杂的，只靠直观地观察与实验，并不能认识到其中的本质联系。人们必须以观察到的现象与实验所得到的事实为依据，运用逻辑推理，剔除无关的、次要的因素，确定本质因素，并创造性地建构能够解释和预测相关现象的种种关系模型。从这个意义上讲，物理规律又是人类智慧的创造物。

在这一过程中，教师应充分信任学生，激发学生对科学的热爱和探究的兴趣，鼓励和引导学生经历科学探究过程，实现知识建构。在中学阶段，实验归纳法和理论分析法运用较多，有时把二者结合起来进行，还可以尝试使用假设检验方法。

3. 讨论物理规律，理解物理意义

学生对物理规律的理解，其基础在于经历相应的科学探究过程。在完成物理规律的探究及内容表述之后，一般还需要引导学生讨论规律建立的过程和方法；讨论物理规律（包括公式和图像）的物理意义，包括对文字表述的推敲，对公式和图像含义的辨析；讨论和明确规律的适用条件和范围；讨论这一规律与相关概念、规律、公式之间的关系。

对物理规律的讨论，不宜进行抽象的文字评述，也不宜简单地罗列一系列"说明"或"注意事项"，而应当设计不同情境的问题，引导学生进行讨论，让学生发表见解，暴露并修正其错误认识，使学生形成对规律的正确理解。对物理规律的讨论，不一定都集中在新课的教学中，可以根据学生的实际情况，在后续学习中适时安排，逐步深入。

4. 运用物理规律，解决实际问题

在这一过程中，一方面，要选择各种不同情境的典型问题，通过教师的讲解示范和师生的共同讨论，让学生在解决具体问题的过程中，深化、活化对物理规律的理解，并逐步领会分析、处理和解决各类问题的思路和方法。另一方面，更主要的是组织学生练习运用物理规律。要引导和训练学生善于联系日常生活中的实际问题学习物理规律，经常用学过的物理规律科学地说明和解释有关现象，学会逻辑地说理和表达；要启发学生将实际问题转化为物理问题，运用物理规律加以研究，提高分析和解决问题的能力；还应当鼓励学生自己动手、动脑进行小设计、小制作，开展适当的课题研究，发展学生的创新意识和实践能力。

物理规律的教学要有阶段性，它是一个逐步深化、提高的过程。对同一个物理规律，初中、高中、大学有不同层次的要求。例如，对运动与力的规律，初中只要求有一个定性的了解，高中要求用初等数学进行定量研究，大学则有更高的要求。另外，学生对某一规律的掌握，也需要由浅入深，一步步地通过一系列教学活动，最后达到课程标准的要求。那种企图通过一两次课的教学，就使学生对某些规律完全掌握的做法，往往既加重了学生的负担，又不能取得良好的教学效果。

（三）评价设计

教学评价的目的是判断通过教学是否让学生从初始状态达到了目标状态。在完成教学过程的每一个环节后，教师通过观察学生在课堂中的表现、行为和其他反馈信息来判断是否实现这个环节的目标（即教学的分目标），尤其是在突破教学重点和难点的过程中，教师可以通过设计练习题或提问等方式，及时观测学生是否理解了相关内容，是否达到了分目标的要求。若分目标已经实现，则教学顺利地过渡到下一环节；若分目标没有实现，教师应根据学生的反馈信息及时弥补教学的不足，适时、适当地调整教学过程。

因此，教学过程的设计应遵循静态设计与动态并重的教学原则。教学分目标之间的设计具有一定的层次性和逻辑性。分目标太大、太小都不利于学生的发展：分目标太大，导致不能实现；分目标太小，浪费课堂教学时间。因此，教学评价的设计应遵循循序渐进的教学原则，但也要符合学生的认知发展能力。每一个分目标的实现是总目标实现的前提和必要准备，总目标的实现是分目标实现的必然结果，因此，教学评价的设计应遵循整体与部分相统一的原则。

（四）板书设计

板书设计的目的是呈现教学中的核心内容，在基于物理学科核心素养的高中物理规律教学设计中，板书一般包括物理规律的文字表述及数学表达式、物理规律的适用条件和适用范围、建立物理规律的事实依据和科学方法等内容。

在教学过程中，教师边讲边写板书，这样有助于学生理解知识之间的逻辑顺序，从而形成完整的知识体系，也便于教师进行课堂小结。因此，板书设计对教学目标的实现有一定的促进作用。

第三节　高中物理规律教学的方法

高中物理规律教学，既要让学生理解并掌握规律本身，又要让学生对规律的建立过程、研究问题的科学方法有深层次的了解，当然更重要的是让学生能够应用规律解决具体问题。

为此，根据新课程标准的要求和高中生的认知规律，结合物理学科的特点，对不同类型的物理规律要采用不同的教学方法。

一、实验规律的教学方法

物理学中的绝大多数规律，都是在观察和实验的基础上，通过分析归纳总结出来的，这类规律叫作实验规律。实验规律教学具体可采用以下三种方法。

（一）探索实验法

探索实验法就是根据物理规律自身的特点，精心而巧妙地设计实验，让学生通过自己所做的实验，总结出有关的物理规律的方法。采用探索实验法，不仅能使学生深刻理解、牢固记忆实验总结出来的规律，还能充分调动学生学习的主动性，激发学生的学习兴趣，更重要的是通过这种方法使学生掌握研究物理问题的基本方法，有利于学生严谨科学态度的养成，也有利于培养学生主动探索物理规律的动手能力。探索性实验在培养学生观察实验能力、抽象思维能力、主动创新能力以及解决实际问题的能力方面有其独到的作用。

在新课程标准的要求下，我们在实验规律的教学中要重视采用探索性的教学方法。例如，在"牛顿第二定律"教学中，采用探索性实验法：先通过实验使学生初步认识到物体的加速度 a 与物体的质量 m 及物体所受外力 F 有关；接着让学生通过实验探索加速度与力的关系及加速度与质量的关系，得出在质量一定的条件下加速度与外力成正比、在外力一定的条件下加速度与质量成反比的结论。通过这个过程，学生既能够掌握科学的实验方法，又能够仔细观察实验过程，发现引起研究对象变化的原因和条件，从而对加速度 a、质量 m 以及物体所受外力 F 的关系有一个生动感知。在此基础上，教师指导学生总结加速度、外力和质量的关系，归纳出牛顿第二定律。

让学生通过探索实验法进行推证，在此过程中学生自然而然地就把研究对象、成立条件、使用范围、注意事项弄清楚。探索实验法，不仅能使学生由被动学习知识变成主动探索自然规律，知识学得更加扎实、牢固，更深远的意义是，探索实验法能使学生受到科学方法的熏陶，掌握研究物理问题的基本方法。

（二）验证实验法

验证实验法就是在教学过程中通过规律的证明使学生理解和掌握物理规律的方法。这种方法一般先由教师提出问题，让学生讨论后，和学生一起总结物理规律，再指导学生并同他们一起通过观察分析有关现象、实验结论，来验证物理规律。在过去传统的课堂教学中，演示实验常常是教师演示、学生看，有时实验过程学生根本看不清，特别是后边的学生，这直接影响学生实验心理素质的提高，也在不同程度上阻碍了学生智能和潜能的发展。

因而，在新课程标准的要求下，在实验规律的教学中可以把原来的课堂演示实验变为边做边讲实验，以便于引导学生观察、分析、归纳、总结，使学生充分了解实验的具体内容和要验证的实验规律，经过多次重复，达到加深印象、巩固记忆的目的。

例如，在"力的合成方法"的教学中，采用如下的方法和步骤。

①复习旧知识引入新课题，提出问题。以天花板上的吊灯受力分析为例，可用一根绳子吊住吊灯，使它静止；也可用两根绳子同时吊住它。用一根绳子吊时，吊灯受一个拉力作用；用两根绳子同时吊时，吊灯受两个拉力作用。可以看出两个拉力共同作用的总效果跟一个拉力产生的效果相同。提出问题："合力与分力二者间有何关系？"

②将平行四边形定则明确告诉学生。

③让学生通过实验验证平行四边形定则，并在此基础上进行理论探讨，得出合力大小与方向的表达式。

验证实验法的最大特点是学生学习十分主动。这是因为在验证规律时，学生已知问题的答案，对于下一步的学习目的及方法已经清楚，所以更加有的放矢。这一方法不仅调动了学生学习的积极性，展示了学生的实验技能，而且让学生得到了科学方法的训练以及能力的培养，加深了对物理规律的理解和掌握。

（三）演示实验法

演示实验法就是教师通过精心设计的演示实验，引导学生进行仔细的观察，再根据实验观察到的现象以及实验中获得的数据，教师与学生共同分析、归纳，总结出有关物理规律的方法。例如，在电阻定律的教学中，可采用如下的方法。

①根据日常生活和实际生产经验，分析出导体电阻与材料、长短及横截面积三方面有关。

②控制变量法。当材料相同、长短相同时，研究电阻与横截面积的关系。同理研究另外两种情况。

③通过演示实验找出电阻与材料、材料的长度以及材料的横截面积的关系。这个演示实验的关键在于提高实验的精确度和可见度。

④根据演示实验结论，分析得出电阻定律。这种方法要充分发挥演示实验的作用，增强演示实验的效果。

二、理想规律的教学方法

理想规律是建立在物理事实的基础上，通过合理推理至理想情况而总结出来的物理规律。因此，在理想规律的教学中应采用合理推理法。例如，在牛顿第一定律的教学中，引导学生通过做小车在不同斜面上下滑的实验，即让小车分别沿不同粗糙程度的斜面向下滑，发现接触面越光滑，小车就滑得越远的规律。由此推理得到在接触面完全光滑（没有摩擦阻力，忽略空气阻力）的理想情况下，小车将会永远运动下去，且保持速度不变，做匀速直线运动，从而总结出牛顿第一定律。又如，理想气体状态方程也是在理想条件下得出的。

三、理论规律的教学方法

理论规律是由已知的物理规律经过严密的推导而得出的新的物理规律。因此，在理论规律教学中应采用理论推导法。例如，在"动能定理"这一规律的教学中，可采取如下方法和步骤。

（一）教师提出问题

质量为 m 的物体在外力 F 的作用下，由初速度 v_1，经过位移 x，达到末速度 v_2。请学生运用所学的知识，找出外力所做的功跟动能变化的关系。

（二）运用已知的物理规律进行理论推导

学生在教师的指导下，根据已知的牛顿第二定律和运动学的规律，应用理论推导法推出动能定理的数学表达式。教师通过物理规律发现过程的教学，可以让学生对物理规律理解得更深刻，记忆得更牢固，同时还能充分调动学生学习的主动性，增强学生的学习兴趣。

第四节 高中物理规律教学的案例

一、"库仑定律"教学案例

（一）学情分析

高二学生，在学习本节课前，已经具有电荷、电荷相互作用的基本规律和电荷守恒定律等知识，具有一定的抽象思维能力和类比推理能力，但对转化思想和放大思想的掌握还不全面，因此在授课时应该注意对学生进行引导。

（二）教学内容

库仑定律既是电荷间相互作用的基本规律，又是学习电场强度的基础，在电学的学习中起承上启下的作用。本节课的学习要求学生认识电荷间存在的相互作用，并进一步确定其定量关系。本节课的内容处于本单元的核心地位。

本节课的内容结构与"万有引力定律"一节的结构有很高的相似性，可以采用以万有引力定律为基础，进行类比学习的方式展开本节课的教学。因此，根据本节课的内容特点，本节课将采用生活化教学情境、引入物理学史、改善物理规律实验以及类比思维式导图等策略进行教学。

（三）教学目标

1. 物理观念

①知道点电荷之间相互作用规律，掌握库仑定律。

②知道点电荷模型。

2. 科学思维

①学会放大思维、转化思维、半分法以及理想化模型思想。

②感悟实际探究过程中所渗透的科学思想。

3. 科学探究

①体会库仑扭秤实验设计的巧妙之处。

②培养学生用科学的实验方法证明自己的假设与猜想。

4. 科学态度与责任

通过将库仑力与万有引力的发现与探究过程进行对比，体会自然规律的多样性与统一性。

二、"欧姆定律"教学案例

（一）课标分析

首先，引导学生学会用物理量之比定义电阻，了解用物理量之比定义新物理量的方法；其次，了解电阻的含义并体会其定义方法，通过 U–I 图像了解材料的电阻特性，形成初步的物质观，并能观察和解释简单的自然现象，解决简单的实际问题；再次，在探究导体电阻内容的过程中，努力创设激发学生探究欲望的问题情境，引导学生进行科学探究，培养学生实验设计、分析论证、反思评估等能力；最后，培养学生解决实际问题的能力，在分析问题和论证过程中，使学生能使用证据说明自己的观点。

（二）教材分析

1. 欧姆定律

首先，通过演示实验分别测量通过两种不同导体的电流 I 和导体两端的电压 U，描绘两种导体的 U–I 图像；其次，通过对导体 U–I 图像的处理得到电流与电压的正比关系，并由 U–I 图像的斜率反映导体对电流的阻碍作用，同时对电阻进行定义；最后，通过对通过导体的电流与导体两端电压之间因果关系的分析，得出欧姆定律的表达式及文字表述。

2. 导体的伏安特性曲线

教材通过描绘导体的伏安特性曲线（I–U 曲线），给出线性元件和非线性元件的概念，在此基础上给出欧姆定律的适用条件。

（三）学情分析

学生在学习本节课之前，在初中阶段已经学习过欧姆定律的内容，但是不够深入。随着学生知识的增长、思维水平和认知能力的发展，需要进一步经历探究欧姆定律的科学过程，理解与欧姆定律相关的科学知识。在此之前，学生学习过的电源、电动势、电势能、静电场等物理知识为欧姆定律的学习提供了充分的知识储备；学生学习过的控制变量法、比值法和实验法等科学方法为欧姆定律的建立从学习方法层面奠定了良好的基础；高中阶段的学生具有一定的逻辑思维能力、科学抽象能力和分析综合能力，这对科学探究欧姆定律的过程有一定的帮助。但由于部分学生认知能力较弱，同时为了能够为学生提供丰富的感性认识材料，教师应注重创设良好的物理情境，让学生体会到探究欧姆定律的必要性和激发学生探究欧姆定律的热情。在教学过程中，教师应注重对学生的启发和引导，促进学生对建立欧姆定律的事实依据和科学方法的理解，不断促进学生对科学探究过程的理解。

（四）教学目标

1. 物理观念

理解电阻的定义，知道电阻只与导体自身的属性有关；知道伏安特性曲线；知道线性元件和非线性元件。

2. 科学思维

①通过描绘两种不同导体的 U–I 图像，体会用比值定义电阻的方法。

②通过描绘导体的伏安特性曲线，知道导体的伏安特性曲线，并了解线性元件和非线性元件的区别。

③会用欧姆定律进行相关的电路分析和计算。

3. 科学探究

①通过观察小灯泡亮暗的变化来分析变化的原因，以此培养学生基于观察和实验提出问题的能力。

②对通过导体的电流与导体两端的电压之间的定性关系进行猜想与假设。

③在教师的引导下，能够设计实验对猜想与假设进行验证。

④能够收集实验数据，利用 U–I 图像来处理、分析实验数据，总结实验规律。

⑤对实验结论进行分析、解释。

4. 科学态度与责任

①能够基于证据和逻辑对欧姆定律的探究过程进行分析、解释，在收集实验数据、处理实验数据和得出结论的过程中养成严谨认真、实事求是的科学精神和科学态度。

②体会欧姆对电学发展的贡献，培养学生的社会责任感。

（五）教学方法

欧姆定律是一个物理规律，本节课的重点是如何得出欧姆定律。该教学设计通过科学探究的模式引导学生测量通过导体的电流与导体两端的电压，描绘导体的图像。根据导体的图像，引导学生得出欧姆定律的表达式和文字表述。本节课的难点是学生对于欧姆定律的理解，运用的教学方法主要有演示实验法、科学探究法和讲授法。

1. 演示实验法

演示实验法体现在以下教学过程中：

①通过移动滑动变阻器的滑片来改变小灯泡亮度的演示实验，学生仔细观察小灯泡亮度的变化，并思考小灯泡亮度发生变化的原因从而引出课题。

②通过演示实验分别测量通过两种不同导体的电流 I 和导体两端的电压 U，描绘两种导体的 U–I 图像。

2. 科学探究法

通过科学探究两个不同电阻的电流 I 和电压 U 之间的关系，得出电阻的概念和欧姆定律，主要体现在以下教学过程中：首先，通过演示实验让学生提出科学问题；学生对通过导体的电流与电压之间的定性关系进行猜想与假设。其次，设计实验方案并制订计划对其猜想与假设进行验证；实施探究方案验证猜想与假设，并进一步探究导体两端的电压、电流之间的定量关系；分别收集两种导体电流、电压变化的实验数据。再次，对收集的实验数据进行处理，描绘两种导体的物理图像；根据物理图像，判断其猜想与假设是否正确；根据物理图像写出 I 与 U 之间的函数关系式。最后，根据 I 与 U 之间的函数关系，分析、解释两种导体的物理图像的变化趋势与差异；分享实验探究结果，对整个探究过程进行表述、评估和反思，尤其是对成功与失败的原因进行分析，总结经验和教训。

3. 讲授法

首先，引导学生分析演示实验中小灯泡亮度变化的原因；其次，在科学探究过程中，针对学生提出科学问题、进行科学猜想与假设、收集实验证据、分析实验数据、得出实验结论等过程中遇到的问题进行引导、启发，逐步引导学生得出电阻的概念和欧姆定律；再次，引导学生描绘导体的伏安特性曲线（$I-U$ 曲线），给出线性元件和非线性元件的概念，在此基础上给出欧姆定律的适用条件；最后，引导学生回顾探究电阻概念、欧姆定律的科学探究过程、导体的伏安特性曲线、线性元件、非线性元件、欧姆定律的适用条件等本节课的主要教学内容。

三、"牛顿第一定律"教学案例

（一）教材分析

本节课的内容选自人教版高中物理必修第一册第四章第一节，本节课的学习是在学生学习完运动学以及力学的基础内容以后。本节课的内容学生在初中阶段已经学习过了，在高中阶段将会进入更深层次的学习。本节课的内容设置在该章的第一节，目的在于让学生将运动学与力学内容相结合，进入动力学部分，为后面知识的学习打下基础，因此设置得非常合理。

教材从"滑冰运动员停止用力后停下，对牛顿第一定律发出质疑"这个问题出发，引出意大利物理学家伽利略与古希腊思想家亚里士多德的争论，通过实验加逻辑推理，推翻了亚里士多德的错误观点，还提到与伽利略同时代的法国哲学家勒内·笛卡儿（René Déscartes）也做了补充性工作，牛顿在伽利略和笛卡儿工作的基础上提出了牛顿第一定律，之后对惯性与质量的关系进行了讲解。本节课的重点在于理解牛顿第一定律的内容，难点在于对伽利略的理想实验的实验方法的理解以及惯性与质量关系的理解。

（二）学情分析

在学习本节课之前，学生对牛顿第一定律的内容的学习有一定的基础，并且已经具备了一定的实验探究能力，对一些物理学的研究方法有一定的了解。但是，值得注意的是，学生的思维能力虽然受到培养，但是在对惯性以及伽利略推理思维的理解上还存在一定的困难。

（三）教学目标

1. 物理观念

①正确理解牛顿第一定律的内容。
②明确惯性的唯一量度是质量。

2. 科学思维

①通过了解伽利略对亚里士多德观点的质疑，体会科学推理在物理学研究中的应用。
②经历伽利略理想斜面实验的推理探究过程，培养学生对不同观点和结论提出质疑和批判，进行检验和修正，进而提出创造性见解的能力与品格。

3. 科学探究

能够基于物体在施加或撤去力时运动状态的改变提出物理问题。

4. 科学态度与责任

①通过对亚里士多德和伽利略等科学家探究科学真理的事迹的学习，提升进行科学探究的兴趣，了解科学与社会的密切联系。

②基于伽利略通过推理实验推翻亚里士多德观点的事实，养成实事求是、勇于质疑、大胆创新和坚持真理的科学精神。

（四）教学重难点

1. 教学重点

理解牛顿第一定律的内容。

2. 教学难点

①对伽利略的理想实验的实验方法的理解。

②对惯性与质量关系的理解。

四、"自由落体运动"教学案例

（一）教材分析

本节课的内容选自人教版高中物理必修第一册第二章第四节，自由落体运动是在学生掌握了匀变速直线运动的规律之后需要研究的一种常见的运动。本节课所学习的是匀变速直线运动应用于人们的日常生活中的实例，本节课的学习，对学生逻辑思维及科学探究能力的训练有很大帮助。

教材从"探究影响物体下落快慢的因素"这一问题出发，引出伽利略与亚里士多德的世纪争论，通过逻辑推理及演示实验，破除了学生长久以来的错误观念，提出了自由落体运动的概念，并通过实验探究的方式，得到了自由落体运动的规律，并提出了重力加速度这一概念。本节课的重点在于明确自由落体运动的性质以及探究自由落体运动的规律，难点在于破除学生的前概念，正确理解自由落体运动的概念。

（二）学情分析

在学习本节课之前，学生对匀变速直线运动的相关规律的内容进行了较为深入的学习，并且已初步具备了一定的实验探究能力，对一些物理学的研究方法有了一定的了解。但是，值得注意的是，学生的逻辑思维正处于起步阶段，且受生活经验的影响，自我总结的一些结论比较片面，存在着"重的物体下落一定快"的错误认识。

（三）教学目标

1. 物理观念

①正确理解自由落体运动的概念。

②了解自由落体运动的规律。

③明确自由落体运动的性质。

2. 科学思维

①通过了解伽利略与亚里士多德对于影响物体下落快慢因素的争论，体会科学推理在物理学研究中的应用。

②经历对自由落体运动的探究过程，培养学生基于科学推理及客观事实勇于提出质疑与批判的科学思维。

3. 科学探究

①体会基于实验事实进行合理猜想、探究并发现物理规律的科学探究过程。

②培养学生基于客观物理现象进行合理猜想、设计实验方案、总结物理规律的科学探究能力。

4. 科学态度与责任

①了解伽利略的生平事迹，培养学生追求真理、敢于实践的科学精神。

②在探究的过程中，培养学生实事求是的科学态度。

③在交流讨论、设计实验的过程中，感受科学探究的协作性以及开发性。

（四）教学重难点

1. 教学重点

明确自由落体运动的性质及规律。

2. 教学难点

正确理解自由落体运动的概念。

第六章　高中物理实验教学

实验是高中物理学科的重要内容，是探寻物理规律的重要方法。目前，许多高中学校的物理实验教学落实新课程标准不到位，因此，教师应采取有效措施以优化实验教学路径和方法，培育学生的实验素养，提升学生的学科核心素养。本章分为高中物理实验概述、高中物理实验教学的内容、高中物理实验教学的方法、高中物理实验教学的案例四部分。

第一节　高中物理实验概述

一、物理实验概述

（一）物理实验的定义

科学实验是人们为实现预定目的、在人工控制条件下研究客体的一种科学方法，它是人类获得知识、检验知识的一种实践形式。物理实验是科学实验的一种，它是人们根据研究的目的，利用科学仪器、设备人为地控制或模拟物理现象，排除干扰，突出主要因素，在最有利的条件下研究物理现象的活动。物理实验是搜集科学事实、获得感性材料的基本方法，同时也是检验科学假说，形成科学理论的实践基础。物理实验在物理学的发展过程中扮演着重要的角色，它在发现新事实、探索新规律、检验理论、判定理论的适用范围、测定常数、推广应用、开拓新领域等方面发挥着重要的作用。

物理实验可以简化或纯化研究对象、通过控制条件来强化研究对象和过程。可重复性和可控制性是物理实验的重要特点，正是这些特点使实验从生产实践中分化出来，成为专门从事创造精神财富的实践活动。自伽利略将实验与数学方法、逻辑论证结合起来，创立系统的物理实验方法以后，物理学得以建立并得到迅猛的发展。物理实验是一个系统的活动过程，既要有科学、精心的实验准备，又要有准确、细心的实验操作，还要有充分的实验结果分析与讨论，它是物理学研究和发展的基础。

（二）物理实验的分类

从实验目的与已有知识的关系看，可以将物理实验分为验证性实验、探究性实验和测定性实验等。

1. 验证性实验

验证性实验是针对科学假说，为检验其正确与否而设计的一类证实性实验。这类实验大多有明确的探究对象和理论设计依据，往往采用可靠的实验方法来检验假设。在物理教学中进行验证性实验的目的就是证实已学的某些科学事实、科学现象、科学概念、科学定律和科学原理。通常教师提供固定的仪器、设备、材料等，实验中有明确的实验步骤、操作规程、实验现象和结果及注意事项等。验证性实验的研究对象是已知的，结论在前，实验在后，有规范的实验操作对学生实验技能的培养、实验知识的掌握和科学态度的养成有积极的促进作用。

2. 探究性实验

（1）探究性实验的含义

探究性实验又称探索性实验，是指人们采用一定的实验手段和方法去探索未知事物或现象的内在性质或规律的一类科学实验，其特点是人们对研究对象不了解，实验的结果往往具有发现性。高中物理教学中的探究性实验是在教师的指导下，学生把自己当作新知识的探索者和发现者，运用已学知识、技能，通过实验亲自发现问题、探索问题和解决问题，其研究对象是未知的，实验在前，结论在后。探究性实验集知识学习、技能训练和科学能力培养于一体，它不仅能激发学生对所学知识的浓厚兴趣，还能培养学生观察问题、分析问题、解决问题的能力，对于培养学生良好的创新精神、逻辑思维能力、创造思维能力、实践能力大有好处。

（2）物理探究性实验的教学指导

①提出问题。探究是从问题开始的，发现和提出问题是学习的开端。问题情境的设置就是要促使学生在原有知识与新知识之间发生激烈冲突，激发学生的问题意识。教师在教学中要善于创设问题情境，使学生在阅读、观察、调查中对自然现象、生活现象或实验现象产生好奇，发现或提出一些有探究价值的问题。

②猜想假设。猜想与假设是学生运用已有的物理知识和实践经验，对问题的可能答案进行猜测，尝试性地提出自己的见解和想法。这一环节有利于调动学生参与学习的积极性和主动性，有利于促进学生思维能力、创造能力的发展。在教学中可根据具体的内容，采用多种形式，鼓励每位学生大胆说出自己的想法。

③设计实验。针对探究的目的和条件，设计明确、具体的操作步骤，达到预期目标。学生自我设计实验方案的成败，取决于学生是否具备基本的科学知识和科学方法。教学中教师应根据探究问题的难易程度，在设计实验方案时给学生必要的方法指导，并注重实验设计的层次性和典型性，使学生逐步掌握统筹问题、分析问题及控制变量的意识。

④实验证实。学生根据设计的实验方案进行实验，获取事实与证据。教师在这个过程中，要指导学生正确操作，确保实验顺利进行；同时，要求学生科学记录实验现象和数据。

⑤得出结论。引导学生对实验结果进行解释并通过理性分析形成结论，这是实验的目标。教学中注意引导学生逐步学会用报告形式将实验进行总结，包括实验目的、实验方法、实验步骤、注意事项、实验结果等。学生通过比较、分类、归纳、概括等方法，对事实与证据进行简单的加工、整理、归纳、处理和分析，得出正确的结论。

3. 测定性实验

在物理学的发展过程中，一部分实验是围绕常数测定进行的。物理学中的常数有两类：一类是物质常数，如比热容、电阻率、折射率等，这些常数在一定条件下会随某一因素的变化而发生变化；另一类是基本物理常数，如万有引力常量、光速、基本电荷等。对于物质常数的测量，通常是为了解特定的物理特性而进行的实验，如"折射率的测量"实验；而对于基本物理常数的测量，通常在物理学发展史中占有极其重要的作用，如光以确定的有限速度传播，对光的电磁波理论起着积极的作用。

（三）物理实验的特点

1. 以课程标准为基点

物理实验是课程、教材的一部分，它的构建必须遵循课程、教材建设规律，以课程标准为基点，思想上做到三个符合，即符合学生的认知心理、符合物理教学规律、符合经济社会发展规律，内容上落实对学生物理学科核心素养的培养。

2. 与理论相辅相成

实验是概念、规律建立的基础，反过来，概念、规律又会为实验的设计提供理论支持。所以，实验与理论是相辅相成的。没有实验便得不到理论，没有理论支持也难以完成实验。

高中物理实验是物理学家经过反复的实践而取得成功的实验。我们的教学是踏着他们实践的足迹重演物理实验，对他们建立的理论进行验证。因此，理论是高中物理实验构建的指南，物理学家的科学探究方式是物理实验构建的基本方式。

3. 比其他学科复杂

物理实验具有科学实验的特点，它会像化学一样展现精彩纷呈的色彩，也会像生物学一样呈现微观世界的组织形式。它包括力、电、热、光、声、原子物理等知识体系，特点鲜明，内容丰富。物理实验仪器的选取和装置的组装多种多样，实验做法千变万化。可以说，高中物理实验的构建比其他学科复杂和困难。

4. 资源丰富

物理实验现象取自自然现象和社会生活片段。因此，物理实验拥有丰富的社会资源，取之不竭。传统的基础实验就是利用这些丰富社会资源构建的。

5. 突出科学探究

新课程标准突出了学生的探究活动，把科学探究的学习和科学内容的学习放到了同等重要的地位。新课程标准人教版高中物理教材中基本都是随堂实验和探究实验，测定性实验和验证性实验很少，整个教材洋溢着探究的氛围，充满了探究的活力。高中物理实验教学构成了以探究式实验为主，演示实验、随堂实验和课外实验为辅的实验教学体系。探究实验的大量增加是希望学生围绕科学性问题站在一个研究者的角度亲自体验科学探究的过程，并通过教师、学生、课程、实验、环境等信息交流、活动交往，让学生学习探究方法，培养探究意识、创新精神和创新能力。

6. 实验形式灵活多样

在新课程标准中，实验与其他教学内容紧密地结合在一起，而不再规定所谓的"必做、选做"的实验。只要新课程标准中有"通过实验，探究功与物体速度变化的关系""通过实验，理解弹性势能的表达式"……这样的要求，人教版教材中就都安排了实验，而且新课程标准也没有对每个实验的具体做法、所用的器材等做出硬性的规定。这样便于教师因地制宜地进行实验教学，可以设计出不同的实验方法，使实验教学更加灵活，还激发了师生的创造力。鉴于新课程标准规定的宽泛性，人教版高中物理教材对实验推荐了几种不同的实施方案，供师生选择。

学生实验（分组实验）：使用物理实验室内的器材做的定量实验。教材目录中列出了11个学生实验，这些实验是按照教学要求，由学生分组进行的，因此也叫分组实验。一个实验可在两课时或一课时内完成操作，数据处理往往要在课后进行。

实验：在教材中以栏目的形式出现，在课堂上由学生自己操作完成。这类实验比"学生实验"简单，用时短，多数是定性实验。

演示：在课堂上由教师操作，学生观察、讨论。有些演示实验的操作应该有学生参与。有条件的学校应该努力让学生动手操作，做随堂实验处理。

做一做：在"做一做"栏目中，有些是实验性的活动。在这些实验中，有的要用到计算机，有的要用到生活中的器材，有条件要尽量多做。"做一做"栏目中实验的趣味性较强，但大多属于拓展性内容，这些实验可由各个学校、各位学生根据具体情况在课下选做。这些实验尽管不要求每个都做，但教学中应该在宏观上有所规划，根据实际情况和教学的需要做总体上的安排，最起码在总量上有个指标，而不要一概不做。

练习与应用：在"练习与应用"栏目中也有一些实验性的题目。这些题目中的器材也是容易获得的。这些实验的难度比"做一做"中的低些，学生都应该完成。

此外，教材中还安排了很多探究性的学习活动，而实验是这些探究活动的主要组成部分。

从新课程标准对实验的规定和人教版教材对实验的安排我们可以看出，新课程标准中的实验无论从内容规定到实验的实施都是灵活多样的，有利于不同条件的学校结合自己的实际条件因地制宜地进行教学。

（四）物理实验的方法

1. 物理实验中的设计方法

物理实验设计的关键是如何通过设计获得良好的观察效果，为此，目前高中物理实验常用以下几种方法。

（1）转换法

物理实验中常常遇到一些实验效果不易观察或观察不明显的情况，为此常常借助于力、热、光、电、机械等之间的相互转换，达到可观察、易观察或观察效果明显的目的。例如，弹簧测力计、握力计等是把力的大小转换为弹簧的伸长量或指针的偏转角度；速度计是把需要测定多个量才能确定的速度转换为直接读数即可得的量；微小压强计是把压强的变化转换为连通器中两边液面高度差的变化。

（2）对比法

人们认识事物、区别事物主要利用的是它们的特点，而这些特点则是通过对比的方法来研究的，对比的方法也广泛应用在物理实验中。材料的对比，包括导体、绝缘体导电特性的对比，同性与异性磁极间磁感线的对比，通电导体周围磁针偏转与磁铁周围磁针偏转的对比等。实验方法的对比，包括温度估测法与用温度计实际测量法的对比、伏安法测电阻时内接法与外接法的对比等。

（3）平衡法

平衡的实质就是矛盾双方的平衡，当矛盾的双方平衡时，从物理学角度来讲总是对应一个平衡方程式，最简单的情况是方程的一侧为已知量，另一侧为未知量，据此可以用以指导实验的设计。例如，应用等臂天平测质量和用弹簧测力计测力是利用了杠杆平衡和二力平衡的原理。

（4）放大法

在实验教学中，为了更好、更方便地对实验中一些微小量的测量进行显示，有时需要对一些量进行适当的放大。放大的方法通常运用在力学、电学、光学等实验中，如游标卡尺的设计就是将细小的长度变化进行放大，教学中常用扩音机、幻灯机等设备把微小的声音或图像信息进行放大等。

（5）控制变量法

在用物理实验研究物理规律时，常常用到控制变量的方法，即在决定事物规律的多个因素中，先固定一些因素，只改变其中的一个因素，进行实验、观察；然后再改变另一个因素，固定其他因素，进行实验、观察。如此反复多次，然后再综合多个因素之间的关系，总结规律，这种方法就叫作控制变量法，大多数实验都要用这种方法来设计。例如，在研究牛顿第二定律的实验中，其设计原理是运用控制变量的方法确定 a 与 F、m 的定量关系。对于研究对象小车（物体），首先控制系统的总质量不变，研究外力变化时加速度的变化情况，由此得出质量不变时加速度与外力成正比的关系；其次保持外力不变，改变小车的质量，测量加速度的变化，由此得出外力不变时加速度与质量成反比的关系；最后综合得出 $F=ma$ 的关系式。

2. 物理实验中的科学方法

（1）观察法

观察法是通过感觉器官或借助科学仪器对周围存在的事物、现象、过程等进行有目的、有计划的感知和描述，从而获得经验事实的一种研究方法。观察法主要有两种观察方式：一是借助眼睛直接观察；二是通过仪器进行间接的观察。观察时首先要明确观察的对象和目的，然后反复观察、感知现象，在感知的基础上找出所观察到的现象的共同点和本质特征，如德国天文学家约翰尼斯·开普勒（Johannes Kepler）发现行星运动的三大定律的经验基础来自恒星和行星运动规律及位置记录的数据，而获得或检验这些数据的方式则是科学观察。

（2）思维法

思维是对事物的理性研究过程，其本质是人的意识对客观事物的特性、事物间的联系的概括和反映，通常包括逻辑思维、形象思维和直觉思维。逻辑思维又称抽象思维，它以概念、判断、推理的形式来反映客观事物的规律，实现对事物的本质特征和内在联系的认识，它表现为分析、综合、比较、抽象、概括、分类等思维过程；形象思维是借助具体形象来反映和认识客观世界的过程，其思维的形式为表象、直感和想象；直觉思维就是直接领悟和洞察的思维或认知，是综合运用已学知识、表象和经验知觉，以高度省略、简化、浓缩的方式来洞察问题实质并迅速做出猜测、设想或突然领悟的思维过程，它的基本形式是直觉和灵感。实验的过程离不开思维的指导，脱离了思维的实验是盲目、无效的实验。实验教学的核心是应用概念和规则，通过分析、综合、归纳、演绎、想象、直觉等思维形式进行实验设计和操作，解决实际问题。

（3）理想实验法

理想实验法是一种科学的抽象方法，它既要以实验作为基础，但又不能直接由实验得到结论。理想实验法就是人们在真实的实验基础上，以科学实验为依据，运用逻辑推理对实际的物理过程进行深入分析，忽略次要因素，抓住主要因素，在理想化的条件下总结出物理规律的方法。例如，我们在探究空气能传声的实验中，逐渐将真空罩内的空气抽出，听到罩内的闹钟的声音逐渐变弱，于是我们推理得出将真空罩内的空气抽空，就听不到闹钟的声音了，从而得出空气能传声而真空不能传声的结论。这里采用的方法就是理想实验法，因为在地球上是没有绝对的真空的。

（4）物理模型法

物理模型法是在实验基础上对物理事实的一种近似、形象的描述，物理模型的建立，往往会导致理论上的飞跃。物理模型法不仅限于物理学，也在冶金学等其他学科中得到了应用，尤其是当某些现象和过程无法通过数学方程描述或求解时，物理模型法成为一种有效的研究工具。

在物理学中，物理模型法的应用非常广泛，例如，通过建立"皮带"模型、"斜面"模型等来解决摩擦力、牛顿运动定律、动能及摩擦生热等问题。这些模型不仅揭示了原型的形态、特征和本质，而且在物理实验中起了关键作用。

（五）物理实验与教学的关系

1. 实验是物理学发展的基础

物理学发展的历史表明，实验是物理学发展的重要源泉。实验物理的先驱伽利略能建立起加速度、惯性等概念，发现运动的相对性和单摆的等时性，正是他进行观察实验的结果。科学巨匠牛顿能在物理学上取得那么多光辉成就，也与他自己及开普勒和伽利略等人的实验分不开。英国物理学家詹姆斯·克拉克·麦克斯韦（James Clerk Maxwell）的电磁场理论是建立在法国物理学家查利·奥古斯丁·库仑（Charles-Augustin de Coulomb）、安德烈·玛丽·安培（André-Marie Ampère）、丹麦物理学家汉斯·克海斯提安·奥斯特（Hans Christian Ørsted）、英国物理学家迈克尔·法拉第（Michael Faraday）等人的实验基础之上的。量子理论的提出和发展依赖于黑体辐射、光电效应，以及原子、分子光谱等实验事实。射电望远镜、人造卫星等实验手段的应用，使人们能够观察到距离地球120亿光年的星系，发现各个演化阶段的星体，从而为人们认识宇宙和建设天体物理提供了可贵的资料。今天，人们对激光的应用、超导的青睐、计算机的信任，正是物理实验结出的硕果。所有这些都说明物理学的发展离不开实验，实验是物理学发展的基础。

2. 实验是物理教学的重要内容

学生在观察和动手的过程中获得知识，这个过程是非常重要的，因为在实验的过程中可以培养学生的思维能力，所以，实验教学成为物理教学中的重要内容。

物理实验作为高中物理教学的重要内容，可以从以下两个方面来认识。

一方面，物理实验是物理学的重要内容。物理学内容，包括基本的物理量、相关物理定律和理论，基本上都是由实验、概念体系和数学公式构成的。实验就是事实，它是一种既可以控制又能实际操作的活动，学习者通过实验过程获得现象；概念体系即物理逻辑和方法论，用来解释说明及证实实验中出现的现象，是实验的理论基础；数学公式是物理规律的表达形式和计量方法，概念体系是定性描述，数学公式是定量表达。因此，物理实验作为物理的重要组成部分，课标中有要求，跟理论教学一样，是物理教师教学必须完成的工作，是学生必须学的重要内容。

另一方面，学生通过物理实验形成概念、寻找规律的方法也是物理教学的重要内容。概念、规律是物理理论的重要组成部分，物理教学必须以概念和规律为核心。只有掌握了基本概念和规律，学生今后在遇到新的物理知识时才能举一反三、迁移使用。而要使学生形成概念和认识规律，就必须经过物理实验过程，只有在实验探究中得到的知识才是记忆深刻的。

除此之外，在学生通过物理实验获取知识时用到的方法，也很重要，如放大法、对比法、物理模型法及各种数学方法等。这是因为，这些方法不仅能够帮助学生获得最基本的知识，还能够帮助学生处理人生问题。学生在今后的生活和工作中，会遇到必须解决的实际问题，在解决这些问题的时候，学生会潜移默化地使用其在物理实验中学习到的各种方法，这是因为许多实际问题解决的模式和方法与物理实验的方法有许多共同之处。让学生通过实验的过程来学习科学方法，是教师物理教学的重要任务。因此，实验应该是物理教学的重要内容。

3. 实验是物理教学的重要方法

物理教学的目的可以概括为三条：一是培养科学的价值观；二是掌握物理的基础知识；三是学习科学方法和培养能力。离开了物理实验，这三条目的是不可能真正达到的。例如，从掌握物理知识来说，实验是物理概念教学、物理规律教学中不可缺少的基础。现在学生普遍感到物理难学，一个重要的原因就是物理教学没有遵循学生认识的规律，学生缺少感性认识的基础。虽然学生的感性认识不仅来源于实验提供的物理事实，还来源于生活，但从生活中得到的感性材料通常来自复杂的运动形态，本质的、非本质的因素交融在一起，仅仅通过这种途径来使学生建立概念和认识规律，有时会遇到很大的困难。而实验则可以提供精心选择的、经过简化和强化了的感性材料，具有典型性、可控性和重复性，因此，它能提供学生有效掌握知识的学习环境。离开了实验的物理教学只能是"空中楼阁"和"纸上谈兵"，其结果会把本来生动的、丰富的物理知识变成一堆枯燥难懂的材料，不利于学生理解，也不利于激发学生的学习兴趣、调动学生的学习积极性。还应当看到，物理实验对学生全面发展的作用，通过动眼观察和动手实验，可使学生知道科学家探索和发现物理规律的过程，培养和提高学生的观察能力和逻辑思维能力，培养学生的实际动手能力和创造能力，帮助他们掌握科学的学习方法，理解理论与实践的关系。因此，我们必须让学生通过观察、实验和思考去探索、去学习，把实验当作物理教学的重要方法。

二、高中物理实验教学概述

（一）高中物理实验教学的定义

在物理课程教学的过程中，为了探索物理规律，研究事物的本质，教师及学生所做物理实验的过程被称为物理实验教学。用于探索科学问题的物理实验和教学中的物理实验具有相同的地方，即它们的实验条件是可以严格控制的，实验是可以重复的，实验需要借助各种仪器，可以在特殊条件或特殊环境中进行。但是，由于两者的应用范围不同，两者之间又存在质的区别：探索科学问题的物理实验的目的是发现新现象、探究新规律，教学中的物理实验则是为了完成教学目标，提高学生的科学素养；科学实验的内容是根据探索的问题而定的，对科学家来说是新的、未知的，而教学中的实验探索的内容则是根据教学需要安排的，内容对教师来说是已知的；科学实验的操作能否得到需要的结论是未知的，而教学中的实验操作是有确定结论的。

（二）高中物理实验教学的类型

1. 演示实验教学

以演示实验在物理教学中的作用来划分，又可分为以下几种主要形式。

（1）引入性的演示实验

引入性的演示实验的目的在于激起学生对所研究问题的兴趣，从而调动学生的求知欲。这类实验只提出问题而不作回答。对于那些重要的、难理解的课题，为引起学生足够的重视，用精彩的演示实验，使学生产生悬念，往往能获得较好的效果。紧跟着这些演示实验，可以根据教材内容的不同特点和学生的情况，采用适当的方法，如自学教材的方法、教师讲授分析的方法、教师继续用演示探索的方法、学生实验的方法、讨论的方法等，满足学生求知的欲望，引导学生寻求引入时提出问题的答案。

（2）探索性的演示实验

探索性的演示实验为建立概念和规律提供了必要的感性素材，并能够引导学生在观察中去粗取精，去伪存真，由表及里，将感性认识上升到理性认识。

（3）验证性的演示实验

用推理的方法从概括性较强的原有的理论中导出新的知识，或者由师生共同讨论提出假设、猜想和理想模型，为了检验这些理论是否正确，还必须通过实验验证，其中一种就是由教师演示来加以验证，这类演示实验也被称为验证性的演示实验。

（4）概念和规律的演示实验

概念和规律的演示实验广泛地应用在教学中，成为巩固理论、纠正错误观点和训练思维的有效途径。例如，在"牛顿第三定律"的教学中，开始我们用两只弹簧测力计对拉，得到它们相互之间的作用力大小相等、方向相反的结论，但只从这一特殊的例子引入还是不够的，于是又演示物体所受浮力与它对液体的压力之间的关系、两带电小球之间作用力的关系、磁铁和铁块之间的关系等，说明这是在一定范围内的力学规律。

不论是哪种形式的演示实验都应该：明显、直观，富有启发性；操作方便、可靠。提倡用简单的方法和自制教具进行演示；设计好演示实验的教学程序。只有这样才能取得最佳的教学效果。

2. 课内学生实验教学

学生的实验活动是使学生获取知识、培养能力和提高科学素质的必要途径，它是其他任何教学活动所不能代替的。在学生的实验教学中，又以课内学生实验为基础，下面介绍两种常用的课内学生实验教学形式。

（1）探索性学生实验教学

探索性学生实验是让学生亲自通过实验观察、测量，研究总结出物理规律的实验，通常，这种过程不同于科学家探索、研究的过程。不同点表现在教师的主导作用方面，通过教师精心设计和指导，调动学生的主动精神，创造学生认识规律的环境，启发学生积极思维，较快和较好地完成探索性任务。

（2）验证性学生实验教学

在高中物理实验教学中，不仅要有教师的验证性演示实验，而且要有学生自己动手的验证性实验。搞好验证性学生实验教学的关键有两条：一是使学生认识验证的必要性；二是使学生掌握验证理论的基本方法。

3. 课外学生实验教学

随着教学改革的深入，课外教学渠道显得越来越重要，课外学生实验成为物理实验课的一个重要组成部分，它的优越性表现在：有利于发展学生的兴趣爱好，及早发现人才和培养人才；不受课堂教学时间的限制，也不受实验室空间的限制，有利于培养学生的能力；不完全受课程和教材的限制，有利于扩展学生的知识面；有利于培养学生的毅力和良好的思想品德；等等。

课外学生实验大致可以分为两大类：一是在物理教学大纲范围内进行的实验，其中有必做的和选做的实验活动；二是不按教材大纲规定的顺序和内容的实验，这类实验与课内学习内容有比较密切的联系。在课外学生实验中，选择实验器材、设计实验方案、进行实验过程，对学生来说都是创新活动。课外学生实验是课堂教学的补充和延伸，可以大大丰富学生的感性认识，深化与活化学生已掌握的物理知识。

（三）高中物理实验教学的原则

1. 以人为本原则

实验教学要遵循以人为本原则，在实验的各个环节都要以育人为前提，物理实验是学生获得知识、提高能力、提升价值观的一个重要途径。从实验前期的准备阶段、实验过程中的操作和交流、实验后期的数据处理到对实验器材的整理，都要时刻注重以学生为主体，以培养学生核心素养为目标。

传统的实验教学过于注重升学而忽略了学生的发展，教师成为课堂的中心，这与新课程标准的理念相悖。新课程标准中要求以立德树人为根本任务，发挥素质教育的独特育人价值，与人本主义学习理论相呼应。学生通过实验掌握适应时代发展所必需的技能，远比死记硬背考试内容更有意义，因此新课程标准将以人为本作为培养原则中的首要原则。

2. 主体性原则

高中物理实验教学要突出学生的主体性，让学生亲临其境，参与实验的全过程。这是教学活动的主体性原则。它强调要充分发挥学生的主观能动性，提高学生的参与意识，激发学生学习物理的热情。这是教学角色的主体性原则。

3. 探究性原则

新课程标准要求高中物理实验教学应注重过程，注重科学探究，教学过程中要给学生创设更多探究的机会，要找准学生探究的切入点，不失时机地让学生进行探究，使学生在探究中学会猜想、验证、推理、归纳、整理、分析、论证，在探究中学会求新求异。同时，要将探究性学习贯穿于教学活动的各个环节，使探究性学习成为高中物理实验教学的显著特征。这是教学过程的探究性原则。

4. 直观性原则

高中物理实验教学中的直观性原则主要是通过现象直观的实验来启发学生的思维，形成对所学知识、实验过程的清晰认识，丰富他们的原有知识，从而使他们获得新知识。高中生的思维发展正处于从具体的形象思维向抽象的逻辑思维过渡的阶段，逻辑思维能力正在逐步形成和巩固。高中物理实验教学的设计中应利用具有直观现象的物理实验，选择能生动彰显物理本质的实验，让学生对实验现象一目了然，丰富学生的感知，增强学生的形象思维，进而促进逻辑思维的形成。实验过程中，教师应适当地启发引导，为学生掌握正确而深刻的物理知识奠定基础。

5. 问题性原则

问题是针对物理现象提出的，是引发学生进行实验探究的前提，是探究的起点。因此，在实验探究过程中，不仅要获取新知识，更重要的是在知识探寻中孕育学生的问题意识，努力创设物理问题情境，让学生在物理问题情境中不断地发现问题、提出问题，这是教学的问题性原则。

6. 启发性原则

应用实验进行教学要遵循启发性原则，教师填鸭式的讲授方式已经不再适合如今的教学，教师讲实验、学生记实验的模式应该被摒弃。教师的作用是给学生提供独立探究的情境，以教师为主导、学生为主体的教学方式更适合社会的发展。

教师应通过启发的方式，让学生在实验中发现问题、分析问题、解决问题。学生只有通过思考去解决问题，才能将知识融入实际的生活中去，启发的目的就是要逐渐提升学生的物理学科核心素养。

7. 生活化原则

新课程标准"前言"中明确提到，要"遵循教育教学规律和学生身心发展规律，贴近学生的思想、学习、生活实际，充分反映学生的成长需要，促进每个学生主动地、生动活泼地发展。加强调查研究和测试论证，广泛听取相关领域人员的意见建议，重大问题向权威部门、专业机构、知名专家学者咨询。求真务实，严谨认真，确保课程内容科学，表述规范"。高中物理实验教学生活化原则的体现策略如下。

（1）实验取材生活化

例如，教师可以把饮料吸管、胶带、易拉罐、塑料瓶等易得物品搬到教室来，帮助学生自制教具，完成一些物理小实验。

（2）实验情境生活化

在一些演示实验中，教师可以把实验结构改造成学生熟悉的模型，贴近现实生活，如虹吸喷水实验、水枪反冲实验等。

（3）实验组织生活化

课堂教学是学生获取知识的主渠道，要使学生积极主动地投入课堂学习中去，教师必须在实验课的组织上成为学生的合作者与共同研究者，与学生打成一片，教学相长，营造轻松愉快的课堂。

（4）知识应用生活化

物理知识的应用就是解释生活中的问题。新课程标准下的作业可以设计一些让学生易做的实验，让学生既能发现物理知识的现实价值，又能体验实验成功的喜悦。

8. 层次性原则

层次性是指学生的探究课题、探究分组、探究要求等要符合学生的实际水平。心理学研究表明，创造力与智力的发展并不同步；超过一般水平的智力是实现创造性潜力所必需的，但超过学生这个临界水平，智力同创造性的相关性就几乎等于零。而现实中学生之间在知识基础、认知能力、意志水平、兴趣爱好、学习态度等方面存在着明显的差异。因此，无论在哪个层面上开展物理实验教学，都要针对不同的学生认知水平提出不同的教学要求和不同的学习任务，让学生在"最近发展区"内去自主探究，获取知识。

9. 创造性原则

在实验的过程中要遵循创造性原则，创造性是发展学生科学思维的重要手段。教师要鼓励学生自己动手设计实验器材、对器材进行改进和创新，这样不仅可以增长学生的知识储备，而且可以迅速增加学生的自信心和求知欲。

传统实验教学很少注重提高学生的创造能力，教师也很少去培养学生的思维素养。人本主义理论提到，人生来就有学习的潜能，且人的好奇心和求知欲是能够被释放出来的。教师在鼓励学生对教科书中的实验进行改进和创新的同时，学生会认真思考，反复琢磨，这不仅会激起学生学习物理的兴趣，同时还可以以此来培养学生不惧权威和勇于创新的品质，改变学生对待科学的态度。

10. 建构性原则

应用实验进行教学要遵循建构性原则。知识的获取是一个主动建构的过程，学生不是被动地接受外来信息而是主动地选择加工。学生的学习过程应该是在教师或他人的协助下，建构自己的过程。

学生刚接触高中物理实验，可能会感到无序，教师可以采用建构性原则引导学生找到新旧知识之间的联系，建构起物理知识之间的逻辑关系。教师还可以利用实验帮助学生建构知识与生活之间的联系，培养学生的"STSE"理念，从各个方面提高学生的核心素养。

11. 时代性原则

世界已进入传统教学与在线教学相结合的时代。传统实验从无数次的尝试、整改成为物理教学的基础。新型的如数字化信息系统（DIS）实验、仿真模拟实验、云物理实验教学已经出现。为此，物理实验教学的方法与策略将立体地呈现信息环境下物理实验教学的一些案例。

（四）高中物理实验教学的要求

1. 充分调动学生的主动性

在高中物理实验教学中，教师必须确立以学生为主体的思想，教师的主导作用应体现在调动学生的主动性和引导学生沿正确的方向去学习知识和发展能力。

培养学生的兴趣是调动学生主动性的关键。教师应通过实验课教学，培养学生学习物理的浓厚兴趣，使学生形成最佳的学习状态，产生爱科学的激情。在高中物理实验课中，教师可采取以下一些方式来调动学生的主动性。

第一，用新奇的现象激发学生求知的欲望。

第二，趣中涉疑，趣中涉难。

第三，让学生在亲身的实践中发展兴趣。兴趣源于好奇心，还增之于实践中成功的欣慰感，因此，我们要尽可能创造条件让学生多做实验。即使在教师的演示实验中，也不要忽视在必要的时候让学生登台表演。

2. 实验与理论密切结合

实验教学的任务主要是促进学生实现认识上的两个飞跃和培养学生的思维能力，因此实验教学必须注意理论和实验密切结合，在教学中应当做到以下几点。

第一，必须切实做以实验为基础，在实践上下功夫。

第二，突出物理原理，把观察、实验和思维紧密结合起来。为使学生成为学习知识和驾驭知识的主人，培养能力十分重要。思维能力是各种能力的核心，各种能力的发展受思维能力的支配，又促进思维能力的发展。因此，在以"物"为基础的同时，又必须以"理"为核心，必须把实验、观察和思维训练紧密结合起来。

3. 加强实验技能训练，培养良好的实验习惯

培养实验技能和良好的习惯是实验教学的重要任务之一，只有严格要求，长期训练，才能取得好的效果。在高中物理实验教学中应该做到以下几点。

第一，培养学生严格遵守操作规程的习惯。操作规程是实验中必须遵守的规则和程序。这些规程是以科学理论为指导，并经过实践总结出来的。要求学生按操作规程进行实验，不仅是实验技能训练的需要，而且是实验素养锻炼的需要。

各种实验仪器有各自的操作规程，应当遵守，特别要制止严重违反操作规程的现象。例如，用导线把电源正、负极短路，用温度计作为搅拌器，用手抓天平的砝码等都是违反操作规程的。

第二，培养认真严肃、实事求是的科学态度和工作作风。学生进行的实验大都是前人做过的实验，而且有比较准确的结果，当实验测量的结果与前人不同时，应当怎样对待呢？常见的情况有两种：一是改一改数据，凑成"好的结果"；二是简单地归结为仪器粗糙。这些都是错误的。应当首先承认实验的事实，再仔细分析实验条件和全部经过，必要时重做实验，找出产生误差的原因。有时，看上去实验是"失败"了，但对一个认真的实验者来说，其收益并不比顺利的实验小。

为了培养学生的科学素养，还应当支持学生反复实验，培养学生既从书本中找答案又从实验中找验证及爱护仪器、注意整洁的习惯。只有从点点滴滴做起，才能造就出一大批社会主义现代化建设所需要的人才。

4. 贯穿实验思想方法教育，培养实验研究能力

在高中物理实验教学中，教师应当有意识地使学生领会实验的设计思想，进而学习简单的实验设计方法。从总体上说，实验的思想方法包括如下一些部分：研究实验的目的；运用物理原理设计实验方案；人为地控制和选择实验条件；使用实验仪器扩大观察视野，定性观察，定量测量，分析实验误差和减小实验误差；运用思维推理和数学的方法提出假设和总结实验结论。

（五）高中物理实验教学的目的

1. 要使学生掌握物理基础知识

高中物理实验教学的基本目的如下：启发学生分析物理学家发现物理现象的心路历程；通过模仿掌握物理原理；通过认真观察和测量获得基本数据；通过分析、处理和概括建立物理概念，总结物理规律。

2. 要提高学生手脑并用的能力

实验是手脑并用的实践活动。在实验过程中，为了进行正确的思维活动，学生既要进行认真的观察，又要有正确的思维。而在思维指导下的熟练操作往往是创造生成的源泉，所谓"熟能生巧"便是如此。

但是，在实验教学中不能把实验仅仅看作单纯的技术训练和操作练习，必须从实践与思维、动手与动脑的相互联系来认识实验对培养实际技能和发展学生思维的作用，为社会主义现代化建设造就可用人才。

3. 要使学生掌握科学的研究方法

一般来讲，教学实验和科学实验的研究方法基本是共通的，所以实验教学离不开科学研究方法的渗透。就目前高中物理课程教材来说，实验教学中涉及的科学方法主要有以下三种：实验归纳法、实验验证法、理想实验法。高中物理实验教学需要借助这些方法来帮助学生建立概念和认识规律，同时也需要学生掌握这些研究方法，继续提高物理学习水平。

4. 要培养学生实事求是的态度

物理实验需要实事求是，遵守唯物辩证法。因此，高中物理实验教学要培养学生尊重客观事实、忠于实验数据、避免主观臆断的态度。教师通过实验教学，要使学生学会分析实验误差的来源，不断改造实验设施，优化实验环境，使实验的误差尽量减小至每个实验误差允许的范围内，从而实现实验教学的目标。

（六）高中物理实验教学的重要性

高中物理教学必须以实验为基础，这是由高中生的年龄心理特点、思维规律和物理学本身的特点及其在物理教学中的作用决定的。

1. 加深对知识的理解和掌握

物理实验能将抽象的知识和规律化为直观、感性的材料和现象，将学生在实际生活中看不见、摸不着的知识和规律或过程呈现在学生面前。这就使得学生的思维经历从实物、图形、现象到数字符号的过程，从而在学生的头脑中形成知识体系，加深学生对于知识的理解和掌握。

实验是我们获取知识途径的方法。学生通过实验可以更快速、更深刻地掌握课本中的知识。例如，在学习磁场的时候，为了让学生对看不见摸不着的磁场有一定的感受，教师可以用立体磁感线显示器，给学生演示条形磁铁和马蹄形磁铁的磁场分布，学生通过观察，直观地感受磁场的分布特点，便于学生对磁场的理解。

再比如，在学习楞次定律时，教师给学生演示：磁铁插入和拔出与灵敏电流计相连线圈时，电流表的指针是变化的，指针都发生了偏转，让学生直观地看到感应电流的产生，但两次指针偏转方向不一样，让学生看到两次产生的电流方向不一样。以此为启发，带领学生分析引起感应电流的原因，得到楞次定律的内容。经历这样的观察过程，学生对于楞次定律的内容，要更容易接受和理解。

2. 培养学生的观察能力

教师在演示实验中，首先要让学生明确实验观察的目的，其次要让学生观察实验的装置，认真观察实验仪器的初始状态，了解各部分仪器、仪表的作用与功能，使学生对观察的目的、实验的仪器装置有一个整体认识。在做电学实验时，要先让学生看清电路。另外，要引导学生认真观察实验现象的发生和变化过程，演示实验一般要重复做二至三次，以便于学生反复观察，记录实验现象并得出结论，教师还要带领学生分析思考逐步形成理论。这样，学生的观察能力得到了培养，对理论知识建立的过程有了较为清楚的认识，使知识具体化，便于学生理解较抽象的理论物理知识，能够使其久久留与脑海之中，保持较长的记忆时间。一般地，第一次演示时让学生集中观察发生的现象，第二次演示时要求学生观察教师的操作，以便明确现象是怎样发生的，第三次演示时让学生综合观察现象发生的过程及其结果如何。

为了增强演示实验的效果，培养学生的观察能力，教师可以在演示实验前或演示实验过程中，提出一些思考性的问题，以便引导学生观察实验中发生的现象及现象变化过程，把学生的无意注意转化为有意注意，引导学生集中注意力观察最需要观察的事物，并在演示实验过程中指导学生观察的方法，以及观察中应注意的问题。

在演示实验的观察训练中可以逐步减少教师的指导，从开始实验前做详细的指导观察逐步地变为有重点地指导观察。在学生具备一定的观察能力后，可运用"无声演示"的方法，即教师在演示前和演示过程中都不讲解指导，而只操作给学生观察，演示结束后，让学生把观察到的现象和过程用科学语言正确描述出来，可以先提一名学生回答，然后请其他学生补充，直至达到要求为止。也可以让每个学生看完教师的无声演示后，写下自己所观察到的现象和过程，这也是考查学生观察能力的有效方法之一。经过这样反复多次的训练，即可不断提高学生的观察能力。

3. 为学生学习物理提供符合认识规律的环境

学生在学习物理的过程中，要形成物理概念和认识物理规律。首先必须有一定的感性认识，这种感性认识可以来源于学生的生活环境，也可以来源于物理实验提供的物理事实。但是，从生活环境中得到的感性材料通常隐含于复杂的运动形态之中，力、热、电、光等现象交织在一起，本质因素和非本质因素又往往相互交融在一起，因此仅通过这种生活环境来使学生形成概念和认识规律是比较困难的，有时甚至是不可能的。而运用实验则可以提供精心选择的、简化的和纯化的素材，它能够使学生对物理事实获得明确、具体的认识，然后通过简捷的思维活动，就能建立起清晰的物理概念，准确地掌握物理规律，学会科学的研究方法，以最有效的方式迅速地掌握前人发现的科学真理。

4. 培养学生的科学探究能力

物理实验是最基本也是最重要的科学探究。通过物理实验，学生可以获得基本的科学探究能力。在参与整个科学探究的过程中，需要学生观察现象、比较分类、测量数据、推断预测结果、交流表达结论，还要识别与控制变量、制作图表、分析结果、建立模型。

观察是学习者初步探索世界的尝试活动，在物理实验中，观察是最基本也是必备的技能。在进行物理实验时，要引导学生有目的地观察，观察物理现象是如何产生的、发生了什么样的变化、在什么样的条件下发生了变化、现象具有什么样的特征，要培养学生鉴别和解释某些变化的能力。因此，物理实验可以教会学生如何有效地观察某个现象，并概括现象的主要特征。

比较分类，是贯穿于整个科学探究过程中的，学生在观察或者理论分析时，应根据已有的知识，将具有共同特征的现象和规律进行比较，找出它们的共同点，将完全不同的现象根据它们的独有特征进行合理分类。

测量是科学探究的过程中最基础最核心的一环。根据观察到的现象，学生设计出合理的探究方案，根据方案确定最有效、最合理的测量工具，选择误差较小的测量方法，对相关物理量进行测量。

推断预测，是学生在已有的知识体系下，对实验中将要出现的结果的一种假设和判断。推断预测必须在事实的基础上进行，要有一定的理论依据，要科学合理。推断预测是科学探究中的一项高级技能。

在科学探究的过程中，学生除最基本的观察、测量、预测之外，还要对实验原理、实验器材、实验过程进行分析，对实验结果进行概括。学生通过观察测量等活动得到实验数据，要对实验数据进行分析、综合，要按从整体到局部再到整体这样的过程进行分析，综合找出局部的层次和关系、将有共同点的局部整合成整体。

培养学生的科学探究能力的目的是让学生具有解决实际问题的能力。在日常的实验教学过程中，不论是物理实验设计，还是物理实验验证，所涉及的一系列物理实验操作都是通过构建物理模型完成的，也是对学生物理建模能力的有效培养，为学生日后的生活与学习奠定了扎实的基础。学生通过实验获得科学探究能力，就能够将所学知识和方法应用到实际问题中，会利用已有知识和方法去分析、解决实际问题。

5. 激发、增强学生学习物理的兴趣

高中生的年龄一般都在 16 岁左右，他们的思维敏捷，易于接受新鲜事物，同时好奇、好动、好强、好胜又是他们的天性。而高中物理实验作为一种特殊形式的知识载体，本身具有直观、生动、形象、有趣的特点，恰好适合中学生年龄特征的需要，因此对他们有很

强的吸引力，极易唤起他们的直觉兴趣。例如，让学生观察等"水火箭"生动有趣的实验，他们的注意力会高度集中，新奇的实验现象常常出乎他们的意料，使他们兴趣盎然。这样，就容易唤起他们的好奇心，激发他们的求知欲望。

此外，实验是一种有目的性的操作行为。学生在观察的基础上，会很自然地产生一种自己操作的欲望。让学生动手实验，不仅可以满足学生的操作意愿，还可以发展学生对探索知识和规律的兴趣，进而发展学生的认识兴趣。

当学生对物理产生浓厚兴趣时，他们的学习欲望强烈，学习起来也会感到轻松愉快，从而有利于形成主动、正确的学习方法。不断收获"发现"与"战胜困难获得成功"的喜悦，学生学好物理的信心就会越来越强。更为重要的是，这种兴趣可转化为一种热爱科学的素质和志向，这对学生个性的发展也具有重要意义。

6. 培养学生的科学态度和优良的品格

实验是科学研究的一种方法，因此学生必须抱着科学的态度去进行实验。实验前，需要把各项准备工作做得井井有条；实验中，需要按科学的方法进行正确的观察和操作，实事求是地记录物理现象及测得的数据，这对培养学生良好的科学态度是有好处的。同时，因为实验是一种科学活动，要求学生必须善始善终，对实验中遇到的问题和困难，要积极探索，迎难而上，并想办法去克服困难，还需要有一种不取得成功不罢休的拼搏精神，这对学生来说是一种意志锻炼。因此，实验不仅能使学生学到物理科学知识，而且能锻炼性格、陶冶情操，使学生养成良好的学习习惯。此外，物理实验中存在着丰富的辩证唯物主义素材，这对学生世界观的形成也有着不可低估的促进作用。从某种意义上说，实验的这种作用，较之于使学生掌握一些具体的知识和技能更为重要，对于提高人的素质具有很大的意义。

7. 培养学生的创新能力和交流合作精神

随着教育改革的深入，提高学生的学习素质、创新能力，培养学生的小组合作意识，已经成为所有一线教师的共识。要求教师要重点处理好整体目标与学生的个性化发展之间矛盾，在部分学生完成实验计划的前提下，可以鼓励、引导学生不拘泥于教材中的实验方案，进行一些创新改进或自己另外设计不同的方案，又或是自己提出实验研究课题，设计实验方案，独立或与同学合作进行实验。

第二节 高中物理实验教学的内容

一、高中物理演示实验教学

高中物理演示实验教学是指在课堂上主要由教师操作，向学生展示要研究的物理现象，引导学生观察、思考，传授学生知识的教学活动，有时因操作的实际需要或为了调动学生的积极性，也可以请学生充当教师的助手或在教师的指导下让学生动手操作。

在高中物理课堂上，由于物理学科的特点，教师必须经常在课堂上为学生做各种各样的演示实验，突出某种因素的作用，使单一、直观的实验可以重复演示，便于观察。课堂上教师展现鲜活直观的物理实验现象，既可以促进学生更好地理解和掌握物理概念和物理规律，也可以培养学生的观察能力、思维能力。高中物理教学实践表明，成功的演示实验能够展示教师教学艺术，化枯燥为生动，化抽象为具体，会使课堂教学更加生动而充满乐趣。这是一种目前深受学生欢迎的高中物理课堂教学方式。它形式灵活、功能多样，适宜于引入巩固、复习、习题等课。

演示实验的目的在于辅助教学，创造一个合适的物理情境，有利于学生学习，培养观察能力。演示实验的关键在于对学生的观察进行指导。观察指导有两层含义：第一，吸引学生注意、观察；第二，教给学生观察方法，告诉学生往哪儿看，看什么。教师是演示实验的主要操作者，也是学生观察分析实验现象的重要引导者。教师通过精心安排演示实验的教学过程，保证演示实验教学活动取得良好的教学效果。高中物理演示实验教学的程序一般分为三个环节。

①预备。向学生说明演示实验的目的，介绍实验所用的仪器、设备以及实验的原理，安装好实验装置。这一教学环节的目的是让学生了解将要观察的对象，避免观察时对实验关键信息产生疏漏，使学生在实验过程中能获取详细准确的感性认识，为后面的分析和研究问题奠定基础。

②演示操作与说明。教师在课堂上操作演示实验时，要注意引导学生共同分析探讨，同时要根据现场实际情况确定引导的时机和方法。例如，现象新奇直观，可以先演示后分析，以便更好地调动学生的兴趣；而比较容易分析得出结论的实验，可以设计为验证性实验来增加悬念，先分析后演示；对于复杂实验，应该采用边演示边分析的方法，层层深入，操作和引导并举，从而帮助学生弄清楚实验现象的本质和规律，这是演示实验的中心环节。

③归纳和总结。归纳和总结是演示实验的重要环节。在实验结束后，教师要引导学生认真对实验过程进行总结，对观察到的实验现象进行分析比较、抽象概括、归纳演绎以及判断推理寻找规律，强化学生观察到的实验现象和过程；在学生观察实验现象的基础上，引导学生得出正确的结论。同时教师还要引导学生用这些结论分析实验，让学生在探索实践中获取知识、运用知识，提高分析和解决问题的能力。

二、高中物理分组实验教学

高中物理分组实验教学是指在教师的指导下学生利用整节课时间，在实验室分组完成的实验教学活动。在此过程中，学生要综合运用所学知识、技能与小组成员一起协调配合共同经历一个比较全面和完整的实验过程。

在高中物理分组实验教学过程中，学生自己动手使用仪器、观察测量、记录数据、分析数据、得出结论，这是学生学习物理知识、培养实验技能和良好品德素质的重要环节。

高中物理分组实验的教学目的：使学生掌握常用基本仪器的构造、原理和正确的使用方法，学会正确进行观察、测量和记录数据等基本实验操作；了解误差的概念，并学会初步分析和处理实验数据，学会写实验报告，培养学生实验技能及自主学习的良好习惯和能力。

高中物理分组实验教学的程序和要求如下。

①准备阶段。教师要完成对实验器材的检查工作，做好实验前的组织教学工作。教师要引导学生复习实验所需要的理论知识，认真阅读实验教材，启发引导学生思考实验原理，突破实验的难点，建立可行的实验方案。学生要明确实验目的，理解实验原理、方法、步骤，了解仪器的性能、使用方法和注意事项，做好实验操作与记录准备。

②操作阶段。学生根据所设计的实验方法正确安装和调试实验仪器、排除实验故障、控制实验条件变化、观察测量、记录数据，并在实验结束后整理好实验仪器。教师要进行巡视，指导学生遵守实验的操作规范，当学生在实验中遇到困难时给予适当启发点拨，使学生顺利进行实验，减少实验误差，避免实验事故的发生。

实验操作阶段一般包括三个环节，仪器安装调试环节、实验操作和观察记录环节、拆除整理实验仪器环节。

③总结阶段。在学生完成实验操作之后，教师可以引导学生对实验进行总结，启发学生选择恰当的科学方法，分析并处理实验数据，得出实验结论，完成实验报告。教师在这个阶段要注意教育学生尊重实验客观事实，培养学生实事求是的科学态度和作风，培养学生分析处理实验数据和归纳实验结论的能力。

最后应该指出，学生分组实验是以学生活动为主的实验，教师不能安排过于详细、过于具体的讲授活动，要创造一个让学生有充分动手动脑机会的实验环境。实验课上应当让学生有更多的主动权，教师要引导学生主动探索问题，让他们自己设计实验，选配仪器，进行简单的故障排除、数据处理和分析，从而逐步培养学生探究问题的能力和实验能力。

第三节　高中物理实验教学的方法

一、教师演示、学生观察教学方法

教师演示、学生观察教学方法包括直接演示教学方法、对比演示教学方法和模拟演示教学方法。

（一）直接演示教学方法

直接演示教学方法就是教师直接演示某一物理现象或规律的方法。在高中物理实验教学中，绝大多数演示实验都采用这种方法进行教学。这种教学方法中的实验现象直观明了，易于被学生接受，因此教学时教师不需要转弯抹角。例如，演示磁场对运动电荷作用力的实验中，当蹄形磁铁的 N 极在外、S 极在内（相对于纸面），从上往下靠近阴极射线管的电子束时，只见电子束向下偏转。学生在教师启发下得出两点结论：一是磁场对运动电荷有力的作用；二是电子偏转方向遵循一定的规律。可借鉴安培力方向的判断方法来分析，从而发现判断洛伦兹力的方向可利用左手定则。

（二）对比演示教学方法

对比演示教学方法是教师利用同一演示内容的两个不同部分进行对比，或对两个演示过程进行对照，从而找出其对应规律的方法。这种方法是在单独的实验内容无法直接观察、演示现象或效果不明显的情况下所采用的。

例如，在演示自感现象时，如果把一个感应线圈和一只灯泡与电源、开关串联在一起，那么在闭合开关时，灯泡慢慢亮起来的效果会因缺乏对比而不能使学生看到有什么特别。这时，如果把这个感应线圈和一只灯泡连接成一个支路，另一只相同的灯泡与滑动变阻器连接成另一个支路，闭合干路的开关时，学生就能看到两只灯泡亮度变化具有明显的区别，由此得出感应线圈发生了自感现象、产生了自感电动势的结论。

（三）模拟演示教学方法

模拟演示教学方法就是模拟演示某一物理现象或规律的方法。物理学科涉及的自然现象是广泛的，一些物理现象的感性认识对揭示物理规律起着很好的作用。在教学中必须创造这样的环境，这只能通过模拟实验来实现。

常见的模拟实验有模拟多普勒效应、海市蜃楼、布朗运动、避雷针等。例如，在模拟多普勒效应中，教师把一个扩音机由远及近靠近转动的皮带轮，再远离皮带轮，提醒学生注意认真倾听，听听声音除音量大小以外的变化。通过认真倾听，学生可以听到扩音机靠近皮带轮时音调变高、远离皮带轮时音调变低。由此启发学生明白这就是多普勒效应。

对于演示实验还有其他特殊的教学方法，如气垫法、频闪法、光杠杆法、投影法、描迹法、示波法、光电转换法、压电转换法、模型法、电视摄像法、仿真法等，这些大都是采用优良的实验设备和电化教学设备帮助实验提高演示效果的教学方法。

二、教师示范、学生模仿教学方法

（一）整体示范教学方法

整体示范教学方法就是根据实验目的，教师从如何选取实验仪器、理解实验原理、进行实验操作、分析实验现象、记录实验数据、处理实验数据、得出物理规律做了全面的示范和解说。

在整个过程中，教师应注意放慢节奏，对每个环节做精准的示范，同时引导学生认真细致地观察，并根据教师的提问积极思考，弄清每步实验的意图和实验方法，最终达到让学生自己完成实验、得出规律的教学目标。

（二）分解示范教学方法

分解示范教学方法就是容易的实验让学生自己做，不需要教师示范。当实验中某个环节出现了疑难问题时，教师给予分解示范，认真解说，从而帮助学生突破难点，顺利地完成实验任务。

例如，在"牛顿第三定律"的教学中，开始就让学生自己做实验：同桌的两位同学在课桌上掰手腕比赛力气。比赛结束后让学生通过对实验的观察和分析，理解力的作用是相互的，并知道作用力和反作用力的概念。

在继续研究作用力与反作用力的定量关系的时候，教师提出了一些问题："作用力与反作用力是一对平衡力吗？它们的大小、方向、作用有什么样的特点？"通过提问调动学生的学习热情。接着，教师拿出两把弹簧测力计，对应该怎样做实验、观察什么、记录什么都做示范和讲解。

在学生明白了实验要注意的问题之后，教师让同桌的两位同学合作做实验。最后请学生对实验结果进行汇报，运用分析、比较的方法，认识作用力与反作用力和一对平衡力的异同，总结出牛顿第三定律。

教师示范、学生模仿教学方法从学生具体活动来说涉及学生的观察、操作、体验和设计，可以说它是演示实验和分组实验的完美结合，能有效地缩短教学的时间、提高学生学习的效率，是当前常用的教学方法之一。

但是必须指出这种教学方法并不是简单地做一做，学生也不是简单地看一看。它必须根据不同的教学内容和教学目标、不同的学生、不同的教学效果运用不同的教学方法，只有这样才能真正体现这种教学方法的价值。

三、学生自主探究、教师引导教学方法

常用的学生自主探究、教师引导教学方法有六环探究教学方法、同步探究教学方法、真本探究教学方法等。

（一）六环探究教学方法

六环探究教学方法是指运用科学探究的六个基本环节的教学方法。学生遵循这样的程序"提出问题→猜想与假设→制订计划和设计实验→进行实验并记录数据→分析论证→评估、交流与合作"进行实验探究，最终发现物理规律。这样的预设符合学生的认知心理规律，条理清楚、意图分明，学生能很清楚地实施科学探究、掌握科学的方法。教师遵循这样的教学程序对学生启发引导也较为轻松，能更好地完成教学任务。

（二）同步探究教学方法

同步探究教学方法是指学生讨论制订同一实验课题的几种不同的实验方案，通过教师的评估而定下几个可行的实验方案，由几个小组同时开始操作、测量、处理数据、归纳结论，再进行对比，看看每个小组发现的规律是不是一样的、有哪些方面的差别、是什么原因造成的。例如，在探究动能定理的实验中，有的小组以重物做自由落体运动来探究，有的用橡皮筋拉动长木板上的小车来探究，有的用验证牛顿第二定律的实验装置来探究，有的用小球在弯形的管道中运动来探究，这些方案都可行，但探究得到的结果差异还是较大的。前两种实验的误差较小，后两种实验的误差较大，学生通过认真探讨误差产生的原因，发现了减少误差的方法。

（三）真本探究教学方法

真本探究教学方法是指在观察和探究我们周围的世界时，试图从已知事物中探究发掘某些潜在的规律的教学方法。因此，在高中物理实验探究教学中，要注意在物理知识发展到某一特定阶段时，做出新的假设，然后根据假设创设新的实验条件，得出新的结果，再借助原有物理知识从理论上加以论证。

第四节　高中物理实验教学的案例

一、"力的分解"教学案例

（一）学情分析

从学生主体性方面来看，高一的学生思维比较活跃、善于思考，对物理实验有着浓厚的兴趣。从知识构建的角度看，学生在此之前已经学习了重力、弹力、摩擦力及力的合成等内容，已初步掌握了合力与分力的等效替代方法。高一学生具备观察分析实验现象的能力，以及一定的科学探究能力。高一学生虽然对知识充满渴望，但是他们的思维具有一定的单一性和定式性，抽象思维尚处于起步阶段。因此，高一学生在学习本节课内容的时候还是会有一定的挑战。

（二）教学内容

本节课的内容选自人教版高中物理必修第一册第三章第四节"力的合成和分解"。本节课的内容为位移、速度和加速度等矢量的分解以及牛顿第二定律的应用奠定了基础，进一步加强和巩固了平行四边形定则。力的合成和分解的教学内容是整个力学知识系统的核心之一，是新旧知识之间的纽带，具有基础性和预备性的功能。

在本节课的教学过程中，教师应先和学生进行一个趣味的小实验以激发学生的学习兴趣、启发学生的科学思维，然后引入本节课的核心知识，培养学生的物理观念。在教学中设置四个演示实验，层层推进，对于学生的要求逐渐提高，培养学生的实验探究素养。实验中应力求使用贴近生活的实验器材完成实验设计，将实验的现象用直观的方式展示出来，帮助学生建构力的分解物理模型，培养学生严谨、认真的科学品质。

（三）教学目标

1. 物理观念

①从感性认识着手，建立物理知识和实践情景的联系，从力的作用效果上理解力的分解。

②通过经历力的分解概念和规律的学习过程，了解物理学的研究方法，认识物理实验、物理模型和数学工具在物理学研究过程中的作用。

2. 科学思维

①通过学习，了解物理规律与数学规律之间存在和谐美，领略自然界的奇妙与和谐。
②体会"等效替代"的物理思想在力的分解中的运用。

3. 科学探究

通过实验探究，理解力的分解，会用力的分解的方法分析日常生活中的问题。

4. 科学态度与责任

在实验中培养学生良好的观察习惯和严谨求实的科学态度，培养主动与他人合作的精神，能将自己的见解与他人交流的愿望，培养团队精神。

（四）教学重难点

1. 教学重点

掌握力的分解方法以及会进行分力的计算。

2. 教学难点

能根据力的作用效果进行力的分解，掌握力的分解方法。

二、"楞次定律"教学案例

（一）学情分析

从学生主体性的角度来看，高二的学生经过一年的物理学习已经具备一定的实验观察能力与实验操作能力，能分组完成具有一定难度的探究实验。

从学生已学知识和经验角度来看，学生在本节课之前已经学习过电磁感应现象并经历过感应电流产生条件的探究过程，为本节课楞次定律的学习与实验探究打下了一定的基础。物理学科核心素养要求学生具有一定的实验探究能力，重点在于培养学生的创新思维、科学态度与责任素养。

因此，教师在本节课将带领学生亲身体验实验探究过程，培养学生的物理学科核心素养。本节课的设计思路为创设情境、质疑设问—确定主题、制订计划—小组合作、探究学习—交流信息、探讨结论—总结评价、拓展延伸—反馈练习、落实效果。

（二）教学内容

本节课的内容选自高中物理人教版选择性必修第二册第二章"电磁感应"，本节课是在学生认识电磁感应现象和探究了感应电流的产生条件之后安排的。楞次定律的学习既是对之前所学习内容的进一步深入探索，同时也与后面的法拉第电磁感应定律紧密相连，为学生后面的学习奠定了基础。

楞次定律是高中物理教学的重点内容，本节课对学生来说难度较大。楞次定律所涉及的物理规律和物理知识较多，学生往往只能记住楞次定律的内容但却无法灵活地进行使用。究其原因是学生没有亲身体验楞次定律的产生过程。

因此，为了突破这个学习重点与难点，教师可通过让学生分组进行实验探究的方式，借助电流传感器等多媒体教学设备探究楞次定律的产生过程，将物理规律复杂的变化过程转化为直观的实验现象，以帮助学生加强对核心知识的理解与应用。

（三）教学目标

1. 物理观念

明确原磁场磁通量、磁通量的变化、感应线圈中能量的转化等相关物理概念。

2.科学思维

理解楞次定律，知道楞次定律是能量守恒的反映，能利用楞次定律判断感应电流的方向。

3.科学探究

经历实验探究、推理分析得出楞次定律的过程，体会归纳推理的方法，提升科学探究的能力。

4.科学态度与责任

经历实验探究、推理分析得出楞次定律的过程，体会物理中的乐趣，培养严谨的科学态度。

（四）教学重难点

1.教学重点

①完成楞次定律的实验探究过程。
②应用楞次定律判定感应电流方向。

2.教学难点

能根据实验探究结果分析、归纳总结出楞次定律，并能对其进行理解与应用。

三、"导体电阻率的测量"教学案例

（一）新课程标准分析

新课程标准中指出，通过实验，探究并了解金属导体的电阻与材料、长度和横截面积的定量关系。会测量金属丝的电阻率。必修三的教学提示中指出，在实验探究金属导体的电阻与材料、长度和横截面积的定量关系，以及闭合电路欧姆定律等内容的学习中，努力创设激发学生探究欲望的问题情境，引导学生进行科学探究，培养学生实验设计、分析论证、反思评估等能力。本节课要在实验研究过程中，引导学生观察物理现象、提出问题，并进行解释、交流，在这一过程中让学生体会物理学中的抽象思维，培养学生科学推理、质疑创新等素养，提高学生学习物理的兴趣和信心。

（二）学情分析

本节课教学的对象是高二年级的学生，这一阶段的学生正处于形象思维向抽象思维过渡的重要时期，表现为对各种物理现象具有浓厚的兴趣，对探究现象本质具有强烈愿望。从知识方面来说，学生已经学习了静电场、电路以及导体的电阻等相关知识，具有完成本实验的知识储备；从能力方面来说，学生具有大量的生活经验，学生在前面一年多的高中物理学习过程中，对物理实验探究的设计、过程与方法已经基本掌握。只要教师合理引导，学生就可以完成本节课的教学目标。

（三）教学目标

1.物理观念

学生通过小组实验，了解金属导体的电阻与材料、长度和横截面积的定量关系；会测量金属丝的电阻率；了解游标卡尺和螺旋测微器的使用方法及正确读数；会用伏安法设计电路测电阻，会应用电路知识解决实际问题。

2. 科学思维

能建构合适的物理模型，根据实验误差分析比较电流表的内外接法和滑动变阻器的分压、限流式接法的优劣并设计合理的探究实验，利用归纳、推理等思维过程得出伏安法测电阻及用电阻定律求出电阻率的方法。

3. 科学探究

通过小组合作实验探究过程，得出导体电阻率的测量结果以及误差分析；能基于实验证据、归纳总结和逻辑推理发表自己的意见和见解。

4. 科学态度与责任

通过有关电阻的应用案例分析，感悟物理在生活中的应用价值，以及物理在生产、生活、科技发展中的应用。

（四）教学重难点

1. 教学重点

本节课的教学重点是让学生学会伏安法测电阻的方法，并恰当设计合适的测量电路来进行实验，使学生会用图像处理实验数据、求电阻率。

2. 教学难点

本节课的教学难点是设计实验方案、动手操作实验、分析实验误差。学生自己设计实验方案，并将方案用于实验，对实验数据进行分析并求出电阻率需要有一定的抽象思维能力，这对学生来说是一个难点。

四、"探究弹簧弹力与形变量的关系"教学案例

（一）教材分析

本节课的内容选自人教版高中物理必修第一册第三章第一节，教材主要向我们介绍了胡克定律，并与之前学习到的弹性形变和弹力的内容联系在了一起，为之后的摩擦力学习奠定了基础。

教材首先指出弹力源于形变：弹力的大小与形变之间存在着一定的关系，当弹力逐渐增大时，形变就会逐渐地变大，反之亦然。但这只是一个定性的描述，这主要是由于弹力与形变之间的关系是较为复杂的。因此，为了降低学习的难度，将课程设置为探究性的教学，只对弹力和弹簧的伸长量之间的关系进行量化求解。

（二）学情分析

在正式开始本节课的学习之前，学生已经对弹力以及弹性形变等相关物理知识有了一个全面的了解。虽然学生在初中阶段已经知道当弹簧受力时形状会发生改变，但是却不了解两者之间的定量关系。教师只要适当地结合日常生活，就会很好地激发学生的学习兴趣。

再加上学生在日常生活中就对两者之间的关系有了一个直观的印象，因此在学习的过程中并不会遇到太大的困难。

（三）教学目标

根据学生的实际特点和新课程标准的要求，分别制订如下教学目标。

1. 物理观念

能用运动与相互作用观念解释与重力和弹力有关的生活现象。

2. 科学思维

①能对各种物体形变进行分析和推理，获得弹性形变和塑性形变的结论并做出解释。
②能恰当使用证据证明一定发生了微小形变，并且采用不同方式证明微小形变的存在。
③能对已有结论提出有依据的质疑。

3. 科学探究

①能提出与弹簧形变量和弹力有关的问题，并能准确表述弹簧形变量和弹力的关系这个物理问题。
②能做出正比假设并制订科学探究方案，选用合适的器材获得数据。
③能分析数据，发现其中规律，形成合理的结论，对科学探究过程与结果进行交流和反思。

4. 科学态度与责任

认识到物理研究是一种对自然现象进行抽象的创造性工作，有学习和研究物理的内在动机，坚持实事求是，在合作中既能坚持观点又能修正错误。

（四）教学重难点

1. 教学重点

弹簧的弹力与弹簧伸长量之间的关系。

2. 教学难点

实验数据的处理方法。

（五）教学评价

终结性评价：课堂小结作为终结性评价的一部分，不仅要重视学生的科学知识，同时也要重视科学探究的方法和学生提出问题、解决问题的能力，要充分体现评价内容的多元化。课后的练习题中也要注意题型、知识内容的多元化。丰富的评价内容可以培养学生的各种能力。

形成性评价：在相对真实的情境中对学生进行评价，并对整个过程和结果都进行评价，同时还应评价学生的各方面能力，如观察能力、发现问题的能力，观察学生都做了哪些工作，并且在工作的过程中自身得到了怎样提高。

终结性评价主要以教师点评为主、学生互评为辅。形成性评价包括三方面：自我评价占 30% 的比例，学生之间评价占 30% 的比例，其余的则为教师评价所占的比例。

五、"电池电动势和内阻的测量"教学案例

（一）新课程标准分析

新课程标准中指出，会测量电源的电动势和内阻。通过探究电源两端的电压和电流的关系，体会图像法在研究物理问题中的作用。必修三的教学提示中指出，在内容的学习中，努力创设激发学生探究欲望的问题情境，引导学生进行科学探究，培养学生实验设计、分析论证、反思评估等能力。

本节课要求在分析电源电动势与路端电压和内电压的关系时用能量观点进行解释，引导学生通过观察和解释实验现象，理解电动势的概念和物理含义，知道电源电动势和内阻是标志电源性能的重要参数。学生能利用闭合电路欧姆定律设计测量电源电动势和内阻的实验方案，并能通过实际操作测量出电源电动势和内阻，学习有关的电路连接、测量方面的实验操作技能和规范。通过对实验数据的处理体会图像在物理研究中的作用，学生可以培养能量观念，促进科学推理、科学论证、质疑创新能力的形成，提高学习物理的兴趣和信心。

（二）教材分析

本节课的内容选自人教版高中物理必修第三册第十二章第三节，它安排在闭合电路欧姆定律之后，是闭合电路欧姆定律的深化和实际应用。教材设置了实验思路、物理量的测量、数据分析、参考案例、练习与应用五个环节，注意到了学生以前的学习基础，体现了教材对电学问题的分析思路和闭合电路欧姆定律应用的重视，符合学生学习认知规律，与新课程标准的要求一致，能较好地落实培养学生的物理学科核心素养的教育目标。

（三）学情分析

1.认知层面

高二学生对于电源有一定的了解，如知道干电池两极间的电压是 1.5 V，初步了解电源内部的工作机理。

2.知识层面

通过前面的学习，学生已经掌握电压表、电流表的使用方法，知道电动势和内阻、闭合电路欧姆定律，会利用欧姆定律列式求解路端电压与负载的关系以及 U–I 图像，具备利用实验测量电源电动势和内阻的学习条件。

3.能力层面

学生已经初步具备了发现问题，并通过科学探究解决问题的能力，但由于其对电学实验接触比较少，对电路的分析能力及处理数据能力仍需进一步提高。

（四）教学目标

1.物理观念

①学生通过实验电路的选择推理过程，认识到电动势和内阻存在的意义。
②根据能量守恒定律知道非静电力做功等于电流做的功，进一步理解欧姆定律的内容，

形成完整的能量观念。

③能运用学过的物理术语撰写实验报告，会用公式法和图像法求出电源电动势和内阻。

2. 科学思维

①学生通过"提出问题—猜想与假设—制订计划—进行实验与收集证据—得出结论"的过程，感受科学探究的方法。

②学生能对不同观点和结论提出质疑和批判，并进行验证。

③学生在实际操作的过程中，能使用简单和直接的实验表达自己的观点，在设计实验方案中具有创新的意识。

3. 科学探究

①学生能在教师的指导下制订实验方案，选用实验器材进行实验并获取实验数据。

②学生会用图像处理实验数据，能根据图像获得结论。

③学生能分析实验中存在的误差，并能提出减小误差的方法。

④学生能基于实验证据、归纳总结和逻辑推理发表自己的意见和见解。

4. 科学态度与责任

在实验过程中保持很好的交流、合作，准确记录数据，科学认真地进行数据处理。

（五）教学重难点

1. 教学重点

实验测量方案的不同会造成实验误差不同，也影响电路的连接和实验器材的选择，这些都是高考电学实验考查的热点。图像法处理实验数据是实验中常见的方法，也是高考的高频考点，因此测量方案、实验数据处理是本节课的重点。

2. 教学难点

根据实验数据得出结论后，要判断图像的斜率和截距等的意义需要理解实验思路，并能列式和变形，通过对比数学方程得出结论。电流表的内外接法造成的误差需要一定的分析推理能力。这两个部分对学生来说都是难点。

六、"验证力的平行四边形定则"教学案例

（一）教材分析

本节课的内容选自人教版高中物理必修第一册第三章第四节，教材主要介绍了力的平行四边形法则，同时还与之前的力与合力的知识进行了衔接，并铺垫了之后的力的分解学习。

教材在引出问题时首先提出了两个互成角度的力应当如何求出合力，并引导学生分析合力与分力之间的等效替代关系，采用实验的方法求得两个力的合力，并通过这个过程给出了分力和合力之间应当遵循的规律。教材内容体现了等效替代的物理思想及数形结合思想等，也教会了学生求合力的方法。

（二）学情分析

在正式学习本节课之前，学生已经系统地学习了力的相关知识，但是之前学习的对象往往针对的都是在同一直线上的两个力，使得他们并不会对存在一定角度的两个力进行合成或者分解。因此，只要教师能够采用合适的方式进行有效的引导，就可以让学生对本节课的学习产生较大的兴趣。而学生在初中阶段学习到的相关知识为本节课的讲解奠定了良好的基础，但是在处理的过程中将会涉及大量的矢量运算，高中生在这方面可能存在一定的欠缺，教师在授课的过程中应当多加注意。

（三）教学目标

根据学生的实际特点和新课程标准的要求，分别制订如下教学目标。

1. 物理观念

①会用力的图示法表示力。

②有效掌握平行四边形法则，并有效地对力进行合成和分解。

2. 科学思维

①理解等效替代思想。

②通过对互成角度的两个分力进行合成并对合力进行分解的过程，加深对实验探究方法的理解。

3. 科学探究

通过实验探究过程，激发学生的学习兴趣，培养学生动手操作能力。

4. 科学态度与责任

①通过实验，培养学生严谨的科学态度，逐步养成用科学方法与科学知识理解和解决实际问题的习惯，提高科学素养。

②通过分组实验，培养学生合作、交流的能力与团结协作的精神。

第七章　高中物理习题教学

　　物理学科是一门理性学科，注重动手实践能力和相关探索能力，对高中生逻辑思维能力要求非常高。而在高中物理教学中，习题是提高学生物理学习能力最基础的形式，教师通过大量的物理习题，帮助学生锻炼并提高逻辑思维能力，根据物理习题的不同形式来促使学生对习题当中的理论知识、物理公式以及相关内容进行解析，在一定程度上能够促进学生核心素养的培养。本章分为高中物理习题概述、高中物理习题教学的要求、高中物理习题教学的方法、高中物理习题教学的案例四部分。

第一节　高中物理习题概述

一、物理习题概述

（一）习题课的内涵

　　习题课是教师根据教材的内容和学生知识的掌握情况，在课上进行的以讲解、总结和练习为主的一种课程类型。其中，讲解是指引学生突破知识难点的有力手段，总结是使知识系统化的重要措施，练习是引导学生检查和运用知识的主要环节。它可使学生完成从理论知识到实践的飞跃，高效的习题教学在提高学生的思维能力、帮助教师了解教学效果方面起着重要的作用。通过习题教学，学生可以进一步活化、深化基本技能和基础知识，达到牢固地掌握概念、深刻地把握物理规律的目的；教师可以更好地分析学情，查漏补缺，适时调整教学方法、内容和进程。习题课还可对学生未能灵活运用的知识和解题能力进行补偿。

（二）物理习题的类型

高中物理习题可以从多种角度进行分类。

1. 按知识内容分类

　　按照物理习题的题干和答案所涉及的主要知识内容可以分为力学题、热学题、振动和声学题、光学题、电磁学题、原子与原子核物理题等。高中教材中的习题以及按照教材顺序编写的各种物理教辅资料中的习题就属于这一分类。其优点是与教学进度保持一致，方便学生在学习新知识时进行相应的针对性练习；缺点是容易使学生根据编排顺序猜出解题所需的主要知识点，缺乏综合性，不利于对学生发散思维、综合分析问题能力的培养。

2. 按教学目标分类

物理教师展示给学生的每一道习题都有其目的，即物理习题教学的目标。物理习题教学应遵循由简到繁的原则，并且要适合学生的认知发展水平。物理习题按教学目标分类可分为例题、练习题、作业题、综合题、竞赛题等。这种分类的优点在于习题涉及的知识点、复杂程度、解题方法策略等都有一定的梯度，适合不同学习阶段和不同水平层次学生的需要。

3. 按命题形式分类

按命题形式分类，物理习题分为选择题、判断题、填空题、问答题、计算题、证明题、作图题等。

4. 按学习水平层次分类

物理习题按照学习水平层次分类可分为复现性题、理解题、简单应用题、分析题、综合题、创新题、实验操作题等。

5. 其他分类

物理习题的其他分类形式还有，按年级阶段分类，物理习题可以分为高一物理习题和高二物理习题；高中物理习题可以按照模块进行划分，如必修第一册习题、选择性必修第二册习题等；按照考试类别可以将物理试题划分为高考试题、学业水平考试试题；新课程标准实施以来还出现了一些新型的物理习题，如讲物理学故事、画图画、查资料、手工小制作、探究学习论文等。

（三）物理习题的特点

各类型的物理习题都有其各自的特点，这里着重介绍按命题形式分类的几种试题类型的特点。

物理选择题是选用学生容易混淆的概念、规律，编制出干扰选项让学生辨别，一般不需要计算或者只需简单计算，侧重考查学生综合分析能力和判断能力的一种常见题型。物理选择题的特点是知识覆盖面广、题量大，要求解题速度要快。物理选择题不但考查学生对物理概念和规律的掌握情况，还考查学生掌握的物理学思想方法、解题技巧以及运用物理概念和规律分析问题、解决问题的能力。选择题有助于学生正确理解概念、掌握规律，提高其思维判断能力。物理选择题的缺点是学生在遇到困难时经常通过猜测进行作答，这样就达不到考查学生分析并解决问题能力的目的。

物理计算题是必须经过数学运算才能得出结果，而且要求写出详细解题过程的一类习题，在高中物理习题教学中使用最为广泛。物理计算题涉及的物理概念、规律较多，练习的知识面较宽，物理过程变化较复杂，考查的能力层次又较高，是一种综合性很强的习题。这类习题能考查学生对分析法和综合法的运用，能培养学生运用数学知识解决物理问题的能力。物理计算题根据解题的方法分为算术型、代数型和几何型三种。

物理证明题是指根据题目中的条件，以所学的物理概念和规律为基础，运用物理学的思想和方法进行一系列的逻辑推理，得出题目中所给结论的一类习题。这类习题主要考查和培养学生的分析、归纳、概括、抽象、推理等逻辑能力，该类试题对提高学生物理素养有积极作用。

物理问答题一般不需要计算或只需简单的计算，用口头或文字回答，回答的主要内容是对物理现象的解释、对物理过程的定性分析描述等。物理简答题对于学生正确理解物理知识、合理运用物理语言阐述物理问题、提高口头或文字表述能力有重要的意义。

二、物理习题教学概述

（一）物理习题教学的概念

物理习题教学是指学生通过应用所学知识解答物理习题以巩固知识和方法的一种课堂教学形式。

习题教学与概念规律教学不同，概念规律教学着重于知识的传授，而习题教学则将重点放在了知识的巩固和将知识应用于实践中。

（二）物理习题教学的类型

物理习题教学的类型有很多种，根据教学进度和教材设计可以分为新课（节）后的习题教学、一章知识结束后的习题教学、单元学习结束后的习题教学；根据学期可以分为期中习题教学与期末习题教学；根据知识和方法的分类可分为专题教学和物理方法训练的习题教学。

（三）物理习题教学的特征

1. 课堂的灵动性

教学是一种情感交流，教师通过课堂的展示，传递给学生的不仅仅是知识，还有情感的交流。教师通过教学不断进行互动，运用一些教学策略，和学生的思维不断地进行碰撞，从而产生新的问题，在这种新的问题的解决过程中，发现问题的解决方式，提出问题的解决方案，这样的课堂才显得更加轻松愉悦。

2. 思维的思辨性

物理学作为一门科学，对思维的要求较高，学生不论是学习新课、接受新知识，还是利用已经学到的知识来解题，都对理性的思维活动有要求。因此，学生的理性思维能力在某种程度上决定了学生解决问题的能力。教师要想提高课堂效率，则可以引导学生在习题中去发现问题，带着思考去做题，寻找有价值的问题。

3. 文化的厚重性

物理学应该成为一门文化，在课堂教学中不断地进行深化和渗透。科学性是物理学科最典型的特点，但是学习物理不仅要学习知识、掌握规律，还要感受文化的魅力。习题教学不仅要让学生知道如何去做题，还要让学生体验探究过程，感受物理活动带给人的成就感，体会运用物理学的思想来解决生活、学习中的种种问题，以此让学生感受物理学科的文化厚重性，提高学生的科学素养。

4. 方法的创新性

物理不同于其他学科，对高中生而言，绝大多数习题的答案是唯一的，但是解题过程和解题方法则是多样的。例如，在电磁感应的问题中，既可以利用力学来分析问题，也可以通过电流产生的安培力来分析问题，还可以利用功能关系中的能量转化来分析问题，不同的方法对应的解题步骤不同，但是最终得到的答案是一样的。在解题过程中，教师要有意识地进行方法多样性的渗透，让学生不死记公式，培养学生的创造能力。

（四）物理习题教学的目标

我国《基础教育课程改革纲要》（以下简称《纲要》）中明确强调："改变课程过于注重知识传授的倾向，强调形成积极主动的学习态度，使获得基础知识与基本技能的过程同时成为学会学习和形成正确价值观的过程。"

新课程标准中也明确了高中物理的课程性质："高中物理课程是普通高中自然科学领域的一门基础课程，旨在落实立德树人根本任务，进一步提升学生的物理学科核心素养。"根据《纲要》和新课程标准的要求，高中物理习题教学应达到以下目标。

1. 加深学生对物理概念和规律的理解

教师在课堂上，尽管把一些概念、规律讲得清清楚楚，学生也能理解。但是讲完以后，如果不让学生做一些练习，学生理解得往往不深刻，更不容易做到巩固掌握和灵活运用。教育心理学研究表明，学生学习概念、规律以后，解答体现这些概念与规律的实际问题，比解答同一概念、规律的抽象问题或公式的练习更难。这是因为学习概念、规律时，是从各种现象中理解其共同点；而解决实际问题，则是从一个具体问题中理解其所隐含着的抽象概念与规律。因此，学生必须通过练习才能将基础知识巩固、熟练、活化。

2. 拓宽学生的视野

由于教材篇幅有限和课时的限制，很多与基础知识相关的或者学生应该知道的知识不可能全部编入教材，尤其是许多前沿的物理知识学生并不了解或知道，那么习题教学就可以很好地起到辅助和拓展作用。例如，人教版高中物理选择性必修第二册第一章，教材只介绍了质谱仪和回旋加速器这两种仪器。通过习题练习，学生又认识了速度选择器和磁流体发电机等一些仪器。这些知识既让学生了解了物理学的一些重大应用，又训练了解题技能。这不是呆板地进行某种技能的训练，而是从提高学生科学素养的视角来实施。这也是新课程标准所要求的。随着社会和科学的进步，技能的内容也应与时俱进。

3. 进行科学方法教育

我们要教给学生正确的科学方法来解决物理问题。这些方法不是从教材抽象出来的条条框框，而是要以具体的感性认识为基础，通过大量的个例，经过总结而得出。只有这样，学生才能慢慢地理解并拓展科学方法，将其灵活运用于新的情境。例如，高中物理中常用的正交分解法，如果简单地将正交分解理解为力的一种分解方法的话，这种理解往往是肤浅的、狭隘的。只有通过大量的、不同类型的习题训练，学生才能全面、深刻地领会其用途，它不仅适用于力的分解，还适用于位移、速度等矢量的分解。

4. 培养学生的科学态度和科学精神

听教师讲例题、自己解答习题几乎是学生每天都要做的事，这种重复性的行为，最容易形成习惯。让学生在解决问题中养成良好习惯、培养科学态度、弘扬科学精神，这是高中物理习题教学的重要目标。因此，教师应要求学生做到在完成习题时具有严肃认真的态度，而不是浮躁、草率的态度，对待实验测量的数据具有实事求是的态度，而不是虚假、编造的态度；在思考问题时具有独立思考、敢于提问、勇于创新的精神，而不是人云亦云、迷信权威、墨守成规。习题教学可以培养学生的科学态度和精神，使学生形成积极向上的人生观、价值观和世界观。

5. 培养学生自信心和自豪感

新课程标准提出"在课程内容上体现时代性、基础性和选择性"的理念，因此 2019 年版的新教材增加了"科学漫步"这样的栏目，力图反映当代科学技术发展的重要成果和新的科学思想，让学生知道物理学与社会生活息息相关。同时，也希望学生关注物理学的技术应用所带来的社会问题，培养学生的社会参与意识和社会责任感。因此，在习题的设计和选编时，就应体现上述原则，加强课程内容与学生生活、现代社会和科技发展的联系。

（五）物理习题教学的原则

1. 紧密配合概念、规律、实验教学的原则

概念、规律教学是高中物理教学的核心，实验教学在高中物理教学中的地位也是显而易见的。物理习题教学是巩固概念、掌握规律、辅助实验的重要环节，是对物理概念、规律和实验教学的补充和延伸。因此，高中物理习题教学要服务于概念、规律、实验教学，与之紧密配合共同完成教学任务。

选择的习题要围绕基本概念和基本规律，习题的解决过程要能够促进学生巩固、深化和活化这些概念和规律；实验习题的设置要符合实验的操作要求和实验原理，能达到使学生掌握实验原理及方法，正确进行数据处理、结论分析等目的。

2. 培养学生独立分析问题、解决问题能力的原则

在高中物理习题教学中，要想培养学生独立分析问题、解决问题的能力，就要想方设法采取有力措施调动学生学习的主动性，引导学生建立独立思维，充分培养学生分析问题和解决问题的能力。

很多学生学习知识很轻松，但在运用知识解释物理现象或解答物理问题时，往往受到阻碍，主要原因是缺乏分析问题和处理问题的方法。

教师在习题教学中可通过课堂讨论、学生自己编制习题等方式发挥学生在习题教学中的主体地位，让学生在习题教学中主动地获取独立解决问题的能力。讨论习题的解决方法胜过教师的直接讲解，讨论能调动全体学生进行积极思考，让学生在讨论中互相启发、取长补短、共同进步，为学生独立分析问题、解决问题营造了良好的学习氛围。让学生自己编制习题可以调动他们学习的积极性，在编制习题的过程中，学生可以联系生产生活实践、搜寻分析素材，这样既运用了所学知识，又提高了分析问题、解决问题的能力。

3. 培养学生发展思维的原则

在高中物理习题教学中，无论是哪个阶段的学生都要以思维发展的规律为导向，发展创造性思维，并不断提高对解题技巧、规律和方法的归纳、概括能力。

在解题的教与学中，要突出求异思维，让学生通过对具体问题的认识、分析，寻找思路，开拓思维的灵活性和发散性，不断丰富对物理习题解题思路共性的认识。在解题训练方面，又要注意求同思维的应用，让学生通过专题训练不断地探索并揭示出物理习题的规

律性，提高学生抽象概括的能力和解题能力，发展学生的认知结构，达到拓展思维、提高能力的目的。

发展思维，就是要在解题的过程中突出思维过程。以探究性物理习题为中心展开习题教学，可以通过改变表述方式、隐含结论、增减条件、逆向改编等方式扩大问题探索的宽度、增加探究的深度，为学生创造有利的思维训练机会，提高思维训练的质量。在解题过程中要突出探究和反思，要让学生探讨解题思路、寻找解题方法、反思解题过程、总结解题规律，这样有助于学生形成知识体系。在思维层面上要注重归纳、类比等非逻辑思维方法的应用。在高中物理习题教学中可以运用启发讨论教学法，实施启发讨论教学法的形式主要是加强教师与学生、学生与学生之间的交流，目的是引导学生独立思考，强化科学思维的训练。

4. 培养学生物理学科核心素养、促进学生发展的原则

高中物理学科核心素养包括物理观念、科学思维、科学探究、科学态度与责任四个方面。从这四个方面来设计教学过程有利于实现课程目标。在物理习题教学中，如何设计习题教学的内容与过程，让学生从事某些活动，在这些活动中激发并引起与能力培养相关的行为，这对于知识的掌握和提高学生能力都是至关重要的。在习题编排上，要让学生有一个逐步适应和领悟的过程，不断增强学生学好物理的自信心，发展学生对科学的好奇心和求知欲。在内容设置上，要将趣味性与完美性相结合，让学生充分领略自然界的和谐与奇妙，欣赏科学的优美，体会科学规律的简洁与普适，激发学生探索科学奥秘的热情。习题中要渗透科学的价值观，尊重事实和证据，不断发展学生的逻辑思维能力。在习题教学的形式上，要讲练结合，通过引入小组讨论学习和全班共同探究的活动方式，让学生勇于提出自己的看法、展现自己的能力，这有利于增强学生的合作精神与协同意识。应该指出，同样的知识点，除了实现相同的知识目标，选择不同类型的习题可以实现不同的能力目标。

5. 精炼知识、优化选题的科学性原则

习题教学作为物理教学中的重要组成部分，在习题的选取上要具有针对性。首先要根据物理学基础知识的结构和体系，将教学中线性排列的知识点进行整理，整理成模块式的专题知识，然后针对专题选择习题进行训练。在物理教学中，概念、规律的教学是螺旋上升、循序渐进的，知识点编排是线性的，但学生在进行解题时并不能马上提取到需要的知识点，所以将知识点进行模块组合是最有效的方式，既便于记忆又便于提取。

在习题优化上，习题的选择要密切围绕物理学的基本原理和规律；情境设置要科学、严谨、具有代表性，利于学生的正迁移；习题的结论要有助于完善学生的认知结构；要掌握好习题的难度，循序渐进，要有利于培养学生对基础知识灵活运用的能力。

（六）物理习题教学的功能

1. 巩固基础知识，建构物理知识体系

物理习题教学是物理教学中的一个重要环节。在授课时，由于受到时间和学情的限制，教师往往只能够对物理知识进行简单的概念介绍，大部分学生对知识的理解还停留在定性认识的层面。同时，教师在课上对物理规律的介绍往往是零散的，学生很难在课上形成知识网络。习题课上，在巩固基础知识之后，教师再对题中已知条件、间接条件，以及题中

问题和补充问题加以分析，学生就很容易理清知识脉络，形成知识体系。

2. 反馈教学效果，反思教学行为

物理学科的学习特点与其他学科不一样，不仅要求学生知道、理解，还要求学生能够应用，并规范表达出来。在新授课之后，为检查学生学习的效果，在规定的时间内完成相关习题是一个很有效的方式。根据前一个班的学习效果，在另一个班教学时，教师就可以做适当的调整，包括教学内容上的删减、教学策略上的变换，以及知识间顺序的变动等。有效的习题教学，应该着眼于师生的长远发展，让教师和学生在反馈与反思中不断进步。

3. 掌握基本技能，强化物理方法

物理习题虽难，但它总有自己的一些小技巧、好方法。在同样的时间内想又快又准地完成考题，的确需要一些小技巧和方法。然而，对这些方法、技巧的掌握也并非一朝一夕，而是一个日积月累的过程，习题课教学刚好给学生提供了一个平台。例如，匀变速运动中的比值法、逐差法，力学中的整体法、隔离法，牛顿第二定律探究中的控制变量法、平衡摩擦法，动态平衡中的图解法、相似三角形法，万有引力中的补偿法等，都能在物理习题中加以介绍、应用和强化。

4. 提高学生的知识和能力水平

高中物理课程除要求学生掌握学科知识外，还要求学生掌握理解能力、分析能力、推理论证能力、探究能力等。掌握学科知识和掌握能力是有很大区别的。学科知识是定性的、直观的，经过一段时间的学习积累，教师在课堂上引导学生去体会、感受，学生就能够获得相关的物理知识。但是，能力是学生本身的一种素养，并非说掌握就可以掌握的，只能让学生在学习过程中去感悟和体会。习题课的有效教学，就是针对某些物理解题的能力，让学生不断地进行感悟，有针对性地让学生去感受学习过程。

5. 提高学生解题的熟练程度和思维能力

学生基础知识的巩固、基本技能的掌握，以及学生整体的能力水平，都是从习题的完成情况反映出来的。一般情况下，解题时熟练程度越高的学生，完成习题所用的时间越短，能够更加迅速地解决问题，同时其答题的正确率也更高。

高中物理习题课的有效教学，就是引导学生如何去分析题中问题，抓住其中的关键字，并将其中的问题提取出来，分析其中的受力情况、运动情况，选择对应的物理知识解答问题。同时，物理学科对学生的思维能力要求比较高，要将题中的问题解决，必须具有严密的思维能力，能在短时间内分析知识点与条件间的相互关联，运用直接条件，找准解题的突破口，"顺藤摸瓜"式地找出间接条件，最终将题中的问题解决。最后还要求学生将这个解题过程规范地表达出来，这样才不至于落下个别条件，导致丢分。习题课的有效教学能够训练学生的解题速度和思维能力，使其内化为学生的一种隐形能力。

（七）物理习题教学的影响因素

1. 学生课堂定位及态度因素

物理习题教学应该站在学生的立场去看问题，教学目标的设定、教学策略的选取以及

教学方法的取舍都应该立足于学生的学习情况。

第一，有效的习题教学应该建立在学生是教学主体的理念上。新课程标准指出，在有效的课堂教学中，教师与学生扮演的角色与传统教学已经有所不同，教师是整个教学活动的组织者、主导者，学生则是教学活动的主体。任何形式的教学，无论是新授课还是习题课，都应建立在这种教学理念之上。在高中物理习题课的有效教学中，不管采用什么样的教学策略或教学方式，都应该明确一个目的，即教师应该认真组织教学，学生应积极主动参与到教学活动中来，从而最大限度地实现教师和学生的共同发展，取得良好的教学效果。

第二，学生自身的学习动机、兴趣是习题课有效教学的内动力。心理学基础知识指出，动机是学习者为了实现某一目的激励人们做出行为反映的内在原因，它是人们进行活动的内部动力。学生的学习动机则是他们主动学习、探讨的内动力。学习兴趣的培养是获得学习动力的一种重要途径。教师在进行习题课的教学时，应该展示学生感兴趣的事物或组织开展他们感兴趣的活动，调动学生的情感，提高其课堂参与的积极性。一般说来，以往的"光辉事迹"、有成功可能性的任务、自己能够做到的且能有愉快体验的活动、新事物等能吸引学生的眼球，激发学生的兴趣。

第三，有效的习题教学应该立足于学生的认知水平。教师在习题课教学中应该充分考虑当前班级的学生学习实际情况，尽可能做到因班而异、因材施教。个别脱离学生实际认知水平的教学，即使教师在课堂上讲得眉飞色舞、天花乱坠，学生掌握不了或是"不屑"去听，那也只能算作是低效或无效的课堂教学。

2. 教师教学观念和教学态度因素

物理习题教学需要教师发挥主导作用，根据学情及新课程标准的目标要求进行教学设计，课堂上清晰陈述习题教学内容，组织学生进行教学活动，确保课堂习题教学的有效性。

第一，教师在课堂上对知识或习题的清晰表达是进行习题课有效教学的前提条件。在习题课上既要求教师语言表达清晰，又要求习题教学的思路清晰。同时，板书的清晰也是习题有效教学的一个重要因素。教学中，教师的讲解明白易懂、概念剖析清楚、指令清晰明朗都有利于习题课的有效教学。

第二，灵活多样的教学方式有利于有效习题课的实现。一天的学习使学生本来就比较疲惫，如果能够在课堂上适当地变化教学方式，刺激学生的"兴奋点"，就能在一定程度上提高学生学习的效率。例如，在完成定性研究平抛运动规律的习题前，可以给学生播放玩具枪射击面具的平抛运动视频，以加深其对平抛运动性质的理解，从而使教学效果更持久。

第三，教学任务的落实是有效教学的根本。教师在进行习题教学时，布置的任务必须符合学生学情，布置的任务要合理化、科学化，具有一定的弹性。为了完成课程的教学任务、实现教学目标，教师一般会组织一系列教学活动。教师在习题课上设置的相关教学任务，无论是课堂上的还是课后的，都应该是让绝大部分的学生通过思考、讨论就能够实现的，使他们能专心致志地完成任务，并从中获得一定的成就感和喜悦感。

3. 教学主观和客观因素

高中物理习题有效教学的实施，离不开有利于知识传递的教学客观和主观环境，好的教学环境可以激发学生的学习欲望、极大地扩展学生接纳知识的上限。

第一，教学的客观环境。习题课的有效教学离不开良好的教学环境，离不开合理的教与学的互动，也离不开辅助习题教学有效开展的教学仪器和设备。

第二，教学的主观环境。有效的习题教学状态应该是学生和教师在教与学中都具有饱满的教学情绪，对所讲内容均具有浓厚的兴趣；教师和学生双方都应该拥有轻松、愉悦的心情；学生和教师都能够在愉快的体验中实现教与学的目标，获得自信心，从而实现教学相长的长远全面发展。有效的习题教学就像一个训练有素的合唱团，每个人的心情都是愉快的，每一个成员都能在指挥官的指导下唱出和谐而美妙的歌曲。

（八）物理习题教学的组织形式

结合新课程标准的要求，高中物理习题教学的组织形式主要包括例题讲解、课堂练习、实验验证、操作体验、视频演示、课外活动等。

1. 例题讲解

例题讲解是高中物理教师在进行习题教学时常用的教学组织形式。教师通过讲授和板书，对例题进行分析和解答，并根据需要对例题进行变通或拓展，对解决问题的方法进行概括和迁移应用。

2. 课堂练习

课堂练习是高中物理教师在习题教学中的基本组织形式。在课堂练习中，学生经历自主解决问题的过程，教师做有针对性的适时讲评，达到对所学物理知识及时巩固和现场反馈的目的。

3. 实验验证

实验验证是对习题的结论用实验进行验证，或者对物理实验所提供的真实信息做出分析。实验验证让学生从感性上理解习题中的相关物理过程，使其在分析实验数据的过程中养成尊重实验事实和实事求是的态度。实验验证适用于一部分习题，可以由教师课堂演示，也可以由学生进行实验。

4. 操作体验

操作体验是指让学生对习题中的情境利用实验进行实际操作，获得亲身体验，进而加强理论和实际的联系，强化学生的实践意识。教师可以在物理习题教学中利用操作体验来缩短习题与学生之间的距离。

5. 视频演示

视频演示是利用计算机辅助、多媒体展示等手段，以视频动画等形式对习题中有关情境的呈现方式进行优化，以获得对习题物理过程形象、清楚和深刻的理解。通过视频演示反映习题情境的真实录像，可以增强学生的实践意识，提高其对"情境"与"物理条件"的转化能力。

6. 课外活动

课外活动具有生动活泼的内容和丰富多彩的形式，给学生的学习生活增添了轻松、愉快的气氛，深受广大学生的喜爱。在物理习题教学中，教师可以结合课外活动，创设与习题教学内容相关的有趣情境和规则，让学生参与以物理习题为主的抢答游戏和以考查概念、规律为主的物理对联、物理灯谜等活动，实现对习题中有关知识的直观认识和深入理解。

（九）物理习题教学的注意事项

1. 选编习题方面的注意事项

学生的发展具有不平衡性，这就要求教师必须抓住学生发展中的关键期，以帮助学生更好地发展成为"全面的人"。因此，针对在不同时期的学生，教师在进行习题课教学前，应根据学生所在发展阶段的特点认真分析和选择题目，并在进行整理和编制后将其发放给学生。习题的选择和编制有以下几点注意事项。

①注意题目所运用的知识要符合当前学生的知识水平。例如，学生学习过牛顿第二定律之后，其所做的练习题不能超出牛顿第二定律的范畴，可以和已学习过的知识相结合，但是主要的思想和方法还是要围绕牛顿第二定律的运用。

②注意习题的难度要符合学生当前发展阶段，切忌习题课教学"拔苗助长"，要根据教学班级的学生水平来进行习题课教学设计。对于基础稍差或理解能力稍微薄弱的班级，习题最好以公式应用和简单的逻辑思维为主，旨在巩固学生所学知识；而针对学生水平较高的班级，物理习题要以能培养学生物理相关思维、训练综合运用能力为主，也可以适当提高难度，提升学生对物理习题的兴趣，促进形成良好活跃的课堂学习氛围。

③注意习题所运用的方法是否具有代表性。一道题所训练的物理思维或所涉及的物理过程要能展现一个类型的题的特点。学生看见类似的习题时，要能够快速地采取相应正确的方法去完成习题。

④注意习题的易错点和难以理解的点。在习题课遇到易错点和难以理解的点时，教师要注意引导方式，要有耐心，不可让学生失去学习的积极性。如果可以联系实际就要联系实际，如匀变速运动中的刹车问题、相遇和追及问题中的极限问题等都是学生经常犯错的题型。

⑤注意习题解决方法的多样性。教师要注意分析学生解决问题后的收获，看能否形成属于学生自己的方法和思维。教师应该注重保护学生的想法，如在关于力学知识的考查中，完成此类题的方法可能存在很多种，包括动能定理、机械能守恒定律或者能量守恒定律。学生对习题不同的理解和切入点会使其选择不同的方法，从而可能会形成学生自己的方法，在今后解决类似问题时学生会首选这种方法。

综上所述，在选择和编制习题时，要注意具有代表性，并且问题的设置要由浅到深、由简单到复杂，这样在有限的时间内，既可以提升习题课的教学效率，又可以促进学生形成学习物理的兴趣。教师在准备习题时，不要仅依靠教材课后习题和教材配套练习册，还要注入教师自己的想法，真正地做到师生都参与进来，这样既可以提升学生对物理习题学习的效率，又可以大大提升教师自身的成就感，并增强职业幸福感。

2. 教学方面的注意事项

习题课是一种典型的课堂教学形式，虽然没有固定的教学模式，但在其实施过程中应该注意以下几点。

（1）注意习题课的目的性

在高中物理习题课的教学中，务必做到选取习题要有的放矢，具有针对性和明确的目标。在备课过程中教师要明确想要实现的目标，为此，其所选习题要精练、准确、新颖，同时具有启发性，能举一反三，切忌"题海战术"。即使是复习同一张试卷中的问题，也应该分门别类、引经据典，并突出相关习题的重点。

同时，教师要引导学生掌握正确的解题思路和基本程序，教给学生分析、处理问题的基本方法和解决某些问题的一些特殊方法；要发展学生的能力和智力品质，使学生学会排难纠错及掌握对知识的综合运用。

（2）注重教学方法的优化

习题课不能一味地讲解，毕竟习题课中的知识点都是学过的，教师应该充分注意到这一点，以启发为主的讨论法和师生互动应该是整节课的主旋律。教师应扮演一个引导者的角色，具体的探索和完成解题过程的主体是学生；也可以采取分组讲解或者由学生上台讲解的形式完成教学。

（3）习题课要有计划性、目的性、连续性

物理习题课作为物理学科教学形式的一种，也会有教学目标、教学重难点等教学设计。换言之，物理习题课的教学要有计划地进行，小到一节习题课的设计，大到一个单元模块和一个学期的习题课的设计，甚至整个高中的习题课的设计，都必须有计划。

高中对物理习题的考查与初中对物理习题的考查是不同的。初中对物理习题的考查更加注重知识的准确性。例如，在解题时，运用的公式是否正确；在解释物理现象时，用到的所学物理知识是否准确、解释的是否到位。另外，初中物理习题考查的目的侧重运用知识的规范性，或者用词的准确性以及对物理现象的认识。高中物理习题主要考查学生对物理知识是否有较深的理解，对题中所涉及的物理过程是否清晰、逻辑是否正确。在整个高中物理课程中，各部分也有其各自的特点。必修第一册的知识比较基础，各章节间的知识相对独立；必修第二册、第三册的知识难度不仅提高了，而且各个章节间的联系和与必修第一册知识的联系较为频繁；到了选择性必修部分会发现，选择性必修部分的特点在于知识不难理解，但是选择性必修部分的习题会大量地运用必修部分的知识，甚至解题的核心步骤也在于必修知识部分，如带电粒子在磁场中的运动的习题，运用的选修部分的知识只有洛伦兹力的知识，而整个带电粒子的运动则需要运用必修第二册中的知识，洛伦兹力提供向心力使带电粒子做匀速圆周运动，学生在解题时先画出运动轨迹，然后按照"找圆心、求半径"的步骤来完成题目。由此可见，教师在制订较长远的教学计划时，在必修部分的习题要有目的性地准备一些综合性的题目。这样的做法一方面是对学生综合知识掌握情况的考查，另一方面也是对其后面的学习做一个过渡。

（4）引导学生形成解题思路和传授解题技巧

物理习题教学有别于物理概念和规律教学。物理概念和规律教学的重点在于学生对新知识的理解，而物理习题教学的重点则在于学生对物理概念教学中学习到的新知识的掌握与运用，习题课是提高学生对物理学习兴趣的课程。习题教学中容易出现的状况是，教师过于注重方法的传授，而忽略了学生是否理解和形成方法，造成学生对于习题的解题思路出现死记硬背的情况，这与习题教学目的是大相径庭的。

教师在进行物理习题教学时，要注意启发引导，最大限度地调动学生的主观能动性。

对于比较简单或者容易理解的题目，教师主要以启发引导为主，通过有效的引导，让学生自主形成思路和方法；对于较复杂或不易理解的题目，教师主要以讲授为主，但也不能是纯粹的讲授，而是要在简单和适当的时机进行引导和提问，一方面可以保证学生集中注意力，另一方面也可以及时得到课堂反馈并采取相应的措施保证习题教学的有效性。此外，教师在讲授复杂题时，还要考虑课堂气氛的活跃程度，调动学生的学习积极性。

（十）习题教学在高中物理教学中的地位

高中物理教学一般包括概念教学、规律教学、习题教学、实验教学和复习教学。在物理教学活动中，习题教学是最基本的活动形式之一。无论是学生对于物理概念、物理规律的掌握，还是其对于物理方法、物理技能的熟练运用，都可以通过习题教学得以实现；在习题教学中也可以评价学生物理知识的水平及其发展状况。习题教学在高中物理教学中占有重要的地位。

1. 习题教学是巩固概念和运用规律的必要环节

从物理教学知识内容的角度看，概念教学、规律教学是整个物理教学的核心，学生学习物理最重要的是掌握由基本概念、基本规律组成的物理知识网络。学生刚学完物理概念、公式和规律时，对概念的内涵和外延还没有全面的理解，对公式还不能熟练应用，对物理规律所表达的丰富内容和适用条件还没有深刻的体会。这就需要让学生在具体的物理问题情境中对概念、公式和规律加以巩固和运用。

习题教学正是为学生提供一个个具体的物理情境，创设一个个需要概念、公式和运用物理规律才能解决的物理习题的教学环境。学生在解答物理习题的过程中，需要经历从抽象的概念、规律到具体的物理习题的思考过程。学生在思考中成长和发展，原来模糊的概念渐渐变得清晰、原来不熟悉的公式变得灵活、原来不理解的规律变得生动。因此，习题教学是巩固知识、活化概念和运用规律的必要环节。

2. 习题教学是培养学生灵活自主解决物理问题的主要途径

新课程标准下的物理学习要求学生把物理学知识、方法以及在学习物理过程中所形成的能力、科学态度、科学世界观等用于认识周围客观世界和解决生活中的实际问题。习题教学就是要让学生运用物理知识、方法解决物理问题，是高中物理培养学生灵活自主解决物理问题的主要途径。

因此，在新课程标准下，高中物理习题教学在培养学生自主分析问题和灵活解决问题的能力方面具有不可替代的独特地位。

3. 习题教学是发展学生个性品质的重要途径

为了每位学生的发展符合新课程标准下的高中物理教学的核心理念。这就要求教师在高中物理教学中要注意学生的个体差异，帮助学生认识自我、建立自信，促进学生在原有水平上发展。

作为高中物理教学的重要组成部分，习题教学为学生提供了感受解决问题的快乐的机会和肯定自我能力的机会，增强了学生自主获取知识的意愿和能力。学生在习题解答中获得了解题经验，领略了成功解决问题的喜悦，增强了学好物理的信心。解答习题的过程锻炼了学生的意志和品格，促进了学生的个性发展。因此，习题教学是发展学生个性品质的重要途径。

三、新课程标准背景下物理习题教学的变化

（一）教师习题教学观念的转变

越来越多的教师已经认识到习题教学不能单纯搞"题海战术"，那样只是占用了学生大量的时间，却没有取得良好的效果和实际意义。要提高习题教学的质量，就应当做到习题教学少讲、精讲，把大量的时间留给学生思考，重视对学生分析问题和解决问题能力的培养。

（二）习题教学方式的转变

传统的课堂教学以讲授为主，尤其习题教学更是如此，几乎演变为教师的"一言堂"，什么多媒体教学、科学探究、课堂提问等，在习题课上似乎不存在。在新课程标准背景下，物理习题教学就是要改变传统习题教学的一些不合理现状，其中就有教学方式的转变，即要改变过去习题教学以教师讲授为主的现状。教师要甩掉这个包袱，从中跳出来。此外，习题教学也可以有实验教学，学生之间既可以合作讨论，也可以进行科学探究。

总之，教师要从单纯的讲授者慢慢转变为引导者，对学生进行宏观的指导。

（三）学生学习方式的转变

与教师教学方式转变对应的就是学生学习方式的转变，即新课程标准要求使学生由被动学习变为主动学习。对于习题教学，教师不要再一遍一遍地讲，而是可以让学生自己探究或者合作探讨，总之，要放开手，让学生自己思考。只有学生自己动脑了、动手了，其综合能力才能加强。反之，如果教师总讲，那么学生可能听起来容易，但是做起来就难了。

（四）习题结构的变化

新课程标准注重与生活紧密相连，因此教师选编的习题一定要贴近生活实际，不要总研究一些理想情况，如质点、光滑斜面、轻杆、小球……那样的话会使学生虽处在各种物理模型的包围之中，但往往不知道生活源头，感受不到物理现象真实与鲜活的一面，久而久之便会限制学生创造性思维的发展。

教师要多选一些"桥梁上的力学问题""提高燃气灶的烧水效率"等实际问题供学生研究探讨，让学生在从事相关活动的基础上建立感性认识，在经历基础上表达感受、态度，并做出相应反应，从而养成思考的习惯。此外，习题不再仅仅是选择题、填空题、实验题和解答题，还出现了探究题，这也是习题结构中变化的地方。

第二节　高中物理习题教学的要求

一、物理习题教学要有明确的计划性、连贯性和目的性

由于物理习题教学是一个重要的教学形式，教师不能只是随便地讲几个题。通常教师

要有物理习题课教学计划，关于一个学期或一学年要讲多少次习题课、何时安排习题课、安排多少习题课等问题，教师心中要有数。

课堂教学是一个目标导向的过程，目标明确是有效教学的前提，习题教学亦不例外。

首先，实施物理习题教学，教师应当统筹安排好每一节课、每一单元、每一学期以及高中全过程的习题教学目的与任务，协调选择并编制符合学生认知特点、学习内容和能力发展需要的习题。

其次，实施物理习题教学，教师要合理安排物理习题课，制订科学明确的物理习题教学目标。教师在制订物理习题教学目标时，应注重体现物理学科核心素养，明确物理观念、科学思维、科学探究和科学态度与责任等方面的教学要求。在目标明确的前提下，教师要依据教学目标和具体教学内容的特点精选典型习题，并设计习题教学过程。

二、教师上课要认真备课，精选物理习题

上习题课前，教师一定要认真备课，依据学生的认知发展特点和规律进行习题的选择和施教。习题课备课的关键是要精选物理习题，要做到所选题目具有明确性、针对性和典型性。

三、物理习题教学要突出学生的主体地位

教师要为学生创设能够让其积极主动参与习题教学的条件和环境，让学生在教师的指导下主动地、富有个性地学习。教师在注重让学生自主学习的同时，还要提倡教学方式多样化。教师可以适当选取一些具有开放性或探究性的问题，采用讨论或探究性学习等方式，鼓励学生大胆提出独特、新颖的想法或见解。学生通过参加探究性学习活动，可以大大提高学习积极性，同时也可以提高学习效率。

四、物理习题教学要教给学生正确的解题思路和方法

物理习题教学不能只停留在巩固和熟练物理知识的层面上。教师在教学中一定要通过对典型例题、习题的剖析和求解，及时有效地对学生进行解题指导，教给学生解题技巧、分析和处理问题的思路和方法，培养学生分析和解决问题的能力。

物理习题教学是进行物理科学方法教育的重要途径。在物理习题教学过程中，应以解决物理问题为载体，让学生进行科学思考，并应用物理科学方法解决实际问题。在此过程中，学生应学习并掌握物理科学方法，形成科学思维，从而提高物理学科核心素养。需要说明的是，习题教学要以问题解决为核心，教学中要避免使用"胡编乱造"的不符合真实科学原理与事实的习题，还要避免"题海战术"的机械训练，要让习题教学回归真正的物理教育。

第三节 高中物理习题教学的方法

一、讲授式习题教学法

讲授式习题教学法是依靠教师的语言，并辅以板书和各种直观教具，使学生掌握解题技巧、巩固知识的教学方法。讲授式习题教学是物理习题教学中常用的一种教学方法，它快捷高效，单位时间内信息输出量大且空间覆盖率高，有利于发展学生的思维能力。正确运用讲授式习题教学法对发展学生的潜能也是有益的。

讲授式习题教学法偏重于系统化的科学知识的传授，讲述的内容越系统，理论性越强，采用这种方法的机会就越多。习题教学中证明题的讲解以及解题方法的归类总结经常用到这种方法。运用讲授式习题教学法的基本要求如下。

①趣味性。教师在进行习题的讲解时感情要充沛，语言要富有表现力和感染力，教师要善于将深奥的思维形象化、枯燥的知识趣味化，使学生对习题教学充满兴趣，在轻松的氛围中巩固知识、学习解题方法和策略。

②启发性。教师对习题的讲解要简单、深刻，语言精练，不拖泥带水。一个生动的比喻立即让学生抓住问题的本质，一个富有哲理的启迪马上使学生顿悟，这样的课堂往往能激发学生学习物理的兴趣。

③适当性。教师对习题的讲解要得当，给学生留有探究的余地。如果教师讲得太明白，学生就会失去思考的机会和研究的兴趣。教师要根据课堂的实际情况适当提出问题，让学生自己去获取解题的方法和策略；甚至可以在学生经常出错的地方故意犯错，让学生给教师纠正错误，来增强他们的成就感。

④科学性。习题的选取要突出教学的重点；习题布置的顺序要具有一定的逻辑性，循序渐进，以便学生容易掌握；习题本身要科学、合理，用语准确，富有代表性、典型性。

二、讨论式习题教学法

讨论式习题教学法就是在教师的指导下，通过师生之间、生生之间的相互启发、交流完成对习题的解答。为了达到记忆概念、掌握规律的目的，教师选择的习题要具有基础性和典型性。具体的做法是，课前组织学生做好预习，课上教师少讲、精讲，腾出尽可能多的时间让学生进行习题讨论。讨论式习题教学法的优点如下。

第一，有利于发挥教师的主导作用。面对学生，教师要能把握习题教学的主动权。学生遇到不懂的问题，可以随时向教师或同学提问；教师可以直接解答，也可以请同学解答或大家进行讨论。对于学生在解题时出现的问题，教师可以直接纠正，也可以让大家进行讨论；个性问题进行个别辅导，共性问题进行集体辅导。讨论式习题教学法既充分发挥了教师在习题教学中的主导作用，也体现了学生学习的主体地位。

第二，有利于培养学生学习的兴趣。在这种开放式的讨论中，大家各抒己见、相互交流、相互争论，从而实现取长补短、共同提高。教师也可以在学生的讨论中了解学生学习的情况，为以后的教学奠定基础。

第三，有利于减轻学生的课业负担。大部分的学习任务都已在课堂讨论中完成，减轻了学生课外作业的负担，也避免了抄袭作业现象的出现。

三、程序式习题教学法

程序式习题教学法的根源可以追溯到美国教育心理学家斯金纳提倡的"程序教学"。程序式习题教学法就是在教师的指导下，学生通过对程序性习题的学习、相互讨论，实现对物理概念、规律的理解和掌握的一种教学方法。

（一）确定教学目标

确定教学目标是进行程序式习题教学的基础环节。在新内容教学前，教师应该从学生平时在习题中出现的问题出发或者从所要学习的知识出发，确定教学目标。

（二）设计程序性习题或问题

程序性习题是从某一个习题或问题出发，通过不断改变设问条件和方法，逐步拓展和加深，从而形成的前后有序、能够揭示知识内在联系的一组习题。教师要遵循循序渐进的原则并根据苏联心理学家维果茨基（Vygotsky）提出的"最近发展区"理论设计程序性习题或问题。设计时，教师要通过一题多问、一题多解、一题多变等多种形式，充分挖掘知识的内涵和外延，揭示知识的内在联系，要有利于学生形成新的认知结构，以培养其思维能力。

（三）创设情境，引导讨论

通过实验或问题导入创设情境可以激发学生的兴趣、引起学生的思考，这时教师可启发引导，让学生发表自己的想法，相互补充、相互修正，共同解决问题。讨论中教师要适时启发、点拨，使学生能主动参与并步步深入，从而使学生的思考能按预定的方向进行，既揭示了知识的内在联系，又培养了学生的思维能力。

（四）建立知识网络

物理知识网络就是物理学习内容中的基本概念、基本规律、基本观念和基本方法的组织形式和相互关系，它能使学生站在较高的层次上全面地看待物理问题，形成物理认知结构的基础。因此，教师应该帮助学生建立知识网络。

（五）拓展延伸

拓展延伸是将所建立的物理概念和物理规律牢牢地保持在记忆里，并不断丰富它们的内涵、发展它们的外延，再通过运用活化知识，举一反三、触类旁通。

四、自主式习题教学法

新课程标准提出，在课程实施上要注重让学生自主学习，提倡教学方式多样化。习题教学中要突出学生的主体地位，教师要成为学生学习的组织者、合作者、帮助者，培养学生自主探究、自主学习、自己解决问题的能力。

在采用自主式习题教学法的整个过程中，学生完全处于主体地位，而教师只是一个参与者、合作者，只进行必要的总结、点评和补充。习题准备阶段，学生通过小组讨论的方式将需要掌握的知识在组内进行解决，将无法解决的问题进行集中统计；面对需要集中解决的问题，查找相关的知识点、习题及解题方法并在课堂上展示；展示时一个人讲解，其余同学提问、发表建议，最终达到解决问题的目的；然后再对该问题涉及的知识点、解题思路、方法进行分组归纳总结；最后由教师进行点评，并作适当的补充，提出学习建议。

这种自主式习题教学法的优点如下：学生直接面对自己学习中存在的问题，具有极强的针对性；学生充分感觉到了自己的主体地位，学习的主动性、积极性得到了增强；学生通过相互协作解决了自己面对的问题，获得成就感的同时也感受到了团体合作的力量，有助于学生今后的学习和成长。

五、探究式习题教学法

每一道物理习题都创设了一种物理情境，在分析问题的过程中将会出现许多假说，检验论证这些假说的过程就是探究式的，利用探究式习题进行教学就是习题教学法。探究式习题教学法为物理概念和物理规律的正确理解和应用提供了特定的环境和条件，是强化重点、突破难点的一个重要手段，是培养学生思维品质和分析、解决问题能力的必经途径。

探究式习题教学法的优势如下：物理情境无须创设，不会缺乏问题；分析问题的过程中伴随着很多假说；探究模式简单直接，假说能在短时间内得到检验，学生容易获得成功的喜悦；得出的结论可以应用到以后的学习和生活中；学生主动探究、教师进行组织引导的模式符合新课程标准的要求。

探究式习题教学的一般程序如下：①分析物理情境与提出问题；②猜想与假设；③分组讨论、探究，寻找物理规律；④计算结果，解释问题；⑤得出结论，联系实际应用；⑥交流与总结。探究式习题教学法强调了学生在物理学习中不断发现问题、解决问题的过程，在这个过程中学生获取了知识、体会了科学方法，并受到了情感态度价值观的熏陶。

第四节 高中物理习题教学的案例

一、"生活中的圆周运动"习题教学案例

（一）教学任务

"生活中的圆周运动"是人教版高中物理必修第二册第六章圆周运动第四节的内容，在高中物理试题中占有重要地位。圆周运动规律和生产生活相结合的物理试题已经成为近几年高考的命题趋势。

新课程标准要求，高等院校招生录取的学业水平等级考试必须注重考查学生对物理概念的理解和应用，试题必须与生产生活相结合，要能区分学生物理学科核心素养的发展水平。

新课程标准把曲线运动安排在了必修第二册第五章的"曲线运动"一节中，要求学生会用线速度、角速度、周期描述匀速圆周运动，并且知道匀速圆周运动向心力的大小和方向。通过实验，学生要探究并了解匀速圆周运动向心力的大小与半径、角速度、质量的关系。要能用牛顿第二定律分析匀速圆周运动的向心力。此外，新课程标准还指出学生需要了解铁路和公路拐弯处路面倾斜的原因。

在本节课之前，学生已经学习了基本的力与运动的知识，学习了曲线运动和平抛运动的物理模型，基本掌握了圆周运动模型的概念及公式。本节课的重点在于将圆周运动的物理模型与实际生活中的例子相结合，探究生活中的圆周运动。本节课的关键在于应用知识解决实际问题，因此可以采取习题教学模式，利用习题中具体的案例，让学生学会用圆周运动模型分析生活中的圆周运动。

教师在备课时，要先设计好探究习题，遵循"从一般到特殊、从易到难"的原则；在授课时，应利用问题创造情境，让学生参与讲题的全过程，提高学生学习物理的兴趣；在习题教学过程中，应设计小实验，让学生亲身"体会"物理，培养学生科学探究的能力。在结束新授课后，教师需要对本节习题教学课进行评价，引导学生进行归纳总结，关注学生物理学科核心素养的发展水平。

（二）教学目标

1. 物理观念

在分析物理习题的过程中，学生要能够定性分析火车轨道转弯处外轨高于内轨的原因；能够定量分析汽车在拱形桥最高点和凹形桥最低点时对桥面的压力。

2. 科学思维

教师应利用整体法和隔离法解决实际问题，从而使学生掌握利用整体法和隔离法解决物理问题的方法；通过解不同的物体习题，培养学生的逻辑推断能力和数学知识运用能力。

3. 科学探究

教师应先通过将物理观念和实际生活相结合的方式提出问题，再用数学极限法来解释，分析论证后让学生对结果进行讨论交流，使其体悟科学探究的一般过程与方法。

4. 科学态度与责任

教师应通过将物理观念和实际生活结合，让学生理解物理与生活的关系，培养学生严谨认真的科学态度和社会责任感。

（三）教学重难点

1. 教学重点

定性分析火车转弯处外轨高于内轨的原因；定量分析汽车在拱形桥最高点和凹形桥最低点时对桥面的压力。

2. 教学难点

利用牛顿第二定律分析圆周运动，以及对圆周运动临界点的处理。

（四）教学方法

本节课主要采用讲授式习题教学法和讨论式习题教学法相结合的教学方法，利用电子白板等多媒体教学设备呈现习题，创设问题情境，展开教学。为了更好地发挥学生的主观能动性，本节课设计了拱桥小实验让学生定量分析拱形桥和凹形桥的受力情况，并采取了小组合作模式让小组成员进行内部讨论交流，最后以小组为单位进行反馈与评价。

二、"变压器"习题教学案例

（一）教材分析

本节课的内容选自人教版高中物理选择性必修二第三章"交变电流"的一个专题，本节课是在学生已经学习过理想变压器的电流、电压与单个副线圈匝数的关系后安排的一节习题课，目的是引导学生掌握理想变压器的电流、电压与多个副线圈匝数的关系及对理想变压器的动态分析等内容。

（二）学情分析

学生在交变电流前两节的学习中对交流电的特点已有所了解，已经基本具备了学习变压器这一节内容的必备知识，并且对理想变压器的电流、电压与单个副线圈匝数的关系问题也已了解，但对理想变压器的动态分析还有所欠缺，主要是无法分清变量和不变量，难以掌握相互制约的关系。

（三）教学重难点

1. 教学重点

掌握理想变压器的电流、电压与多个副线圈匝数的关系。

2. 教学难点

掌握对理想变压器的动态分析的内容。

（四）教学目标

1. 物理观念

①知道变压器的构造，了解变压器的工作原理。

②理解变压器原、副线圈中电压与匝数的关系，能应用它分析解决有关问题。

③了解变压器在生活中的应用。

2. 科学思维

能运用所学的互感现象的学问解释变压器的工作原理，并体会到能量守恒定律是普遍适用的。

3. 科学探究

在探究变压比和匝数比的关系中培育学生运用物理理想化模型分析问题、解决问题的能力。

4. 科学态度与责任

激发学生对科学的兴趣和热忱，有将科学知识应用于生产生活的意识，坚定学好物理的信念。

三、"运动的描述"习题教学案例

（一）教学内容

运动的描述是运动学板块的基础内容。本部分的习题教学主要涉及对质点、参考系等基本概念的理解以及速度、加速度等的简单应用。通过习题教学，学生进一步理解这些基本概念，并能在解决实际问题时进行运用，同时对机械运动的内容有更深刻的认识。

（二）学情分析

本部分的习题教学内容很多都是来自学生已有的日常生活经验，教学目的是让学生学会将生活现象用物理学的语言正确描述出来。只有深刻理解了本部分的习题教学内容，才能正确地对生活现象进行描述，并继续学习后面机械运动的规律以及动力学的相关内容。

（三）教学目标

1. 物理观念

理解质点、参考系、位移等概念，能利用速度、加速度进行简单运算，树立基本的运动观。

2. 科学思维

理解机械运动的运动模型。

3. 科学探究

能根据基本的运动学概念分析实际问题。

4. 科学态度与责任

①认识运动是宇宙中的普遍现象，运动和静止是相对的，建立辩证唯物主义世界观。
②通过了解科学家发明和发现的过程，学习科学家探求真理的伟大精神和科学态度，激发学生努力学习的积极性和勇于为科学献身的精神。

（四）教学重难点

1. 教学重点

平均速度、瞬时速度及加速度的含义。

2. 教学难点

运动的绝对性与静止的相对性。

四、"一类力的分解"习题教学案例

（一）教学内容

力的分解是高中物理教学的重要内容，它也为位移、速度、加速度等矢量的分解学习奠定了基础。近些年，物理高考的选择题经常会出这样一类题目：将某个力按两个特定的方向分解，分力关于被分解的力对称。

所选习题贴近实际生活，解这类题时需要将实际问题抽象成已知的物理模型，并且需要找准研究对象，应用力的分解的方法。这些题目难度不大，但已经与高考接轨，可作为高一第一学期期末考试前习题课的内容。

（二）学情分析

学生已经学完了物理必修第一册的前四章内容。从第三章（相互作用——力）学完到期末复习的时间间隔较长，有的学生已经淡忘了力可以按力的作用效果分解或受力分析的方法，而对正交分解比较熟悉，因为之前学生用正交分解解决牛顿第二定律相关问题的机会较多。学生在之前的习题中可能碰到过与此类型相似的题目，但是没有对此进行更深入的思考，没有对这类题进行总结。这节课选编的内容符合"最近发展区"理论，通过这节课的学习，预计学生会对这类题有一个更清楚的认识，并能快速、轻松地解决同类型的题目。

（三）教学目标

1. 物理观念

①熟悉这类题型，学会将具体问题简化、抽象成熟悉的物理模型。
②会用"正交分解"法，会按力的作用效果分解力。
③会构建直角三角形，并利用三角函数解题。

2. 科学思维

①让学生在相互交流中明确这类问题的区别与联系。
②体验"举多反一""举一反多"的策略。
③领会数学与物理结合的科学方法。

3. 科学探究

通过经历解决这类题型的过程，培养实践能力和创新精神，锻炼解决问题的能力。

4. 科学态度与责任

发展对科学的好奇心与求知欲，培养主动与他人合作的精神，能将自己的见解与他人交流的愿望，培养团队精神。

（四）教学重难点

1. 教学重点

掌握这类题型的分析方法和解答方法。

2. 教学难点

掌握这类题的分析过程。

五、"共点力的平衡"习题教学案例

（一）教学任务

共点力的平衡是人教版高中物理必修第一册第三章第五节中的内容，在高中物理试题中占有重要地位。共点力作用下物体的平衡条件不仅在力学部分的试题中应用广泛，在高中以后学习的热学和电学部分的试题中也应用广泛。

新课程标准要求学生能用共点力的平衡条件分析生产生活中的问题。在本节课之前，学生已经学习了简单的机械运动和质点模型，学习了相互作用和牛顿运动定律，基本掌握了受力分析的方法。

本节课采用习题教学模式，利用共点力的平衡来解决生活中实际问题，提高学生受力分析基本方法的掌握程度，为牛顿定律解决实际问题提供基本方法。本节课利用习题教学来让学生学习用共点力的平衡条件以分析实际问题。

（二）教学目标

1. 物理观念

通过习题，从不同角度去理解共点力作用下物体平衡条件的概念；通过典型习题由浅到深地应用共点力作用下物体的平衡条件；通过解答习题，学习利用共点力平衡条件解决力的平衡问题。

2. 科学思维

通过利用整体法和隔离法解决物理问题，掌握利用整体法和隔离法解决物理问题的方法；通过不同的习题，培养学生逻辑推断能力和运用数学的能力。

3. 科学探究

先通过将物理观念和实际生活相结合的方式提出问题，再用数学极限法来解释，分析论证后将结果进行讨论交流，体悟科学探究的一般过程与方法。

4. 科学态度与责任

将物理观念和实际生活结合，让学生理解物理与生活的关系，培养学生严谨认真的科学态度和社会责任感。

（三）教学重难点

1. 教学重点

共点力作用下物体的平衡条件的应用。

2. 教学难点

正确进行受力分析并且恰当地运用正交分解法。

（四）教学方法

本节课主要采用讲授式习题教学法和讨论式习题教学法相结合的教学方法，利用电子白板等多媒体教学设备呈现习题，创设问题情境展开教学。为了更好地发挥学生主体能动性，本节课采取小组合作模式，让小组内部进行讨论交流，最后以小组为单位进行反馈与评价。

六、"匀变速直线运动的规律"习题教学案例

（一）教学内容

匀变速直线运动的规律的习题课是在学生学习了质点、位移、速度、加速度等基本概念之后进行的。本部分的习题教学主要是讨论匀变速直线运动的过程，重点是让学生理解匀变速直线运动的速度、位移以及时间的相互关系。作为运动学部分的重点和难点，本部分习题教学的重要性不言而喻。

（二）学情分析

学生在学习了之前的习题之后，对一些基本概念有了更深的认识。学生在学习了匀变速直线运动的内容之后，通过习题教学能将其应用于对日常生活现象的分析。

（三）教学目标

1. 物理观念

理解匀变速直线运动的运动规律。

2. 科学思维

理解匀变速直线运动的运动模型。

3. 科学探究

能推导匀变速直线运动的相关公式，并应用于实际问题。

4. 科学态度与责任

①培养学生对科学的求知欲，乐于探索自然现象和日常生活中的物理学道理的精神，树立正确的世界观和唯物主义观。

②培养学生观察思考、勇于发现、乐于探究的学习习惯。

（四）教学重难点

1. 教学重点

匀变速直线运动相关公式的推导。

2. 教学难点

利用匀变速直线运动的相关公式解决问题。

七、"电容器的电容"习题教学案例

（一）教材分析

电容器的电容是高中物理基于器件讲述物理概念的课节，它也是基于探究形成物理概念的课节。新课程标准对本节课提出的要求是观察常见的电容器；了解电容器的电容；观察电容器的充放电现象；能举例说明电容器的应用。本节课为新授课结束后统一安排的习题课。

（二）教学目标

1. 物理观念

让学生进一步理解电容概念及其定义方法，掌握电容的定义公式、单位，并会用来进行有关的计算。

2. 科学思维

让学生进一步理解电容器的充放电过程，养成通过类比和比值定义法得到电容物理意义的思维能力。

3. 科学探究

让学生在解决该类问题的过程中，进一步体会科学探究的过程与方法。

4. 科学态度与责任

培养学生自主学习的精神和实事求是的科学态度。

（三）教学重难点

1. 教学重点

电容的概念理解；平行板电容器的动态分析。

2. 教学难点

含容电路的动态分析及综合应用。

八、"牛顿运动定律的应用"习题教学案例

（一）教学任务

牛顿运动定律的应用选自人教版高中物理必修第一册第四章第五节，是高中物理的核心内容之一，是动力学的基石。对牛顿运动定律应用的考查更是高考的重点，在高中物理试题中占有重要地位。新课程标准要求学生能够用牛顿运动定律解决生活中的简单动力学问题。在这之前，学生已经学习了牛顿运动定律的内容，对牛顿运动定律的性质已经有了初步的认识。本节课采用习题教学模式，应用牛顿运动定律解决生活中的实际问题，加强学生对牛顿运动定律的理解，使学生掌握用牛顿运动定律解决问题的方法。

因此，在备课时，教师需要遵循"从简单到复杂、从一般到特殊"的原则认真设计、

筛选习题；在授课时，应引导学生创设相应的物理情境，使其参与问题解决的过程；帮助学生建立物理模型，提升其问题解决能力；在课程结束时需要总结本节习题课，引导学生主动归纳总结本节课中所涉及的物理知识，以培养学生的物理学科核心素养。

（二）教学目标

1. 物理观念

通过习题教学，进一步加强学生对系统、系统内力、外力等概念的理解；加深学生对牛顿运动定律的理解，促进学生深入认识牛顿运动定律的性质，通过习题解答，学习利用牛顿运动定律解决系统问题。

2. 科学思维

通过习题教学，让学生学会如何应用牛顿运动定律解决实际问题，并且学会应用牛顿运动定律和运动学公式解决力学问题，培养学生的逻辑思维能力和物理建模能力。

3. 科学探究

利用将物理观念和实际生活相结合的方式提出问题，让学生探究如何应用整体法和隔离法解决系统性问题以及突变问题。

4. 科学态度与责任

通过习题教学，树立学生将知识与生活相结合的意识，培养学生严谨的科学态度和社会责任感。

（三）教学重难点

1. 教学重点

牛顿运动定律的应用。

2. 教学难点

物理受力情况和运动状态的分析，物理模型的建立。

（四）教学方法

本节课主要采用讲授法、讨论法和图示法相结合的方法进行。教师利用多媒体设备呈现习题，创设物理情境；以班级分好的小组为单位进行讨论，以发挥学生的主动性；最后对习题进行分析、讲解。

第八章　高中物理教学评价

相对于初中物理知识，高中物理知识更加深奥和全面，这无疑增加了学生的学习难度。新课程标准背景下的物理教学评价，则是通过科学的分析、研究，令物理教学更加适合学生未来发展的需求。本章分为高中物理教学评价理念、高中物理教学评价指标体系、高中物理教学评价实施策略三部分。

第一节　高中物理教学评价理念

一、教学评价概述

（一）教学评价的概念

评价是主体依据一定的标准对客体进行价值判断。在对一个客体进行评价时，确定了评价标准后，不同的主体可能会有不同的价值判断，评价的结果可能是截然不同的。当评价主体确定时，若采用不同的评价标准，评价主体也会有不同的价值判断，同样也会有不同的评价结果。因此，要对某一个客体进行客观有效的评价，就必须同时确定评价标准和评价主体，只有这样才能做好评价工作。

教学评价是教育评价的一部分，它是根据一定的标准或指标体系，运用各种有效的方法和手段收集有关信息，对教学活动及其效果进行价值判断的过程。教学评价同样需要确定评价标准和评价主体，根据确定的评价标准，评价主体通过科学而有效的手段和途径收集评价客体（被评价对象）各种相关的资料和数据。教学评价是教学过程的一个不可或缺的重要环节，为教学活动提供反馈信息，调节、控制着整个教学过程。

由于教学活动涉及的因素较多（如教学目的、教师、学生、课程、教学媒体、教学环境等），并且它们之间的关系及相互作用错综复杂，再加上教师与学生这两个主要因素是身心状态处于不断变化之中的、活生生的、具有主观能动性的人，因此教学评价的复杂性和难度可想而知。

（二）教学评价的类型

1. 诊断性评价

（1）诊断性评价的内涵

1976 年，美国教育家、心理学家本杰明·布卢姆首次提出"诊断性评价"，诊断性评价通常也可以叫作"教学性评价""前置评价"或"准备性评价"。诊断性评价旨在预测学生的状况，包括学生的知识掌握状况、学生的技能状况和学生的情感状况。教师只有全面了解学生，才能知道学生是否具备实现教学目标的条件。

"诊断"是从医学上过渡过来的一个概念，指的是通过在实际案例的临床分析中诊断出症结所在，以便对症下药。在教学中也是一样，要想取得一定的教学效果，就需要准确诊断出学生所存在的问题和缺点，否则就无法进行下一步的有效教学活动。根据这种必要的诊断可以清楚地掌握学生的知识储备情况，方便教师因材施教。

在目前的研究中，大部分学者认为诊断性评价应该应用于教师在学年或学期、课程研制或课堂教学开始之前。事实上，这是对诊断性评价的误解，这种观念将诊断性评价中的"教学活动"理解得过于狭隘，从而使诊断性评价的使用受到了局限。诊断性评价不仅能用于教学活动开始之前，还可以用于教学活动开展过程之中。只要在教学活动的环节中察觉到学生在学习过程中存在困难，就应当选择某种方法来诊断可能存在的问题。诊断性评价旨在呈现出学生学习过程、学习结果中的问题，并分析出现问题的原因，进而通过分析出的结果改进并适当调整教学方法。

诊断性评价具有诊断性、集中性、适中性、持续性的特点。

①诊断性具有探测性和追踪性两方面的特性。诊断性旨在明确地探测出学生在学习上存在的一些问题、困难和缺陷，并且能够诊断出这些问题、困难和缺陷的数量和程度。

②集中性旨在集中诊断某一特定的知识内容，具有针对性。集中性测验的目的是"确诊病情，对症下药"。

③适中性指的是诊断测验的难度要适中。试题要设置三个层次的难度，即简单题、中等题和拔高题。设置简单题的目的是让学生巩固基础知识，设置中等题的目的是让学生觉得简单而不单调。对于一些略微有难度的题，学生会带着挑战的心态完成题目，能够激发能力强的学生的学习兴趣。采取这样具有适中性和一定鉴别力的测验题，可以全面地掌握学生的学习情况。

④持续性指的是要有计划地、逐步地完成测验，因为要满足诊断性、集中性和适中性的测验题的题量比较大，所以不能操之过急，要逐步测验。

（2）诊断性评价的目的

美国著名教育评价专家斯塔弗尔比姆（Stufflebeam）强调："评价最重要的目的，不是证明，而是改进。"我国学者在关于诊断性评价的研究中，认为诊断性评价的运用并不仅局限于教学活动之前，还可用于教学活动过程中，但还是与形成性评价有所区别。

诊断性评价主要是通过诊断性评价方法，及时发现学生学习中的问题，并采取相对应的措施及时解决，它包括教学活动前，也包括教学活动过程中，具有诊断和调节教学的作用；形成性评价是教师根据学生在现阶段学习的结果做出的评价，主要针对学生阶段学习的结果和教师教学过程做出的评价，引导教师正确进行教学，推进教学的发展。张春明认为诊断性评价是教学的基础和前奏曲。每一位学生都拥有各自不同的情况，诊断性评价主要对情感补偿和知识补偿进行了解。情感主要是指学生的学习态度、学习兴趣、学习动机、情感认知等，情感补偿就是根据收集到的情况，在教学活动过程中给学生以情感反馈，关注学生发展、激发学习兴趣；知识补偿主要是指在教学活动前帮助学生复习回顾与新知识有关的旧知识，尽量使所有学生都位于同一起跑线①。

浙江省余姚市第二中学的教师黄杰将诊断性评价应用到体育课堂，取得了显著效果。他得出，诊断性评价的目的就是因材施教。黄杰采用分层教学法进行教学，将学习区划分为基础区、重点区和拓展区三个区域。在教学活动开始之前，他没有对学生的基础进行了解，而是要求学生自行选择合适区域，不仅扰乱了教学过程、打破了教学计划，同时绝大部分学生没有在适合自己的区域学习。在课后反思时，黄杰认为教师在教学活动开始之前要对学生的基本学习情况进行大致了解，才能有条不紊地进行教学②。从上述研究结果及查阅的有关研究资料可以了解到，诊断性评价的目的是在教学活动之前了解学生的情况，根据学生的实际情况进行教学计划的设计和教学内容的选择，同时利用诊断功能，诊断学生学习中的问题，并采取相对应的措施。

（3）诊断性评价的功能

诊断性评价的功能在于其可以让教师足够了解自己所教的学生对已有知识的掌握情况及学习特点，方便在后续的教学活动中比较有针对性地、及时准确地了解学生的学习状况，进而做出评价。诊断性评价在教学过程中主要有以下三点功能。

①为教师设计和组织教学提供依据。教师以学生的认知特点和学习特点为基础，设计适用于学生认知特点的诊断性评价，能够帮助学生发现自己的学习障碍，然后及时给出相应的教学策略或补救措施，可以帮助学生更好地排除学习困难，从而增强学生的学习兴趣，进一步有效地提高成绩。在日常教学过程中，应用系统的诊断性评价能够方便教师了解学生的知识储备和基础状况，深度地读懂学生才可以因材施教，从而设计出更合理、更完善的教学计划。

②帮助学生及时解决学习困难。学生的学习兴趣和学习成绩逐渐下降，很大一部分原因是一些问题没有马上解决，一直积累下来。诊断性评价的应用恰好能够帮助学生自查学习状况，自我诊断是否具备学习新内容的知识储备、是否学会了新的教学内容等，进而帮助学生解决学习困难。

③对教学过程中大多数学生出现的普遍性问题，进行集体补救。在日常的教学过程中，通常会出现大部分学生对同一问题存在学习困难的情况，教师通过诊断性评价能够诊断出大部分学生普遍存在的学习困难有哪些，以及是什么原因让大部分学生在同一问题上出现理解偏差，以便及时采取集体补救措施。

（4）诊断性评价的类型

诊断性评价包括预测性诊断、形成性诊断、适应性诊断、质量性诊断、障碍性诊断。根据教学的需要，主要实践其中的预测性诊断、形成性诊断。

①预测性诊断。预测性诊断的目的是了解学生是否具备接受新知识的知识储备和技能，方便教师制订教学方案，以及掌握学生存在的差异，为因材施教提供依据。

②形成性诊断。对于教师来说，形成性诊断的目的是方便教师知道教学目标是否达成，以便教师及时调整教学内容，并及时制订下一步的教学计划。对于学生来说，形成性诊断有助于学生进行自我评估、自我诊断，并及时进行自我改正。形成性诊断主要应用于教学过程当中。

---

① 张春明.诊断性评价在课堂教学中的意义［J］.中国社区医师（医学专业），2009，11（16）：260-261.
② 黄杰.体育课堂教学中诊断性评价的运用［J］.运动，2015（5）：119-120.

2.形成性评价

（1）形成性评价的概念

在英国比较教育家迈克尔·萨德勒（Michael Sadler）看来，形成性评价是利用对学生的学习质量的判断，通过降低试误学习的随机性和低效性，来塑造和提高学生能力的过程。形成性评价和总结性评价的主要区别在于目的和效果，而不是时间。许多适用于总结性评价的原则并不一定适用于形成性评价，后者需要独特的概念和技术。

赫里蒂奇（Heritage）认为，形成性评价是一个持续收集学习证据的系统过程。这些学习证据用于确定学生目前的学习水平，并调整教学，帮助学生完成预期的学习目标。在形成性评价中，学生是积极的参与者，教师通过与学生分享学习目标并了解他们的学习进展情况，进而决定下一步需要采取什么措施及如何实施。

形成的限定词不是指向评价，也不是指向评价的目的，而是指向它的实际作用。评价是形成性的，可理解为评价的信息在系统内反馈，并实际用于以某种方式改善系统的表现，也就是说评价具有改进的作用。"形成"和"总结"这两个术语并不适用于评价本身，而是适用于它们所服务的职能。因此，同样的评价有可能既是形成性的，也是总结性的。当评价产生的信息反馈到系统内，并实际用于提高系统的性能时，评价是形成性的。当个人利用评价的反馈来提高他们的学习水平时，评价是形成性的。当评价结果得到适当解释，帮助他们改进教学时，无论是在特定主题上还是在一般问题上，评价对教师来说都是形成性的。如果能够对所产生的信息进行解释和采取行动，以提高学校和地区的学习质量，评价对学校和地区而言就是形成性的。

尽管目前教育评价领域对形成性评价的概念还没有意见一致的界说，但是对形成性评价所包含的核心要素——时间、空间、目的、方法的阐述，让我们能越来越触及形成性评价的本质。在此，形成性评价是指在课堂教学中，教师通过有效收集学生的学习信息并及时向学生反馈学习信息以缩小与学习目标的差距，进而促进学生学习和改进教师教学的评价，其特征是教学与评价相融合。

（2）形成性评价的特点

①人文性。形成性评价立足于学生的本性，承认学生的主体地位。每位学生都是独立的个体，有其自身成长的背景和发展的客观条件，存在发展水平上的差异，并且每个人都有各自的兴趣和爱好，因此发展高度和方向各不相同。在对学生进行评价时，应当承认并认可学生的个体差异，不应用统一的标准看待学生，对学生的评价要多方面考虑，以培养全面发展的人为基本目标，不能仅看重学生知识与技能的掌握情况，对学生内心情感、能力与智力的发展更要重视。

形成性评价重视学生自评和同伴间互评，以学生作为评价主体，对学生评价能力的提高十分有益，也可让学生在评价的过程中充分认识自我。以上论述体现了现代教育及新课程改革的要求，符合核心素养"以人为本"的育人方针。

②多元性。形成性评价的多元性主要表现在评价内容、评价主体、评价标准和评价方法等方面。形成性评价看重学生的全面发展，不仅注重评价知识与技能的积累，对于学生的内心情感、创新能力与实践能力，甚至是学生的兴趣等也重点关注。评价主体也不再只是教师，对学生自评和学生间互评同样重视，以同龄人的视角评价学生，使学生由被动接受转为主动参与，更有利于学生实现自我调控、完善与发展，符合现代教育的宗旨。形成

性评价也倡导家长参与评价，这种以学生和家长的评价补充教师评价的模式，对学生的评价较为全面，对教学质量的提高和学生的健康发展是最有效的。

形成性评价尊重学生的个体差异和个人特点，不以统一甚至是唯一的标准来衡量学生，有利于学生的个性发展。其评价方式多种多样，有形成性测验、学习档案、学习计划、观察记录等，这种量性与质性相结合的评价方式有利于学生的成长。

③过程性和发展性。形成性评价是在教育过程中进行的评价，教师与学生共同对学生的学习过程进行持续监控，及时发现问题，积极调整教学，促使学生朝着预期的方向健康发展。

另外，形成性评价是在教师为学生创设的相对轻松的环境下，学生结合自身的实际情况和教学任务的要求进行学习，再依据各评价主体对其的评价，了解自己的问题，及时对自己的学习过程进行修正和改进。形成性评价可以反映学生的发展状况和进步空间。学生经过教师的引导和同伴的鼓励，可以增强自信心，激励自己继续学习。

形成性评价不仅促进了学生的发展，通过评价反馈，教师也可以有针对性地反思自己的教学过程，对教师教学能力的提高也是十分有益的。由此可见，形成性评价是一种益师益生的发展性评价。

（3）形成性评价的原则

①过程性原则。形成性评价贯穿整个教学过程，既是一种评价方法，又是一种学习方法。由强调结果转向重视获得结果的证据累积与学习建构的过程，由强调知识获得的结果转向关注个体经验获得的过程，由控制行为转向促进个体发展。它关注的是过程而非结果。

②反馈性原则。反馈是形成性评价的核心功能。无论利用何种评价方式收集学习信息，只有经过及时反馈处理，才能指导和服务于教学。形成性评价信息的反馈克服了总结性评价只在学习结束后才开始的弊端，可在教学的任何阶段进行。反馈的内容应为可描述的、可判断的具体教学问题或教学行为。途径通常有口头、书面及电子通信三类。

③协商性原则。形成性评价的协商原则强调从学生的实际需求出发，关注学生的主体性。师生共同制订学习目标，一起商议评价标准。学生在与教师的交流、探讨中明确学习目标和学习任务，理解具体的评价标准。这样做不仅能激发学生学习的自主性，形成更强烈的学习动机，获得参与感，还有利于学生对照评价标准进行自我反思和调整。有研究表明，学生在明确学习目标和评价标准的前提下的学习效果要好于对目标不够了解的情况。

④激励性原则。行为主义认为，人在通常情况下，能力发挥大致在30%左右，如受到正确而充分的激励，则可能发挥至80%或更多。激励性形成性评价能创设益于学生发展的环境，促进学生学习能力的提升。学习离不开互动交流，需要学生具备强烈的学习意愿与持续的兴趣，因此教师在教学中应充分发挥情感因素的积极作用，从情感角度对学生的学习过程、学习状态、学习情况进行激励性评价指导。

（4）形成性评价的功能

充分发挥形成性评价的功能，对教学活动产生良好的结果具有促进作用。形成性评价是为教学和课程服务的，形成性评价的有效实施可以积极地推进教学和课程的发展，反之则阻碍其健康发展。形成性评价的功能多种多样，要根据不同的需求选择、协调和侧重某几种功能。在促进教与学方面，要重视形成性评价的以下功能。

①导向功能。形成性评价是检验教学目标是否实现、教学活动是否有效的一把尺子，

它为教学结果提供反馈意见和建议，以期改进教学工作。在形成性评价的指导下，教学过程按照预先的方向发展，最终实现教学目标。因此，形成性评价指引着教学目标的实现，即形成性评价具有导向功能。

形成性评价是一个过程，它其中的每一个小过程必须是具体可行的，它为教学提供具体明确的指导标准。教师容易观察和操作，这也是形成性评价的导向功能所体现出的。

②调控功能。形成性评价重视从学生的日常表现中提取信息，收集学生日常学习的情况和教师指导的情况，并提供反馈信息。通过这些信息，教师改进教学方法、重新修正教学方案、加强自身的知识储备和个人修养，及时了解和关注学生，完善自己的教学效果；学生积极主动地参与学习，调整自己的学习方法和学习策略，完成学习计划和任务，体验成功的喜悦，改进不足，从失败中获得经验和教训，再接再厉，向着成功迈进。

除此之外，形成性评价的调节功能还体现在教师和学生通过研究分析获得的反馈信息，可以进一步了解和确定教学过程中所采用的一系列方法策略和使用的评价方式是否促进了目标的实现、教学目标是否实现及实现的程度。此外，明确这些反馈信息是调整和改进教学的依据，是更好地接近既定教学目标的有力保证。

③诊断功能。形成性评价的诊断功能表现在通过对结果的分析，师生可以了解在教与学的过程中自己存在的问题、自身的优势和劣势、自己的个性特色，以及这种个性特色是否对教与学有利，分析、寻找造成这种结果的有利或不利因素，思考解决问题的办法。评价要准确评估学生的测验或考试成绩在多大程度上能够代表目标的达成，并对其原因做出科学合理的解释，指导教学的改进工作，全面科学地对教学做出诊断。

④激励功能。激励功能，即形成性评价具有激发行为动机、调动积极性的功能，评价可使被评价者看到自己的成绩，找出不足，激发改进和提高的内在需要与动机，增强信心，努力改进工作和学习中的不足，从而达到提高教育质量的目的。但要注意度的把握，如果太过，反而会起到相反的效果，得不偿失。

在高中物理教学中，要充分应用形成性评价的各种功能，保证形成性评价实施的可行性。在课堂教学过程中，知识和技能目标应具体、明确，不能含糊不清；实施过程要简化，不能给教师和学生造成过重的负担，要把评价和教学有机地结合起来，这样才能真正实现评价促进教学的根本目标。

（5）形成性评价的发展

随着教育教学领域中评价的发展，结合各时代教育的特点，在各教育学家与评价学家的研究与实践中，形成性评价的内涵被不断丰富。形成性评价与质性评价、定性评价相结合，或者深入学生学习，发展成为发展性评价、过程性评价与学习性评价。发展性评价是指通过搜集评价信息和进行分析，对评价者和评价对象双方的教育活动进行价值评价，实现评价者和评价对象共同商定发展目标的过程。过程性评价在形成性评价的基础上强调在评价中重视评价的过程。过程性评价不仅可以确定学生的学习方式、学习结果，还可以鼓励学生进行深层学习，树立终身学习的理念。为适应基础教育改革中重视课堂评价及随之产生的课堂评价理论，在形成性评价的基础上出现了学习性评价，将评价深入教学的核心，即学生的学习，将评价与课堂教学紧密结合在一起。要将教师的教与学生的学紧紧结合在一起。无论是发展性评价、过程性评价还是学习性评价，都是形成性评价不同角度的发展，形成性评价在经过各专家的实践与理论的丰富后，会逐渐发展并形成较为完整的评价理念。

（6）形成性评价的实施工具

形成性评价的实施工具主要分为测试型和非测试型两种。

①测试型评价工具。测验作为传统的评价工具永不过时，它在考查学生的物理知识和技能方面是最有效的。通过测验的结果，教师可以了解学生在认知方面的发展情况，明确与期望目标的差距。试卷是进行测验最有效的手段，它的优势之处在于具有可量化的题目。相比于其他评价工具，试卷的操作性较强，也较为公平和公正。试卷考查的内容范围较广，质量也易于控制，除了标准化的试卷，像一些单元测试和随堂测试所用的试卷，教师可以依据学生的学习水平和教学要求自行编写，有针对性地考查学生。需要注意的是，物理教师在自编试卷时，要控制试卷内题目的难度，要与教学目标相适应，符合学生的发展水平，避免出现偏题和怪题，保证试卷的科学有效性，这样才能实现评价的真正目的。如今，随着科技的进步，出现了一些高效的出卷方式，教师可以利用计算机生成试卷，既节省精力，又能保证试卷的质量。

②非测试型评价工具。非测试性评价工具包括评价量表、学习计划、课堂观察记录、学习周记和学习档案等多种形式。

a.评价量表。评价量表多以表格的形式出现，主要包括指标、评价内容和权重等变量。评价量表以评价目标为依据，确定考查指标，其评价标准较为统一，规定了要评价的内容和要求学生达到的程度，明确了学生的发展方向。评价量表的优势在于操作性较强，也较为准。评价量表不仅适用于教师评价，还可让学生作为评价主体，应用它来进行自评和互评，学生通过交流，增进感情。

b.学习计划。学习计划是教师与学生之间签订的书面协议，它规定了学生要履行的学习义务。学习计划并不是教师对学生提出的各种要求的集合，而是在教师和学生的共同商讨下形成的利于学生开展自主学习的内容，它为学生的自主学习提供了基本架构。

学生通过与教师的沟通，确定学习计划，在此过程中，学生的计划学习能力得到发展。一个完整的学习计划包括学习者和帮促者（教师、家长和同学）、学习目标和内容、学习策略与资源、达成目标的预期日期、得分标准、目标达成的判断依据和等级区分等，但其基本内容的设计还要以实际要求为准。由于学生亲自参与了学习计划的制订，使其能够保持较长时间的自我监督和严格要求，提高自主能力和毅力，保持自己的学习热情和兴趣。在制订学习计划时，教师和学生的首要任务是明确学生的物理学习需要，即目标与现实的差距，以此来确定学习目标，明确学习内容。教师要帮助学生选择最有效的资源来制订学习计划，并根据学习计划选择恰当的学习方法和策略，再依据学习目标达成的判断依据和评判标准，有目的地履行学习计划，进而实现学习目标。在实施学习计划时，学生可随时改变学习内容。因此，教师和学生要不断地对学习计划进行修改和完善。学习计划规定了学生在完成任务和解决问题时的具体目标和参照标准，因此这种客观合理的评价工具越来越受到人们的重视。

c.课堂观察记录。非正式的观察是日常教学不可或缺的部分，课堂作为学生学习的主阵地，也是实施形成性评价的重要场所。教师对学生的语言运用情况、行为反应、学习情况、学习材料的使用和小组合作互动等进行持续观察，通过收集和分析获得的信息，全面了解学生的学习情况，深入学生的学习过程，判断学生应用的学习方法和学习策略是否有利于掌握学习内容，对学生的学习是否有积极的促进作用，分析哪些学习活动和材料是学生喜欢的，并判断教师自身教学策略的有效性，随时做出新的教学决定，修正原有的实施方案，为下一步的工作明确方向。例如，教师通过观察发现个别学生没有掌握课堂上教师所教的内容，与大部分学生没有掌握学习内容相比，会令教师做出截然不同的教学决定。评价与日常教学紧密相连，教师可以通过评价对过程进行调控，及时用课堂活动记录表和评价量表记录观察结果。

d. 学习周记。学习周记是一种质性的评价工具，教师通过阅读学生的物理学习周记，可以评价学生知识和技能的掌握情况，以及情感态度价值观等方面。学习周记是教师了解学生和审视自身教学的有效手段。学习周记中可以记录的内容较为广泛，主要包括以下几方面。

第一，学生个人的学习情况。对某个物理知识点或某道题目的不解，还想要学习哪些知识；对某一问题的新见解或解决问题的新方法；对教学环境或教师还有哪些意见和建议等。

第二，及时记录小组讨论中发生的事件。包括与同伴互动过程中发现的有价值的问题，解答出的疑惑；学生自身存在的问题，同伴对自己的夸奖、质疑和评价；同伴身上的缺点和长处等。

第三，在小组交流中，教师对自己或小组的指点和评价。

学习周记突显学生的个性特点，教师在收集学生的学习周记后要及时阅读，在学习周记上写下自己的评价和感想，并在自己的教学情况记录本上做笔记。学生使用学习周记不仅可以对本周学习的内容进行归纳总结，梳理知识点，还可以与教师一起分享成功的喜悦，反思自身存在的不足，与同学和教师一起探讨新的学习方法和策略。

e. 学习档案。学习档案是对学生取得的进步和与学习成绩相关的学习成果等信息进行的汇总，包括学生的学习表现、优秀作品、评价结果等一系列可以反映学生学习情况的资料，学习档案与学习周记都是质性的评价。学习档案要定期呈现给学生，学生通过翻阅档案内的资料，可以看到自己阶段性的进步，增强喜悦感，激发学习热情。此外，也可以意识到自己的不足之处和发展空间，进而明确下一步的努力方向。

现行的升学考试录取标准存在弊端，不应仅用一纸考卷作为学生的最终成绩，以此来代表学生的能力。因此，评价学生时把学习档案纳入参考范围十分必要。由于信息资料的收集和整理是一个耗时又耗力的过程，对教师的考验较大，因此可以应用现代科学技术来弥补这个缺陷。电子学习档案的特点就是存储量大，携带方便，利于信息资料的长久保存。

3. 总结性评价

（1）总结性评价的概念

总结性评价的概念是由美国教育学家斯克里文（Scriven）在《评价方法论》中提出的。他把"从整体上明确所开发的课程的评价"称为总结性评价。总结性评价在他的研究中指向课程，仍属于"课程评价"的范畴[①]。

布卢姆认为考试的意义在于为总结提供支持。总结性考试的成绩，可以考查课程目标的达成度，评定学生对学习内容的掌握程度。也就是说，总结性评价"最后总是成为对学

---

① 赵士果.促进学习的课堂评价研究［D］.上海：华东师范大学，2013.

生作出很多决定的依据"[①]。

莫尔[②]认为，"总结性评价主要是为了评定等级而考查学生的成就"，多着眼于考查学生的认知水平，关注考试成绩或作业情况，而较少留意与情感、态度、技能相关的层面。

何荣杰[③]认为总结性评价着眼结果与评判。用于评定"教学目标的达到程度"，检查教学的优劣，考核最终成绩，根据教学的"最终效果"，给出"最终评价结论"。

《全日制普通高级中学物理教学大纲》（试验修订版）将总结性评价定义为，在一个学习阶段结束时，为了解学习结果和教学活动的最终效果而进行的评价。

综合上述研究，本节将总结性评价定义为以预先设定的教学目标为导向，在一个学习阶段结束后，对学习者最终取得的成就和达成目标的情况，以及目标达成的具体程度进行的评价。

作为最终成绩的一部分，总结性评价为学生评定等级，以及是否进入下一学期或下一阶段的学习提供参考依据。总结性评价作为教学活动最终效果的评价，既可以对学习者的学习活动做出最终评价，也可以对教师的教学状况给出结论。

（2）总结性评价的原则

在课堂教学中实施总结性评价应遵循以下原则。

①科学性原则。实施总结性评价要以教学目标为依据，确定科学的评价标准，使用科学的测量手段和评价方法，处理所获得的数据和信息。

②整体性原则。总结性评价着眼于整个教学过程的考核，从多角度、全方位对教学活动进行全面评价。

③客观性原则。进行总结性教学评价应符合客观实际，避免评价者受个人情绪干扰。

4. 表现性评价

（1）表现性评价的内涵

标准化的测验难以评价学生在面临之前没有经历过的情境时，是否能够运用学到的知识解决新的问题，是否具有应对未知的能力，而表现性评价恰好可以解决这个问题。关于表现性评价，威金斯（Wiggins）认为其内涵是"让学生在真实情境中完成一个活动或制定一个作品，来证明学生表现出的知识和能力"[④]；美国国会技术评价办公室定义表现性评价为"要求学生创造出答案或产品以展示其知识或技能的测验"[⑤]；我国学者周文叶定义表现性评价为"在相对真实的情境中，在学生完成一系列复杂任务的过程中，运用详细的评分规则对展现出的表现与结果做出合理的判断"[⑥]。

（2）表现性评价的特点

①科学性。表现性评价的目标依据新课程标准中的建议来进行设置，对教和学有一个正确的导向，是对要达成的教学结果的预期和期望。表现性评价的任务紧扣目标，将目标转化为学生可以完成的一系列任务，适应学情，不能脱离目标，也不能超出学生的能力。评分规则运用科学的量表，针对各项任务做出详细的描述，可对学生的表现进行逐项评价，

① 布卢姆.教育评价［M］.邱渊，王钢，夏孝川，等译.上海：华东师范大学出版社，1987.
② 莫尔.课堂教学技巧［M］.刘静，译.北京：人民教育出版社，2009.
③ 何荣杰，张艳明.课堂教学设计［M］.北京：北京邮电大学出版社，2014.
④ WIGGINS G. A true test: Toward more authentic and equitable assessment［J］. Phi delta kappan, 1989（69）: 703-713.
⑤ 同③.
⑥ 周文叶.中小学表现性评价的理论与技术［M］.上海：华东师范大学出版社，2014.

最后整合为一个综合性的评价，能够了解学生的学业水平。实施表现性评价之后，最重要的是反馈阶段，学生自己作为评价主体，得到好的评价可以增强信心，得到不好的评价能对自己的不足进行改正，学生同伴作为评价主体，可以互相学习，教师作为评价主体，能够了解学情。

②专业性。表现性评价在实施中，对学生需要完成的每一项任务，描述了对应的表现水平，能够包含学生各个层次的表现，实现对学生的精准评价，针对各项任务的重要程度，可以设置不同的权重来加强学生的重视，突出这方面的表现和能力。

③客观性。表现性评价不完全追究对与错，学生的表现也不是非好即坏，评价的结果呈现等级制，只强调学生已经达到的水平，以及还需要努力的地方，给学生足够的发展和进步的空间。评价主体不是只有教师一方，还参考学生自身和同伴的评价，有时还参考家长评价，因此更具有客观性。

（3）表现性评价的要素

根据前面所述表现性评价的含义，为了体现出与其他评价的区别，找出其中关键的部分，其由"目标、任务和评分规则"三个基本要素构成，它们相互关联、相辅相成，具体阐述如下。

①表现性目标。美国课程论专家舒伯特（Schubert）把课程与教学实施过程中产生不同价值取向的目标课程分为四种，当前占据主导地位的"行为目标"取向只关注易于考查的陈述性知识与技能等要素，忽视了难以转化为行为的情感态度与价值观等要素，然而教学目标的发展从最早的关注基础知识与基本技能，到布卢姆提出的教育目标分类法中的三维目标，再到如今的核心素养，体现了目标对那些难以考查的要素的重视。因此，教学目标应当由"行为目标"取向转变为"表现性目标"取向。"表现性目标"与"行为目标"的区别在于，不追求学生一定要完成某些特定的行为，而在于充分发挥学生的个性，可以有不同的表现，能够完成自身能力的转化，学生的知识是生成性的，因此对创新、发现等活动提供更自由、开放的环境。

②表现性任务。相对于传统的测验采用填空、选择、判断等试题类型间接对人的能力进行评价，表现性评价通过评价任务来引导学生展现出可观察的行为与表现，直接地对行为表现进行测量，表现越好说明学生建构知识与思维能力水平就越高，从而实现对学生真实学业水平的评价。美国学者斯蒂金斯（Stiggins）等认为表现性任务是为了检测学生在特定目标上的达成情况而设计的，表现性任务的类型有很多种，可以是"建构反应题、书面报告、作文、演说、操作、实验、资料收集、作品展示"等，能够反映学生在真实情境中的学习结果的一系列活动。学生如果能在真实的环境用所学的概念解决现实问题，则说明他真正掌握了概念。也就是说，表现性评价不只是观察学生的动作或语言行为，也不是与传统纸笔测试完全不同的评价形式，而是将知识与情境、知识与任务整合，在教学中给学生提供表现的机会，使其能够展示多元化的技能，如讨论、探究、合作、交流、设计等。

因此，表现性评价应当设定一个具有情境性和真实性的任务，让学生展示运用知识的能力。为了提高学生的参与度，在设计表现任务时应当根据物理学科的特点将其与生活、科技等结合起来，开展有吸引力和挑战性的任务，如制作物理模型、利用计算机建模软件绘制示意图来展示自己对物理原理的理解，开展探究实验来验证物理定理或规律等。

③判断学生表现的评分规则。表现性任务的开放性、复杂性和情境性使学生的表现也是多样的，因此设计和开发的评分规则要与表现性任务相匹配，对学生的表现进行衡量，判断学生完成目标的情况及学习中存在的问题，实现评价的统一性和客观性。

评分规则的制订应当依据相关的标准，描述出学生应达到的表现标准并划分等级进行判断。合理的评分规则要清晰明了，没有教师具体指导，学生也明确知道表现性任务的预期目标，知道该按照怎么样的步骤完成学习任务，知道自己应当如何表现，当学生完成表现性任务之后，收到某个表现的反馈时，这种有针对性的反馈就能使学生找到与预期目标的差距，自主自觉地去完善学习。

（4）表现性评价任务的设计原则

在物理教学中设计合理的表现性任务，有利于反映学生的真实学习水平，确保评价结果的可信性和有效性。正确的评价手段，可以促进和引导学生的学习、改善学生的表现，促进全面发展。因此，在教学中设计表现性任务时，应注意依照以下原则。

①教学目标与评价任务的一致性原则。在依据核心素养制订表现性任务时，首先要确保评价任务与教学目标统一，即表现性任务的设计与教学目标高度相关，由于教学目标对课堂教学具有导向和激励的重要意义，更是开展表现性任务的前提和最终目的，因此教师对表现性任务的制订要能充分体现出新课改的思想，需对照核心素养发展体系的要求，制订与之相匹配的教学评价任务。

②评价标准的科学性和过程性原则。科学的评价标准既是实施评价的有效保障，也是衡量一项评价是否公正客观的依据。为了避免传统测验标准的单一性及教师的主观随意性，按照新课标所阐述的要点结合核心素养，能够最大限度地保障评价标准的科学性。此外，应将客观明确的评价要素与标准呈现给学生，以便于学生明确学习任务应达到的要求。通过评价结果审视自己现有水平与期望水平的差距，也能够为教师做出客观评价提供明确可靠的标准和依据。

另外，由于提升核心素养过程中所呈现的连续性和整合性，表现性评价的标准制订也需要重视其过程性。传统的纸笔测验往往只要求学生提供问题的答案，而对学生是如何思考获取到的答案则无处可寻，不注重思维过程的评价，久之会引导学生只关注解题技巧，忽视题目本身的价值，极易助长学生贪图捷径的投机心理。核心素养是知识、态度及能力的综合呈现，包括推理过程、思维方式、猜想假设等对学生发展至关重要的因素，可提升学生解决问题的灵活性和创造性，有利于学生形成良好的科学思维。因此，在制订评价标准时，一方面要对学生取得的任务成果进行考量，另一方面还应关注学生在此过程中所展现的思维方式和行为表现，如对实验方案的设计及改进、对实验器材的操作、与他人交流合作的能力等。

③评价任务的真实性原则。表现性任务最本质的要求就是创设真实情境，或者模拟近似真实的情境，如通过还原丹麦物理学家奥斯特（Auster）发现磁针偏转的情境，帮助学生建立对电生磁的认识，让学生亲自动手参与真实的科学探究，也可以重点设计其中某一环节或步骤，如小组自行设计实验方案等，其目的就是要在这种真实度较高的任务情境中，激发学生的物理思维和潜能，通过处理任务的方式建立知识结构，训练动手实践能力，培养创新意识和共同能力，在任务情境中呈现自己的真实水平。因此，创设的任务情境也要尽可能来源于生活实际，倘若不符合学生已有的经验认知，导致测评结果不真实则无法保

证较高的效度，便达不到科学评价的目的，进而干扰评价结果的信度和效度。因此，在设计评价任务时，务必要确保所创设的任务情境的真实程度。

5. 真实性评价

（1）真实性评价的含义

真实性评价是指学生运用所学的知识、根据自己的能力水平，去完成现实世界或模拟现实世界中的一项真实性任务或解决一个问题，在这个过程中，对学生通过学习所掌握的知识、获得的能力情况进行评价。真实性评价中的真实性主要指以下几个方面。

①评价任务的真实性。评价任务的真实性是指学习和评价过程要在真实的生活情境或模拟真实的生活情境中进行。

②评价信息的真实性。真实性评价提供的信息应该是真实的，能够反映学生的学习、成长和进步的。

③评价标准的真实性。评价标准对学生来说应该是真实的，这样的评价结果才是可以接受的。学生应在评价前知道并了解评价标准，在任务进行过程中能够根据标准进行自我评价，从而不断调整自己的学习策略，以接近学习目标。

④评价方式的真实性。评价可以由学生自己、同伴、教师、家长等与评价相关的人员进行，保证评价的内容全面真实。

⑤评价内容的真实性。评价的内容应该对学生在实际生活中具有真实的意义，能够帮助学生理解自然世界，认识社会生活中的各种情况。

（2）真实性评价的取向

①人本化取向。真实性评价的人本化取向首先表现为以人的发展为最终指向。教育是培养人的社会活动，所以教育必然要以人的发展为最终目的。真实性评价正是基于对教育功能这一根本问题的反思，将评价的最终目的指向人的发展。无论是真实性评价的理念本身，还是它所选择的任务类型及评价过程，都充分体现了这一点。

真实性评价的人本化取向还表现为强调学生的主动性和能动性。正如美国社会心理学家亚伯拉罕·马斯洛（Abraham Maslow）倡导的"内在学习"，就是依靠学生的内在驱动，充分开发潜能，达到自我实现，这是自觉的、主动的、创造性的学习模式，这种内在的教育模式会促使学生自发地学习。真实性评价背后的教学观也是以承认学生的主动性和能动性为基础的，这样评价主体就包含了能动的学生自身。在这种理念下的评价，才能使得评价真正成为学生学习的一部分，让学生成为评价的主体。

真实性评价的人本化取向还表现为强调人的丰富性和多样性。它认识到了人的复杂性，所以极力主张评价主体的多元化，在评价标准的设定、量规的选取等方面，都显现出对人的多元性的尊重。

②多元化取向。在评价多元化发展的背景下，真实性评价的产生，也先天地带有着多元化的取向。它的多元化具体体现为价值多元化、评价主体多元化、评价方法多元化。

评价的价值多元化，是以承认教育评价的本质是价值判断为前提的。评价从价值中立走向价值多元的背景下，真实性评价尊重个体的价值选择。真实性评价认为，评价应该是教师与学生共同构建意义的过程，是评价的参与者之间相互交流的过程。教师和学生是一种平等、民主的关系。真实性评价价值理念就是要"从控制走向理解，改变评价者与评价对象之间的对立关系，把传统评价中评价者的居高临下和评价对象的消极、被动地位转化为评价者和评价对象之间的相互交流和沟通，以取得对评价结论的共识和认同，从而更有效地发挥评价的改进和激励功能"。

真实性评价主张的评价主体多元化，打破了传统的评价以教师为主题的格局。真实性评价主张评价是学生和教师共同作为主体参与的。由于合作和互助的需要，同伴也可以参与评价过程，甚至家长也作为评价的一种主体参与对学生进行的评定。

评价方法多元化表现在，真实性评价有基于表现的评价、档案袋评价、基于观察的评价等多样的评价方式，它也不排斥传统的纸笔测试。总之，只要是有利于"真实"的评价方式，它都是吸纳的。

③复合化取向。真实性评价吸纳了多种评价方式，这些多样的评价方式经过整合设计以复合化的方式得以实施，体现了评价的复合化取向。评价的复合化取向基于这样的前提假设：任何单一的评价方式都不能单独地做到全面评价学生。通常一种评价方式可以在测查学生某个或某些类型的能力时具有良好的效果，但是无法做到面面俱到地考查学生。例如，纸笔测试能够用来评价学生的数理计算能力，却考查不出其动手操作能力；实验操作能够很好地评价学生的动手能力，却在逻辑推理能力的考查上捉襟见肘。事实上，人的能力的复杂性决定了教育的复杂性，评价要想全面涉及对学生各种能力水平的考查，不得不走复合化的道路。

真实性评价热衷于将不同的评价方式整合到一起，经常可以在一个问题情境中融汇多种评价方法，从而更好地进行教学评价。

④生活化取向。真实性评价倡导评价依托的任务是真实的，其中一个重要的特点就是它往往来源于真实的或接近真实的生活情境。实际上，在学术性稍差的学科中，它早已被确定为一项成功的标准。朗诵、游戏和体育竞赛都是学生经常乐于参加的评价。对这些事件的准备是项目的关键，但并不是为了测试的教学。评价实践就是一个机会，可以让学生向他人展示他们掌握的内容。

真实性评价认为，学习是埋藏于情境中的、实践性的活动，真正的学习不是在大脑中对抽象符号的操作，而是参与真实世界的文化实践活动。评价是评估学生参与社会实践的能力，以及在生活中应用所学知识的能力。评价必须尽可能接近真实生活，更多地采用表现性评价，特别是要让学生参与评价过程。

真实性评价包括教师对学生的日常观察、学生的自我认知和评价、伙伴间的评价等，它要求测试评价系统能够动态性地随时评价学习者的学习结果，教师只有全面了解、分析和研究学生日常的各种学习生活，在了解学生学习方式和学习背景的条件下，才能真实地评价学生。

⑤生态化取向。人类生活的世界是一个自然现象、社会现象、精神现象、生理现象、心理现象和环境因素相互依存的世界，具有生活化取向的教学就强调对课堂生态的关注，这种教学观认为"课堂是一种独特的生态,课堂生态具有自然生态和文化生态的双重属性"，教师与课堂生态环境之间、学生与课堂生态环境之间、教师与学生之间，都存在着各种联系，这些联系使课堂形成一个有机的生态整体。然而，激烈的社会竞争，使人们将许多诉求加之于教育，在这种功利主义思想的影响下，现实课堂呈现一种非生态的现状。要想构建生态化的教学，评价首先就需要是生态化的。

真实性评价倡导将教学置于生活化的背景之下，其中一个重要的意蕴便是评价的生态化。因为生活化情境的营造，需要教师协调与组织教学系统内外的各种要素，充分开发和创生各种教学资源，将学生个体的发展置于开放性地与其他成员、物理环境和社会环境不断互动的系统之中。这就显现出生态化取向。

具体来说，真实性评价的生态化取向表现在：强调和谐民主的师生关系，强调评价活动中学生与学生之间的协作关系，强调评价要关注课堂环境乃至社会环境对个体学习的影响，这表明真实性评价把教学活动当作一个生态化的整体来对待；真实性评价致力于和谐的、身心健康的生态人的培养，强调考查学生各个方面的能力，这是把学生看成一个生态化的整体；真实性评价包容多元，尊重个体的差异，关注个体多元的完善和发展，而不是追求整齐划一，这种多样化的追求，正是生态化教学所倡导的。因为任何一个健康的生态系统都应该是多样化的，学生有不一样的性情，不一样的兴趣爱好，更有不一样的背景和道路，他们的多姿多彩对应着自然界的多样性。

（3）真实性评价的特征

①真实性评价体现了以学生为本的教育思想。真实性评价重视不同学生之间的个体差异，包括学习方法、认知水平、智力倾向等各方面的差异，秉承教育是为了促进学生发展的教育理念，不强调学生之间的量化比较，主张评价主体的多元化和评价方式的多样化，满足学生多样化的发展需求。

此外，真实性评价重视学生的参与，给了学生充分的主动性。在评价前，可请学生参与评价目标的制订过程；在具体评价时，可通过自我评价、分组同伴评价来完成某项评价任务。让学生参与评价的过程，可以促使学生主动进行学习，也使得评价融入了日常的学习过程中，让学生成为评价的主体。

②真实性评价具有多元化评价的特征。真实性评价认为，评价的过程应该由教师和学生共同参与完成，改变了原来教师在评价中独有的地位。除此之外，自我评价、同伴评价甚至是家长评价都可以参与评价过程。对于评价方式的选择，基于表现的评价、基于观察的评价、文件夹评价、概念图评价等多种多样的评价方法都可以使用，传统的测试、考试也可以使用。

总之，只要能够反映学生实际情况，促进学生发展，对学生进行真实的评价，各种评价方式都是可以使用的。

③真实性评价蕴含了将多种评价方式整合运用来完成评价的理念。每个人都有不同的复杂经历，每个学生也具有不同的能力，这决定了对于不同的人教育也是复杂的。那么，全面、真实地评价一个学生是任何一种单一的评价方式都做不到的。通常一种评价方式可以很快地检测出学生某个方面的能力，但是不能考查学生各个方面的能力。

例如，学生的数理计算能力可以通过纸笔测试快速有效地检测出来，动手能力可以通过实验操作直观地显示出来，而把这两种评价方式进行交换就达不到原有的效果。因此，对各种评价方法的合理使用，能够使得评价的结果更加全面而真实。真实性评价提倡将多种评价方式结合使用到一个问题情境中，以求对学生进行更好的教学评价。

④真实性评价注重学习与生产生活、现代社会之间的联系。真实性评价强调评价的任务应该放在一个真实或模拟真实的生活情境中。真实生活情境的设置使学生直接面对现代生产生活中的问题，在完成任务的过程中，学生需要充分调动自己已经学习的相关知识，

运用自己已经掌握的技能和策略，尽可能地解决更多的问题，而解决问题的过程，正是对学生信息获取能力、探究能力、互助合作能力等高级思维能力和综合能力的检测。此外，真实的生活情境任务能够让学生体会自己所学的知识和能力在实际生活中的应用价值，激发学生本能的求知欲望，促使其主动学习。

⑤真实性评价强调教学评价与教学过程的结合与统一。传统的纸笔测试注重最终的结果，经常是在一段学习之后单独进行，很容易独立于教学过程之外，而其关注点往往是最终的分数及名次，失去了对教学过程反馈调节这一重要作用。真实性评价通过评价学生在真实的生活情境任务中的表现情况，使得教学内容、教学过程和教学评价从一开始就有机地融为一体。一方面，教师可以通过评价过程中的反馈灵活地调整教学内容，使教学效果达到最大化；另一方面，模糊学习与评价之间的界限，使得教学评价不再令学生感到恐惧，引导学生将注意力转移到评价所暴露的问题而不是最终的分数名次上，从而根据评价所反馈的信息，对照评价标准，反思学习态度、方法、过程，查找并弥补不足，提高学习效率。

（4）真实性评价的原则

①情境性原则。情境性原则是指评价要基于真实的或接近真实的情境而进行。抽象的、情境虚无的问题，是无法真实地反映学生对物理知识的掌握程度的。学生知道了抽象的物理概念之间的关系，并不代表他能将这些抽象化的关系具体地应用到生活中的实际问题当中。只有给学生提供的评价任务是基于一定的真实情境的，我们才敢说学生对某个物理问题理解已经达到了什么样的程度。因此，不论是评价任务的设计，还是评价活动的实施，都不能忽视物理问题的生活化情境。

在解决类似的情境化的任务时，学生首先需要对问题进行情境化的表征，理解遇到的问题，然后将实际问题进行抽象，寻找其与已经学到的物理知识和规律的联系，之后将这些物理知识应用到问题解决当中，最后把得到的相对抽象的解决方案进行生活化的处理，得以呈现。物理教学中的真实性评价就是要学生经历一个"具体问题表征—抽象化—解决尝试—解决方案具体化"的过程，而不是仅仅停留在对抽象问题的解决上。换言之，对实际问题抽象化及抽象问题具体化的过程，都要由学生自己完成。

②过程性原则。过程性原则，就是教师在对学生进行评价时不应过分重视学生学习的结果，而应更多地关注学习的过程，关注学生积累、理解和运用物理知识的过程，关注学生的探究过程与努力过程，关注学生在各个时期不同阶段的进步状况。过程性原则使得教师在进行教学设计时，往往要根据不同的学习阶段选择不同的评价工具。例如，在让学生探究落体运动的性质时，涉及的能力是多方面的，在解决这个问题时，不同的过程涉及对学生不同能力的考查。在学生设计方案的时候，涉及学生对问题的理解和表征能力，涉及学生对直线运动规律的掌握，这个阶段评价学生的中介往往是学生的设计报告等书面材料。在方案实施的时候，学生就需要面对具体的仪器进行操作，这时对学生操作技能的考查就成为核心，这个阶段的评价往往是通过教师对学生的观察来进行的。

③民主参与性原则。民主参与性原则是基于对传统物理教学评价中教师和学生的主体和客体关系的解构。传统的物理教学中，教师是评价的唯一主体，他们按照事先制定的标准对学生进行简单、机械的评价，学生就是评价客体和被控制的对象。在这样的评价中，学生处于被动地位、从属地位，评价的氛围是专制式的，而非民主式的。这是传统教育教学以教师为主体的结果。

教育在本质上应该是一个交往过程，人的一切社会文化学习活动都是在各种方式的主体际交往中得以实现的。也就是说，教育过程实际上存在着教育者和受教育者两个交互的主体，否认任何一个主体的存在，都没有办法构成"交往活动"，教育本身也就会面临危机。传统学校教育把教育对象当作可改造的客体，就内在地否认了存在于教育活动中的教育者之间的主体际交往关系。

承认教育是一个主体间的交往过程，教学过程自然就需要学生的主动参与，民主的氛围尤为重要。表现在评价活动上，它应该是教师与学生共同构建意义的过程，评价结论应该是双方相互交流和协商的产物。真实性评价正是基于这样的考量，强调教师和学生之间应该是一种相互平等、民主参与、共同协商的交互主体关系。因此，物理课堂中要形成贯穿整个评价过程的民主参与的氛围，即物理教学评价应该允许学生就评价的标准、内容、方法、结果发表自己的观点，并有机会将这些观点付诸实施。另外，民主参与性原则要求评价主体要多元化，很多时候物理教学评价需要学生、教师、同伴，甚至家长共同关注。

④适应性原则。适应性原则是指物理教学中的真实性评价应该关注并适应学生多元化特点，不过分追求整齐划一。学生在智能、学习风格和知识基础等方面，都会存在着各种差异，坚持适应性原则是承认学生多元化的必然结果。学生对新知识的建构基于个体原有的知识经验和情感态度，了解个体已有的物理学习水平是有效进行意义建构的前提。用同一个固定的标准、同一种设定好的方式来评价所有的学生，最终的结果就是远离"真实性"的，是不公平的，不准确的。

另外，适应性原则也是评价的关注点由整体转向个体的需要。在学生评价等同于教育测验的情况下，各种客观的测验成绩成为衡量学生学习情况的主要依据，评价关注的是某个学生群体，如班、年级、学校等的平均水平，以及每个学生在这个群体中的相对水平。真实的评价不应该以群体的发展状况代表个体发展，它需要关注每个独立个体的发展水平，关注教育给他们带来的改变，关注学生作为一个独特的人的价值。因此，高中物理教学中真实性评价的适应性原则，要求教师关注学生个体的纵向发展，而非与其他学生的横向比较。

⑤合作性原则。现代社会要求人们之间要相互合作才能解决生活中遇到的各种具体问题。因此，物理教学中的真实性评价需要体现学生间的同伴合作，以及教师和学生的合作。正如让·皮亚杰所说，"当儿童对积极探究的喜好和对合作的渴望可以充分保证智力的正常发展时，试图从外部来改变儿童的心智……是徒劳无益的，成人必须是一个合作者，而不是领导者"。苏联心理学家维果茨基也认识到了同伴合作有助于提高成绩，人类学习可以将特定的社会特点和过程作为先决条件，通过这一社会特点和过程，人成为他周围人中的一个智慧生命。这些都说明，学生的学习过程不应该是孤立的自我学习过程，而是一个充满合作交流的过程。

（三）教学评价的方法

评价方法的选择应根据评价内容的需要，由于评价内容和标准是多元和综合的，那么对应的评价工具和方法应注重多样化和科学化，尤其强调形成性评价。只有将形成性评价与终结性评价、定性评价和定量评价有机结合起来，才能较全面、有效地描述学生的学习状况。以下介绍几种值得借鉴的评价方法。

1. 档案袋评价法

学生档案袋是记录学生学习成长史的档案，它是学习过程中各种与学习者学习相关的资源反映和影响学生学习成长过程的证据的累积。最早采用档案袋评价法的教育研究实践事例是美国哈佛大学教育学院开展的"零点项目"。

作为当前课程改革所倡导的一种重要的质性评价方法，档案袋评价法最大的价值在于，通过建立档案袋，学生成为学习和评价过程中积极的参与者。档案袋评价最大限度地贴近了教学，使教师从对比成就（等级、百分比、考试分数）转移开，并朝着通过评价反馈和自我反思提高学生成就的方向努力。它是对学生的整个学习过程的评价，是形成性评价的重要方法。使用档案袋还能使教师有机会让家长参与教学，家长的参与对教育成功来说也是很重要的因素。

学生学习档案袋的内容可根据不同阶段、不同的使用目的选择不同的内容。一般来讲，可以有下列几种形式。

（1）课堂记录卡

学生在学习档案中要收录课堂学习的重要资料，以帮助学生及时评价他们的学习过程，了解自己的学习方式。采用课堂记录卡的形式可以将课堂中发生的事情如实记录下来，客观地描述学生在课堂内的表现。课堂记录卡的内容包括：遇到的疑难问题及其解答；在学习过程中最出色的表现；被否定过的观点；通过努力最后解决的难题，典型作业的样本、在学习中发现的最佳问题；提出的最佳假设；学生实验中设计出的最佳器材和装置、最佳创意等。课堂记录卡一般由学生自己填写，写明具体时间，及时收集在档案袋里。

（2）个人作品档案袋

在学习过程中，学生通过各种形式的探究活动和实践活动所获得的收获、体会和成果，可以收集到个人作品档案袋里，以帮助师生了解在一个时期内学生的收获和成果。其内容可包括：小实验、小制作、小发明的设计与制作过程及成果说明；撰写的最佳小论文；最佳实验报告、调查报告、研究报告；物理竞赛获奖证书及他人评价结论、自我评价结果等。个人作品档案袋一般以一个学期为时限，评价方法可以采用成果展览会的方式，展示档案袋的内容，邀请家长、教师、学校领导和学生参加，家长和教师分别对学生进行评价，写出评语，并提出建议。

2. 测验法

测验法是教学中最常用的评价方法。测验法可以评价学生一个教学单元、一个学期或一个学年教学目标的达成情况。主要的形式是笔试，测验法要改变传统的考试内容和方式，将知识和能力的考查有机结合起来，将开卷考试与闭卷考试有机结合起来。一是强调试题的真实性和情境性，以便于学生形成对现实生活的领悟能力、解释能力和创造能力，这已成为当今考试改革的一个重要特征；二是强调学生解题的过程，要尽量减少客观题，增加主观开放题，不但重视解决问题的结论，而且重视得出结论的过程。

3. 专题作业法

新课程理念下的作业功能是全方位的，形式也是丰富多彩和生动活泼的，如解答问题、实验、探究、制作、调研、活动、收集信息等。所谓专题作业法，不是以评价学生掌握物理知识为目的，而是以评价学生解决实际问题的能力为目的。专题作业法包括现场调查、撰写研究论文、辩论赛、现场操作、现场设计等，可以有效地考查学生的创新精神和实践能力。专题作业的评价方法可请评委评定，也可由师生共同评定。

根据专题作业的难易程度采用不同等级来评分：一是学生能完成作业，可以一律得优；二是对学生的作业评出一、二、三等奖；三是建立激励机制，组织优秀专题作业在板报、校刊上发表。

4. 观察法

观察法是指通过有目的、有计划地观察学生在日常学习中的表现并加以记录，对学生的学习情况做出较为全面的评价的方法。观察法有自然观察法、选择观察法和实验观察法等几种。观察记录也有各种方法，如设计观察表格来记录整个学习过程中学生在知识、技能、行为和情感等方面的变化，观察的项目可以预先设计在表格里，也可以随时择取。

常用的观察表格包括学生个体使用的自我检查表和整个班级使用的记录表。观察的项目可预先设计在表格里，也可随时择取。表格可与学生档案放在一起，让学生随时了解自己的进步和需要考评的内容。

5. 学生自我评价法

学生在教师指导下，对自己的学习成绩和表现进行评价。现代评价中，应把学生自我评价作为学习过程中的一个重要的有机组成部分，要引导学生采用一系列的方法对自己的进步、成果以及不足加以记录。这种自我评价有助于学生认识目标以及自我调控学习进程，进而增强学习的信心和责任感。

6. 学期和学年报告法

学期和学年报告法就是对学生某一学期或学年的终结性评价。学期和学年报告要改变传统的只用考试分数来评价学生的方法，应将平时过程性评价和考试结合起来，形成一个评价报告。由于过程性评价主要是用来评价学生学习和进步的状况，反映的是学生在某一时期中的成长过程，它并不是对学生的学习下一个终结性的结论，所以不能把过程评价的情况折算为一个分数加到考试成绩里。教师应该通过对过程评价的分析，对学生发展的成就、优势和不足进行客观描述，形成一个分析报告，全面报告学生的学习过程和各方面的发展，并将过程性评价给出的一个等级与考试成绩一起作为学生的物理学科的终结性评价。

（四）教学评价的作用

1. 从学生的角度来讲

教学评价能够促进学生学业进步。教师可以在学生学习之前通过诊断性评价了解学生已经具备的知识与能力，帮助学生全面了解自己距离学习目标还有哪些差距，明确自己的学习方向，进而使其逐步与自己的学习期望靠近。在学习过程中，教师可以随时对学生进行教学评价，通过评价发现学生学习过程中遇到的困难，从而及时地提供相关的帮助，促使学生在学习过程中不断地改正学习观念、端正学习态度，逐渐养成正确的学习习惯。

此外，在学生长期的学习过程中，教师对学生鼓励、赞扬的评价，同学与同学之间评价的竞争比较，家长对孩子取得的学业成绩进行肯定的评价，都可以使学生体会到学习所带来的成就感，从而进一步激发学生的学习欲望。合理运用教学评价，可以有效地促进学生学业进步。

2. 从教师的角度来讲

教学评价可以促进教师专业发展。在实际的教学评价实践过程中，一方面，教师可以通过评价反馈的结果及时发现教学过程中的问题和不足，也可以通过评价反馈的信息了解自己一段时间的教学效果，在掌握了这些信息后，教师可以改进自己的教学模式和教学方案，并在新一轮教学中实施检验，如此循环，从而不断地提高自己的教学水平、拓展自己的教学技能；另一方面，教师可以直接、有效地通过教学评价反馈的相关信息，持续检视自己的教学理念、对物理的认识和教学方法，并对其进行仔细研究、深刻反思，发现自己的问题与不足，更新和发展自己的教育理念与专业思想。由此可见，教学评价对促进和指导高中物理教师的专业发展具有重要意义。

二、高中物理教学评价概述

（一）高中物理教学评价的概念

高中物理教学评价是指根据一定的标准或指标体系，运用科学有效的手段和方法，收集高中物理教学过程中的相关资料和信息，对高中物理教学活动及其效果进行价值判断，并为高中物理教学提供反馈信息的过程。

高中物理教学评价的标准或指标体系是在物理教学目的的基础上编制出的，而物理教学目的需要一系列的教学活动才能实现，所以高中物理教学评价也是一种有目的、有计划进行的一系列活动。

高中物理教学评价是物理教学过程的一个有机组成部分。高中物理教学目标的定位和目标的达成度怎样，物理教学活动的流程、手段和方法是否有利于促进物理课程目标的实现，物理教学策略中有哪些优点和缺点，物理教师的教学活动效果如何，学生的物理学习水平和准备状态如何，物理学习能力发展得如何，学习的态度、兴趣和情感培养得如何，学生在物理学习中有哪些薄弱环节，所有这些问题都要通过高中物理教学评价来解决。

（二）高中物理教学评价的功能

高中物理教学评价主要有评判功能、反馈功能、导向功能和激励功能四种基本的功能。

1. 评判功能

高中物理教学评价可以提供教师的教学态度、能力和效果等信息，这些都可以通过物理教学评价知晓。高中物理教学评价能使物理教师客观、详细地认识物理教学工作的现状和教学水平。高中物理教学评价能提供学生在物理学习中的学历水平、学习物理的能力和成绩，以识别学生学习物理的差异；同时，它还可以鉴别学校的办学水平和管理水平等许多方面。

2. 反馈功能

高中物理教学评价可以为物理教师分析、改进、提高教学质量提供及时的反馈信息，促进教师钻研业务、改革教学方法、更好地遵循高中物理教学规律和教学原则去组织物理教学工作，以适应素质教育的需要。高中物理教学评价也能提供学生学习物理的兴趣、学习中存在的问题等，这些反馈信息能使教师的教学工作更有针对性。

3. 导向功能

高中物理教学评价的目标是一种客观性的标准，它为物理教学提供了可操作性的目标，可以为教育改革指明方向，为高中物理教师的教、学生的学和学校的管理工作提供一条正确的道路，有利于物理教学工作进一步完善，并使教学过程向最优化发展。

4. 激励功能

在高中物理教学评价中，教师应找出自己喜欢的和认为成功的地方。对于错误，教师应该先把学生的错误看作自己教学工作中的失误，而不是简单地判断对错、打个分数。

高中物理教学评价应致力于揭示学生的成绩和优点，并帮助纠正学生学习中的错误，从而能有效地加强、巩固、调节学生的学习。高中物理教学评价能够进一步激发学生学习物理的欲望，提高学习物理的兴趣，使学生对自己充满信心，对成功充满希望。

（三）高中物理教学评价的内容

高中物理教学评价应紧紧围绕高中物理学科核心素养进行，也就是说要从物理观念、科学思维、科学探究和科学态度与责任四个方面入手，重点关注学生各方面的能力和素养的形成。

1. 物理观念

物理观念包括物质观念、运动与相互作用观念、能量观念等，是物理概念和规律在头脑中的提炼与升华，只有形成物理观念，学生才具备解释自然现象和解决实际问题的能力。在实际教学中，教师不仅要关注学生对知识的掌握，还要培养学生内化以及应用知识的能力，如何评价学生的物理观念是否形成，以及形成的程度如何，都是所有一线教师应该关注的问题。

针对物理观念的课堂教学评价，应注重评价学生物质观念、运动与相互作用观念、能量观念等的发展水平，具体评价学生对物理概念和规律及其相互关系的理解，评价学生是否具备运用所学知识解释自然现象和解决实际物理问题的能力。

2. 科学思维

科学思维是对客观事物的本质属性、内在规律及其相互关系的认识方式，是分析综合、推理论证等科学方法在物理学习中的具体运用，是学生应具备的质疑批判以及提出创造性见解的能力与品格。科学思维是学习物理的基本思想，包括模型建构、科学推理、科学论证、质疑创新等要素。

建构主义的学习观认为，学习不是由教师把知识简单地传递给学生，而是由学生自己建构知识的过程。学生不是简单被动地接收信息，而是主动地建构知识的意义，这种建构是无法由他人来代替的，所以在实际教学中教师应拆解教学思路，注重学生自主构建物理模型的过程。在教学中，教师应引导学生运用物理思维推理论证，培养学生质疑创新的能力。针对科学思维的课堂教学评价，应注重评价学生对综合性问题的分析和推理能力以及在相关物理情境中提出问题的能力与发展水平。

3. 科学探究

科学探究是基于物理观察和实验提出物理问题、形成猜想和假设、设计实施与制订方案、获取和处理信息、基于证据得出结论并做出解释，以及对科学探究过程和结果进行交流、评估、反思的能力。针对科学探究的课堂教学评价，应注重评价学生提出科学问题的能力、收集资源的能力以及汇报交流的能力与发展水平。

4. 科学态度与责任

科学态度与责任是学生在物理学习中形成的正确的价值观，要求学生在认识科学本质的基础上形成探索自然的内在动力和实事求是的科学态度，遵守道德规范以及具备推动可持续发展的责任感，主要包括科学本质、科学态度、社会责任等要素。针对科学态度与责任的课堂教学评价，应注重评价学生在认识科学本质、形成科学态度和社会责任感方面的发展水平，评价学生是否有学习和研究的内在动机，是否有持之以恒的研究态度以及保护环境、节约资源的社会责任感。

（四）高中物理教学评价的作用和原则

1. 高中物理教学评价的作用

（1）对教学的调整作用

对照教学目标，根据反馈信息，评价物理学科的教材内容、教学计划、教学进度以及教学大纲的适用性，从而加以修订调整。

（2）对教学改革的促进作用

根据教改实验的信息，评价不同教学方法和教学形式的相对效果，以便改进物理教学。

（3）对学习效率的提高作用

使教师了解学生的实际学习情况，从而调节教学活动；使学生了解自己的差距，从而改进学习方法、提高学习效率。

（4）对物理人才的选拔作用

通过评价，了解教师的教学能力和学术素养，同时考查鉴别学生的学习能力和潜力，为选拔物理人才提供依据。

2. 高中物理教学评价的原则

（1）客观性原则

评价要反映物理教学的客观规律，反映事物本身的属性及其内在联系，以典型指标保证评价的真实、准确，不能主观臆断或掺杂个人感情。

（2）可比性原则

评价要有可比性，尽可能做到规范化、标准化。

（3）定量化原则

事物的质和量是联结在一起的，质要通过量表现出来。因此，评价要坚持定量化，对难以量化的指标可先定性评价，然后用模糊数学进行二次量化。

（4）动态性原则

教学过程是一个复杂的动态系统，所以研究问题不应局限于某种静止状态。要研究问题的产生、形成过程、现状及发展趋势。

（5）可行性原则

评价指标和评价方法力求简单易行，切忌烦琐。

（五）高中物理教学评价的理念

1. 评价目的发展性

传统评价过分强调考试的甄别与选拔作用，忽视了评价对教师和学生发展的作用，导致物理教学评价的标准单一、功能不足。评价目的的发展性是指通过教学评价促进教师和学生的发展。这一评价目的将引起教学评价功能的转变。评价注重过程，通过形成性评价和诊断性评价获得教学信息，促进教师及时发现教学中的问题以及学生及时发现学习中的问题。促使教师调节和改进教学、提高教学有效性，也促使学生及时纠正和改进学习方法、端正学习态度等，从而发挥及时调控教学过程的作用。

2. 评价指标多元化

传统的教学评价以学生掌握知识和解题能力作为唯一的评价指标，忽视了学生情感、态度价值观的养成，对于学生的创新意识和实践能力、合作精神与协调沟通能力等的培养不够重视，导致教师的教学和学生的学习以片面追求物理知识的繁、难、偏、旧为主要任务。

物理教学评价要从多角度、多侧面设置评价指标，每一个评价指标都可以作为一个参照来评价学生的进步和教师的发展。在传统的知识与解题能力评价的基础上，物理新课程标准评价关注学生的实验技能和动手实践能力，注重适应时代发展需要的基础知识和基本技能，强调知识和技能在生活、生产中的应用。

新课程评价提倡对学生学会学习、学会探究、学会处理问题能力的评价，评价要有助于学生发展科学探究和实验能力；有助于学生运用物理知识、科学研究方法、实验技能解决学习生活中的问题。多元化的评价指标体现了尊重个体发展的差异性和独特性，符合社会对人才多样化的需求。

3. 评价方式多样化

传统教学评价以纸笔测试答题为主，这种评价方式单一，无法达到对新课程三维培养目标的全面评价。要根据评价的目的和指标内容，选择多样化的评价方式，特别是体现开放式过程评价与记录式质性评价方式，使发展变化过程成为评价的组成部分。对于学生的学习评价而言，倡导物理教师在教育教学的全过程中采用多样的、开放式的评价方法，如采用笔试、实验操作、课题研究、行为观察、成长记录档案、活动表现评价等方式评价学生。物理教师与学校要积极探索科学、简便易行的评价方法。新课程评价倡导客观记录学生学习过程中的具体事实，不过分强调评价的标准化，提倡根据学生的学习档案、笔试、实验操作技能的考核等多方面的表现，综合评定学生的学习与发展水平。即使是对于笔试评价也提倡一部分采取开卷的形式，不能把考试成绩作为给学生分类的标签。对于教师的教学评价而言，发展性评价也提倡方式的多样化，而不是以学生的考试成绩作为衡量教师教学水平的唯一标准。评价者通过与教师本人访谈，了解教师的教学思想、教学见解、教学经历等；通过课堂听课，向学生、同事进行问卷、访谈、征求意见等方式收集信息资料；也可以通过查阅教师的教学计划、教案、作业批改、学生笔记、指导学生的作品、研究性学习成果等方式收集与教师教学有关的资料。

多样化的评价方式体现了定性评价与定量评价的结合，强调质性评价的作用，将评价从传统的过分强调量化考试转变为关注质性评价，有利于清晰、准确、客观地描述学生和物理教师的发展状况。

4. 评价主体多元化

在传统的教学评价中，学生处于消极被动的地位，对于判定学生是否掌握知识、是进步还是退步，只有教师有发言权。对于教师的评价往往没有教师本人的参与，学校领导和教育主管部门根据学生考试成绩判断教师的价值，较少考虑教师的个性特色，不利于调动教师的积极性、专业发展和团队合作。新课程标准建议教师要转变在学生学习评价中的裁判员角色，要成为学生学习的促进者、合作者，学习评价的指导者，学习潜能的开发者；并且注重学生在自我评价中的参与，建议学生要积极参与对学习过程的评价，进行自我评价和同学之间的互评。

因此，评价主体的多元化提高了学生参与学习评价的积极性。学生通过参与评价标准的制订与讨论，对评价体系提出意见和建议，能够更好地理解教学评价的意义、目的和要求，从而有利于充分调动学习物理的积极性。学生通过自我评价可以正确认识自己，发现自己的长处，增强学习物理的自信心。学生自评、同学互评以及学生家长、教师和社会的他评，不仅提高了学生参与评价和学习的积极性，而且确保了评价指标的合理性以及评价资料信息的全面性。教师本人最清楚自己的专业背景、教学特长、学生特点，最了解自己工作中的优势和不足。因此，对于教师的评价需要充分发挥教师本人的作用，尊重教师的意愿，突出教师参与评价的主体性，鼓励教师民主参与、自我评价、自我反思。

第二节　高中物理教学评价指标体系

一、高中物理教学评价指标体系构建的原则

物理教学评价是根据物理教育目标，运用科学方法和相应的手段，系统地收集信息并加以科学分析，对课堂教学做出价值判断的过程。评价时，先要根据物理教育的总目标，判断物理课堂教学的结果达到或接近达到教育决策者所希望或预想的教育目标的程度。但是由于教育的总目标一般比较抽象，这样就给具体评价带来了一定的困难。

因此，在实际评价时，一方面必须以总的教育目标为依据，另一方面必须把评价具体化为一些指标。所谓指标，其原意是综合反映社会现象某一方面情况的绝对数、相对数或平均数，指标又分为数量指标和质量指标。但是，由于物理教学质量评价的复杂性，决定了评价指标不可能只是一些数字，而是能综合反映质量特征的一些主要因素。具体来讲，就是把教育评价分解成几个层次，每个层次再分为若干个不同的水平，每个层次（或水平）都反映评价目标的一个侧面的规定性，我们把这些具体的、便于评价的层次（或水平）称为评价指标体系。

确定评价的指标是评价工作的必要条件，是最基本的问题。指标依据教育目标来确定，反过来，评价指标又体现教育目标的落实，两者的关系是辩证的。比较理想的情况是由评价指标所构成的体系能全面地反映教育目标的价值观。

要恰当地确定物理教学评价指标体系，应该遵循以下原则。

（一）目的方向性原则

物理教学是一个有明确目的性的活动，是为了达到一定的培养目标而进行的。物理课堂教学质量的评价标准不仅应该是物理教育总目标的具体体现，而且应该是物理教学在各方面的奋斗目标。

通过评价指标的指引，可使教师明确物理教育的方向，树立正确的物理教育质量观、价值观和人才观。这就要求评价指标体系中的各指标能够作为总目标的评价尺度，评价的结果能够反映出达到教育总目标的程度。

（二）客观完备性原则

为了使评价的结果令人信服，制订评价指标时要注意它的客观完备性。客观性的含意有两层。第一，确定指标时必须建立在广泛征求意见的基础上，要考虑到一些客观的因素。例如，对于同一教师，学生非智力因素的不同必然会影响教育质量的高低、效果的优劣，分析评价结果时必须加以区别。第二，评价人要用客观的、实事求是的态度，排除一切干扰，严格按规范化的标准程序进行操作；同时，被评价人也要客观地提供真实可靠的资料。

所谓完备性就是指评价的指标体系应该包括对教师和学生的评价，应该评价教育的全过程。评价影响教育质量的各个方面，也就是要求指标体系必须对教育总目标来说具有全面评价的意义，所以就要求在设计指标体系时必须考虑评价目标的各个方面，不能忽视任何一方面，不能遗漏任何一个重要的评价指标，尽量做到指标体系具有在全局上能够反映教育目标的功能。

（三）规范独立性原则

制订评价的指标体系要符合教育的客观规律和基本原理，指标的用语要规范，使评价人与被评价人能得到统一的理解，便于掌握统一的标准，同时，各层次的指标要保持相对的独立性。

所谓的独立性，就是每一个指标都不能与其他指标有蕴涵关系。当然由于物理教育评价的复杂性，要求评价指标具有数学意义上的独立性，这在实际操作中几乎是不可能的，实际上各指标间总有一定的联系。因此，我们只能要求各指标之间保持相对独立性，尽量减少指标之间彼此部分包含或彼此相关情况的发生。

完备性与独立性是建立指标体系时在结构上的两个重要特性，要引起充分注意。

（四）简易可测性原则

教学工作的复杂性、长效性和隐蔽性等特点带来教学评价工作的复杂性。这项工作不仅工作量大，而且工作环节多，情况也在不断变化。因此，确定的评价指标体系应该尽量简易、可测。

为此，对于每一个指标，我们都应给它规定具体的内容，通过直接观察或调查、测试等手段，可以直接测量获得具有评价意义的结果。评价指标体系还要让被评对象和评定人便于接受，使评价具有可行性，以确保顺利实施评价工作。

二、高中物理教学评价体系构建的内容

对物理教学质量进行考查与评价。先要明确反映课堂教学质量水平的指标，理论与实际相结合，建立课堂教学评价指标体系，这是至关重要的。传统的高中物理教学质量评价指标主要包括以下几方面内容。

（一）教学目标

根据课程标准中的要求，考查具体的教学目标设置：考查教学目标是否全面、明确、具体，是否体现正确的教学思想和理念。这里的教学目标是指课堂教学目标。其指标体系包括以下两方面内容。

①课堂教学目标能否准确体现学科课程标准要求。

②教学目标的编制是否具体，要求是否有针对性。

（二）教学内容

在保证教学内容科学性、思想性的前提下，考查对教学内容的处理情况：重点是否突出；主次是否分明；选择的材料是否有代表性、启发性和成果性；深度和广度是否符合学生可接受的程度。主要包括以下内容。

①知识的传授要科学、清晰、准确。

②教学重点要突出，并注意形成学生的知识结构。

③要注意学生各种能力和技能的培养。

④要恰当地进行思想教育，有利于形成正确的情感态度和价值观。

（三）教学结构设计和教学方法

考查采用的教学手段、方法是否合理，是否有针对性，能否体现师生双方密切配合、感情融洽；实验操作是否熟练、准确；语言表达、板书安排是否清晰、富有感染力和启发性；基本教学技能的综合运用是否恰当。其评价内容体系如下。

①课堂结构设计合理，教学环节安排得当，层次清晰。

②教学方法选择注意发挥学生的主体作用。

③教学方法选择注意突出物理学科的特点。

④课堂教学中语言生动、教态自然、板书工整合理。

（四）教学效果

考查大多数学生能否取得最大限度的学习效果。在学生负担合理的前提下，是否有助于学生思想文化素质的提高。教学效果的评价主要包括以下内容。

①激发学生学习的自觉性、积极性的效果。

②丰富学生知识的效果。

③发展学生能力与技能的效果。

④思想教育效果。

评价高中物理教学质量当然是以高中物理课堂教学为对象。对教师完成课堂教学目标做出科学的判断，主要集中在对教师的教学思想、教学内容、教学能力和教学效果等方面

做出科学的判断。

为了保证评价教学质量的客观性，评定的内容必须明确具体，评定方法必须简易可行。为此，可将上述的评价目标具体化，以表格形式呈现，以便于评价人员逐项进行判断，最后再做出等级评定。

三、高中物理教学评价体系的发展方向

现行的教学评价和考试制度与素质教育和课程改革的要求还存在着一定的差距。随着世界各国教育改革的发展，教学评价的改革也呈现出了一些明显的特点。

（一）评价功能由侧重甄别转向侧重发展

现行的评价与考试过于强调甄别与选拔，而忽视评价对促进学生发展的功能。随着教育教学改革的不断深入，人们越来越深刻地认识到，教学评价应该成为促进学生发展的有效策略。通过评价，教师和学生都能够看到自己的成绩与不足，从而促进教与学的发展。

（二）教学评价越来越注重学生解决问题的过程

现行的评价指标单一，更多地关注学生考试的成绩和学业成绩的结果，而忽视对学生学习过程的考查。传统考试中的一些所谓客观性试题，如选择题、判断题，往往考查的是学生对该题得出的最后答案，而学生获得答案的思考、推理等过程难以得到评价。新的评价要求要注重评价学生运用科学方法解决实际问题的过程，因此考查的内容就要使学生展示问题解决的全过程。

（三）重视学生在教学评价中的个性化发展

现行的评价往往将学生视为被审查对象，学生基本上处于被动地位，自尊心、自信心得不到很好的保护，主观能动性得不到很好的发挥。而教学评价出现的一个新的趋势就是，测试的问题逐渐走向开放性，允许学生有对测试问题的不同见解和多种答案，进而使评价尊重学生个性化的发展。

（四）重视学生在评价中的合作

现行的评价方法单调，更多地重视书面的闭卷测验，严格要求学生独立完成考试内容。而现代社会对人才评价的一个重要标准就是考查其是否具有合作精神。因此，教学评价也出现了重视学生在解决问题中的合作能力的趋势。

总之，社会是在发展的，教育是社会需求的一个重要反映。因此，教育教学的评价应该成为向社会需求输送人才的手段和策略。

综上所述，教学评价是教学过程中不可缺少的重要环节。教学评价的过程无论对于教师还是学生，都是一个自我教育的过程。通过教学评价，教师可以获得学生学习进步以及存在问题方面的反馈，并从中发现自己教学中存在的问题，从而有助于改进自己的教学方法、提高教学质量；通过教学评价，学生也可以了解自己学习中存在的问题，并从成功的学习中获得激励，促进自己在态度观念、知识和能力等方面的发展。

总之，通过教学评价，师生双方都可以了解自己及对方以及他人各方面的发展情况，

找到自己与教学目标和他人的差距，从而树立良好的自我教育观。

第三节　高中物理教学评价实施策略

一、高中物理教学评价实施的方法

（一）高中物理教学评价的一般方法

评价方法有定量评价法、定性评价法、定性定量相结合方法。高中物理教学评价常用的方法有调查法、观察法、测验法和分析法等。

1. 调查法

调查法是为了完成某一物理教学评价任务，向被研究对象通过书面或口头直接地收集有关资料和信息的方法。调查法可以采用问卷调查、访谈、座谈等方式。

例如，某校为了了解学生对任课教师和课程的看法，就可以通过编制调查问卷的方式进行调查，这样就可以弄清楚学生对任课教师和课程的态度以及学生自己真实的感受。

2. 观察法

高中物理教学评价的观察法是评价者通过眼睛、耳朵等感觉器官直接观察，收集高中物理教学过程中资料信息的方法。观察一般在自然条件下进行，并如实地做记录。

3. 测验法

测验法就是根据某种规则或标准对高中物理教学中的教师、学生等进行有组织、有计划的测验，检测教师的知识基础、教学理论、教学技能情况和学生的学业成绩情况。以测验的参照标准来区分，可以把高中物理教学测验分为常模参照测验和目标参照测验。常模是指某一团体的整体平均水平，常模参照测验是以常模为参照标准测定和比较所评对象在团体中的相对位置和名次，衡量的是所评对象的相对水平，主要用于选拔工作。目标参照测验是将所评对象以既定的目标为标准，评价所评对象完成目标的程度，这种评价的目的不是确定所评对象与其他个体间的差距，而是为了检测实现目标的情况，确定所评对象的实际水平，此测验常用于水平考试。

4. 分析法

分析法是将复杂的材料分解为各个简单的组成部分，并找出各组成部分的特征，随着逐步的深化可以探明事物的本质和规律。分析法是对收集到的各种高中物理教学方面的信息和资料进行不断分化和抽取，从而了解现象后面的本质。

该方法比较适合于难以直接得到的一些情况，如学生在物理学习中的情感因素和科学素养等。分析法大体上可以分为逻辑分析和统计分析两种。逻辑分析是对材料进行分析和综合、抽象和概括、归纳和演绎的分析。统计分析是运用统计学原理和方法对所得到的材料进行运算、比较、列表、制图等，再通过科学分析得出所研究课题的结论的分析。

（二）高中物理教学评价的特殊方法

教学评价贯穿整个教学活动，无时不在，教师要想及时做出一系列决策和判断，就必须全面了解学生的知识、能力、成就、态度、兴趣、潜能及发展等方面，这就需要采用多种教学评价方法。根据不同的分类标准，可以把教学评价方法分成不同的类型。

1. 相对评价法与绝对评价法

（1）相对评价法

相对评价法是指在某一团体中确定一个基准，将团体中的个体与基准进行比较，从而确定团体中的个体在团体中的相对位置的评价方法。该评价方法通常采用标准分数进行评价，说明被评者的原始分在团体中所处的相对位置。它具有横向或纵向的可比性，可以用来比较某名学生或某个班级的不同科目考试得分在考试测评中的相对位置。

相对评价法能评价出个体在集体中的相对位置，有利于激发评价对象的竞争意识，但评选出来的优秀者未必就高水平、高质量，未被选上的也不一定就水平低、质量差，故容易降低客观标准。评价的结果所反映的只是评价对象在一定范围内的相对位置，不一定反映出他们的实际水平，同时易导致激烈的竞争，从而挫伤一部分人的积极性。

（2）绝对评价法

绝对评价法是在评价对象的群体之外以预先制订的目标为评价基准，使评价对象与之进行比较，最终确定评价对象达到目标基准绝对位置的评价方法。这种评价方法为评价对象提出了明确的努力方向和应该达到的目标，使每名被评者都可以明确自己的实际水平与客观标准的差距，有利于创设一种积极向上的氛围，但评价标准的制订难以避免主观性，不易做到完全的客观、公正、合理。

2. 数量化评价法与非数量化评价法

（1）数量化评价法

①评语定量法。采用评语定量法一方面要确定教学评价的若干评语。如评价某教师的课堂教学效果，其评语涉及教学目标、教学内容、教学方法、教学语言、教学组织、应用课件技能、教态、板书板画等内容。另一方面要对该教师的课堂教学按上述评语逐项打分。

②加权定量评定法。加权定量评定法是为了弥补评语定量法不考虑各因素之间实际存在差别的缺点而提出来的，其主要特点是给每一个评价因素加权。此外，还有其他一些数量化方法，如模糊数学方法，它是指运用模糊数学的理论对一些模糊事物以数量化的描述和运算做出连续性评价结论的方法。数量化评价法科学、精确，具有较高的客观性和可靠性，能使一些含糊概念精确化，使主观随意性的程度减弱；但许多教育现象如思想、感情、精神等却难以量化。

（2）非数量化评价法

①等级法。等级法是经常采用的一种传统评价方法，有多种形式，如上、中、下三级制，甲、乙、丙、丁四级制，优秀、良好、中等、及格、不及格或甲、乙、丙、丁、戊五级制，有时各等级之间又分成两部分，如优加、优减，良加、良减等，实际上是把原等级的数量扩大两倍。这种方法的优点是方便、简单、易行，缺点是比较粗略，标准难以精确，受评价者的主观影响较大。

②评定法。评定法是一种用简明的评语来表述评估结果的方法，它在评价技能或作品

时比较常用。非数量化评价法能抓住事物的本质，起到数量化评价法难以起到的作用，目前在教育评价中也被广泛使用。这种评价方法的缺点是在设计时有主观随意性和片面性，评价结论也易受到评价者自身素质的影响。

3. 分析评价法与综合评价法

（1）分析评价法

分析评价法是指先把评价对象的评价内容进行分解，然后对其中的每一个具体项目分别进行评价的方法，这种评价方法在现在的教育评价中被广泛使用。

（2）综合评价法

综合评价法是指对评价内容的整体进行评价的方法。从表面上看，它似乎没有分解评价内容，实际上分解评价内容的过程是在头脑中进行的。运用综合评价法需要评价者具有较丰富的经验。

4. 自我评价法与他人评价法

（1）自我评价法

自我评价是评价者对自己所做的评价。自我评价按照规模的大小，可分为团体自我评价与个体自我评价。团体自我评价是指某一个教育单位或团体，如教育行政部门、学校、某个班级等对自身各个方面的工作成绩或问题进行评价。个体自我评价是指各级各类教育、教学人员及学生对自己各方面的表现进行评价。这种评价方法不受时间和场合的限制，简便易行、省时省力、耗资较少，有利于发挥评价对象的主体作用，提高评价能力。这种评价方法的不足是缺少外界参照系，不易进行横向比较，容易出现过高或过低的趋向，评价结果的客观性较差。现代教育评价重视评价对象在评价活动中的地位和作用，强调以自我评价为主，要求评价对象从被动接受评价转为主动合作参与评价，强调将自我评价作为各类教育评价的基础。

（2）他人评价法

他人评价是指评价对象以外的其他主体所进行的评价，如社会有关方面、上级教育行政部门或教育督导机构对学校的评价等。这种评价方法客观性强，有利于避免主观片面性；但是评价的组织工作较难，花费的人力、财力也比较多。因而他人评价不宜频繁进行，通常先进行自我评价，之后再组织适当规模的他人进行评价，以发挥两种评价方法各自的优势。

二、高中物理教学评价实施的策略

（一）转变师生教学评价观念

在传统的课堂教学中都是教师评价学生，学生一味地接受教师对自己的评价。在新课程背景下，教师和学生具有同等的地位，师生之间是相互平等、相互尊重的关系。因此，要改变传统的师生评价观念，就要让学生意识到教师对学生的评价并不是权威的、独一无二的，学生有权质疑教师对自己的评价，自己同样也有权利参与到对自己的评价中去；同时也要让教师意识到对学生的评价要从多个角度去思考，全面地评价学生，要引导学生参与到评价中去。

新课程标准下的高中物理教学评价的实施，教师是最为关键性的因素，物理教师所掌握的课堂教学评价及其相关理论的多少会直接影响课堂教学评价的实施，假使某一名教师对于教学评价理论进行了深入的研究，那么在实际的课堂教学中，这名教师就会将他自己所研究的理论付诸实际的课堂教学中；假使某一名教师对于教学评价理论知之甚少，那么在实际的课堂教学中他就有可能按照传统的评价理念对学生进行评价，这不利于学生的全面发展和他们的个性发展。

从调查结果来看，大部分物理教师都没有对物理教学评价进行深入的学习和研究，没有转变其物理教学评价的观念，因此有必要支持和鼓励物理教师不断地在课堂教学评价方面进行研究，在研究过程中逐渐提高自己评价学生的能力、转变传统的评价观念。

（二）加强学生课堂教学自主评价

在课堂教学中，教师和学生都是课堂中的主人，所以教学评价不仅要发挥教师的主导作用，同时也要发挥学生的主体作用。假使物理教师在教学当中只考虑自己对学生的评价，那么学生就会认为教师评价学生是天经地义的事情，教师对自己所有的评价都是正确的，这将会大幅度削减教学评价的功能，所以教师在教学中应该允许和鼓励学生进行相互评价和对自己的评价，最后把学生之间的评价和自评作为最终评价学生的一个因素，这样就可以促使学生全面地认识自己，激发他们学习的兴趣。教师在引导学生进行自我评价和相互之间的评价时，一定要让学生做到客观公正，让学生之间能够相互学习对方的优点、相互欣赏，使他们的学习成绩和各方面的能力都能得到共同进步、同步发展。

同时，在编制对学生进行评价的量表时，要让学生参与进去，因为教师评价的对象是学生，而学生的许多想法是教师无从知道的，当把这些想法中切合实际的部分加入评价量表中的时候，教师使用量表对学生的评价就能更加客观，更加符合学生的实际情况。因此，在教学中要充分发挥学生的主体作用，加强学生在高中物理教学评价中的自主性。

（三）重视物理教学评价的全面性

高中物理教学不仅要让学生掌握必要的科学文化知识，还要让学生在学习的过程中提高自己的动手和操作能力，培养自己热爱物理、热爱生活和大自然等方面的情感，树立正确的人生价值观，因此，在物理教学中要全面地评价学生，注重对物理实验和学生情感态度、价值观方面的评价。

高中阶段是学生系统学习文化科学知识的一个关键时期，学生在这一时期所形成的各方面的品质和素质对以后的工作和学习都具有非常重要的影响。教师在教学过程中不仅要关注学生知识与技能方面的掌握情况，也要关注学生学习物理知识的过程和方法，最后使他们在情感、态度、价值观方面有所收获。一个人的情感在一定程度上可以体现出这个人的人生价值取向，一个高智商的学生拥有很好的科学知识，假使他走进社会之后，人生价值取向背离了法律和道德的路径，那么他所拥有的这些科学文化知识将会极大地危害社会。

因此，在物理教学评价中，教师不仅要评价学生掌握的知识和技能，同时还要恰当评价学生的情感、态度、价值观，使学生在这个过程中形成一种热爱科学、有为科学事业做出贡献的理想。同时，在对学生进行情感方面的评价时，可以培养学生的思维能力，拓展他们的视野，发展学生的个性和提高其人文素养。

（四）完善高中物理教学评价的方法

1. 将质性评价与量化评价有机结合

新课程改革对高中物理教学评价提出了越来越多的要求，同时也提出了要用质性评价和量化评价相结合的方式来综合评价学生。质性评价主要是使用档案袋、教学评价记录卡等来评价学生。

在高中物理教学中提倡使用档案袋评价法。教师在实际教学过程中要知道怎么样运用档案袋对学生进行评价。在档案袋里面所装的应该是学生认为最能反映他们学习成就的实物材料，同时教师也可以根据实际的情况在档案袋里面装进自己认为重要的材料。而对于档案袋的保管，可以由教师统一保管，也可以让学生自己保管好。对于材料的收集过程，教师只起指导作用，完全可以让学生自己来完成，让学生自己放手去做。同时要多使用档案袋评价法来鼓励学生，让他们积极反思。物理实验课程也很适合使用档案袋评价法，因为在实验课程当中有许多非量化的内容，而档案袋评价法就可以弥补这部分的缺陷，使得实验课的评价更加人性化。

2. 将形成性评价与终结性评价相结合

高中物理教材是由几个模块构成的，在每一个模块当中又有几部分内容，在学期末或者某一阶段学习后对学生进行终结性评价。但是这种评价只关注结果，对学生的学习过程并不关注，具有一定的偶然性，对学生的评价不够客观、真实，同时也不利于学生良好思维品质的形成，限制了学生解决问题的灵活性和创造性。而形成性评价能够深入了解学生在学习过程的发展，及时了解学生在发展过程中遇到的困难和困惑，对学生的持续发展有很大的益处。形成性评价能够促使学生在物理观念、科学思维、科学探究、科学态度与责任等方面实现全面发展。

所以，要把形成性评价和终结性评价有机结合起来，对学生的学习过程和学习结果同时评价，这样就能促进学生更加全面地发展。

3. 及时对学生的物理评价情况做出反馈

物理教师在对某一学生做出评价之后，要及时对学生的评价情况进行反馈。当对学生的评价情况做出反馈之后，学生可以根据教师的这个评价情况及时修正自己的物理学习，把自己没有弄懂的知识弄懂。如果教师过了一段时间之后才把这种评价情况反馈给学生，那么学生对自己的完善情况可能效果就不明显，有些教师甚至不把评价结果反馈给学生，那么对学生的评价就是毫无意义的。

参考文献

［1］封小超，王力邦. 物理课程与教学论 [M]. 北京：科学出版社，2005.

［2］沈龙明，黄晓春，沈庆荣，等. 高中物理有效教学实用课堂教学艺术 [M]. 北京：世界图书出版公司北京公司，2009.

［3］卢尚建. 高中物理课堂有效教学研究 [M]. 兰州：甘肃教育出版社，2013.

［4］杨光弟. 中学物理教学技能及训练 [M]. 武汉：武汉大学出版社，2014.

［5］王永元. 王永元的中学物理教学主张 [M]. 北京：中国轻工业出版社，2015.

［6］寇祥亮. 现代物理教学与反思 [M]. 成都：电子科技大学出版社，2016.

［7］杨长铭. 物理教学与竞赛 [M]. 武汉：武汉大学出版社，2016.

［8］沈英琪，艾伦，李鼎. 中学物理数字化实验教学研究 [M]. 东营：中国石油大学出版社，2016.

［9］卢宏，王娣，李永莉. 物理与化学实验教学思维创新 [M]. 长春：吉林人民出版社，2017.

［10］青春，周昌鲜. 高中物理教学中实验创新的理论与实践 [M]. 成都：四川大学出版社，2017.

［11］张箭. 物理课堂教学手段优化组合的探究与实践 [M]. 北京：光明日报出版社，2017.

［12］骆玉香. 中学物理教学求索 [M]. 北京：北京教育出版社，2017.

［13］徐卫兵. 高中物理教学中渗透数学思想方法的实践研究 [M]. 苏州：苏州大学出版社，2017.

［14］于文高，陈浩. 中学物理教学设计与案例分析 [M]. 苏州：苏州大学出版社，2018.

［15］薛永红，王洪鹏. 物理文化与物理教学 [M]. 济南：山东科学技术出版社，2018.

［16］赵建军. 中学物理教学与研究 [M]. 济南：山东教育出版社，2018.

［17］杨晓青，邓友斌，王涛. 在物理教学中实现有效教学的策略研究 [M]. 长春：吉林大学出版社，2019.

［18］袁勇. 高中物理合作学习任务设计 [M]. 成都：西南交通大学出版社，2019.

［19］赵洁. 基于核心素养的物理学科能力探究 [M]. 北京：现代出版社，2019.

［20］王强，黄永超，徐学军．现代信息技术与物理教学结合研究［M］．长春：吉林人民出版社，2019．

［21］张修江，何帮玉．物理创新性教学与高效课堂［M］．长春：吉林人民出版社，2019．

［22］何善亮．物理教学的基本问题研究［M］．南京：南京师范大学出版社，2019．

［23］王家山．高中物理教学与解题研究［M］．上海：上海社会科学院出版社，2020．

［24］陈允怡．STEM 教育与高中物理教学的融合探索［M］．广州：华南理工大学出版社，2020．

［25］杨昌彪．高中物理教学设计［M］．成都：西南交通大学出版社，2021．

［26］孔永吉．物理创新性教学与高效课堂［M］．长春：吉林人民出版社，2022．

［27］李祥．新课程理念下高中物理教学新思路探究［J］．高考，2021（32）：53-54．

［28］孙文学．合作学习在高中物理教学中应用的理论和实践策略探究［J］．考试周刊，2021（94）：121-123．

［29］杨治国．高中物理核心素养下学生科学思维能力的养成措施分析［J］．科学咨询（教育科研），2021（9）：270-271．

［30］庞建国．新课改背景下高中物理教学渗透科学的思想方法教育［J］．当代家庭教育，2021（31）：115-116．

［31］邵才龙．浅谈探究式教学在高中物理教学中的实施策略［J］．高考，2021（31）：25-26．

［32］孙冰卉．核心素养教育理念影响下的高中物理教学实践探究［J］．学周刊，2021（32）：133-134．

［33］刘英俊．基于学科素养视野下高中物理教学目标完成策略探究［J］．考试周刊，2021（83）：115-117．

［34］朱祺．高中物理教学中存在的问题及其有效对策研究［J］．中学课程辅导（教师教育），2021（18）：85-86．

［35］张秀丽．利用多媒体提高高中物理教学效率措施研究［J］．中国多媒体与网络教学学报，2021（9）：137-138．

［36］黄全安，郭洋．核心素养视阈下课程思政在高中物理教学中的融合探究［J］．物理教学，2021，43（8）：25-30．

［37］杜云歌．高中物理课堂教学中学生提问能力的培养途径［J］．华东纸业，2021，51（5）：57-60．

［38］周洋．基于核心素养提升的高中物理智慧课堂混合式教学实践［J］．西部素质教育，2021，7（23）：119-120．